樂業安居

香港公屋發展歷程

陳志華　何泳儀　寅坷
著

中華書局

推薦序一　徐振邦

根據 2022 年 12 月公佈的《房屋委員會公共租住房屋人口及住戶報告》可知，香港的公共租住房屋單位數目有 819,500 個，共住了約 2122,300 人，差不多佔了約三成的香港人口。這個數字並不包括曾經住在公共房屋的人。由此可知，大部分香港市民的生活跟公屋房屋有着密切的關係。這當然也包括我在內。

我出生時，家住在九龍區的慈雲山邨，曾被喻為是最多樓宇的公共屋邨，共有 62 座。為了方便管理，慈雲山邨被分割成多個屋邨，而我住的那座是 40 座，分配入慈愛邨。後來，整個慈雲山邨在九十年代拆卸，但早在清拆屋邨之前，我家已搬到另一個新落成的屋邨 —— 位於青衣的長康邨。

所以說，我就是在屋邨長大的：平時光顧屋邨的商店，就讀屋邨的小學及中學，玩樂的場所也是屋邨範圍的休憩地方。公共屋邨可算是充滿了我的回憶。

當然，我個人的回憶並不是什麼重要的歷史資料，只是我童年的生活片段而已。如果要認識這段重要的香港公共房屋發展史，就要拜讀由志華兄等人所撰寫的《樂業安居 —— 香港公屋發展歷程》了。這本書講述了整個香港房屋政策的發展，資料翔實而豐富，實在是不可多得的參考書。

推薦序二　梁瑞華

所謂「最緊要有瓦遮頭」，特別是在香港地少人多，房屋一直是個重要的議題。談到房屋，不論是什麼年代的香港，公屋對城市的發展委實佔了一個非常重要的角色。此外，公屋對大部分香港人均留下不少記憶和期盼（或許你未曾住公屋，但你或有不少親朋戚友等應該也曾居或現居於公屋），故對於香港公屋的源起，政府的公屋政策及其未來發展着實應有興趣作較深入認識和瞭解。

《樂業安居 —— 香港公屋發展歷程》內容是關於香港公屋發展史，本書由香港開埠（1842 年）說起，徙置房屋的出現，1953 年石硤尾公共屋邨（香港第一個公共屋邨）的落成，公屋的推廣到現在的境況，以及未來發展方向等，當中輔以詳盡的數據資料，例如香港人口結構、政府財政、樓宇分佈、工人薪金、物價等，除了有助我們瞭解政府公屋政策的來龍去脈外，並剖析了公屋對民生的影響，內容非常豐富。看完這本書後，相信能喚起你對公屋生活的緬懷。

我與陳志華先生認識凡三十多年，他在資料搜集方面一向是一絲不苟，更是香港歷史的活字典，曾撰寫多部關於香港民生的書籍，內容精彩，令人十分回味。陳先生今次和本書的其他作者把所得資料加以整理闡釋，以便讀者更易掌握當中要點，值得各位細讀及體會。

推薦序三

羅佩儀

香港地少人多，劏房問題困擾基層市民多年，「上公屋」是不少基層市民的心願，網上討論區更有「住公屋是人生贏家」之說，笑稱因租金廉宜，住公屋後生活質素可以提升，可以月月去旅行。當然，亦有反對的網民大數居於公屋之缺點，如衛生環境惡劣、鄰居常發出噪音等。不論如何，公屋是全港 200 多萬人的安樂窩，公屋議題是新聞常客，例如公屋的輪候時間長、政府覓地建公屋，甚至彩虹邨及南山邨成為遊客「打卡」熱點而打擾民生，都是社會大眾的焦點。

政府設立公屋的原意為保障沒有能力租住私人樓宇的基層及低收入家庭的生活。保障完善的生活，相信不只「有瓦遮頭」而矣。公屋確實牽涉社區的發展，近年新建公屋的住戶往往成為社區的「開荒牛」，如 2015 年入伙的沙田水泉澳邨，入伙初期就被指欠缺社區配套，交通不便，引起社會關注。

本書詳述香港公共房屋的發展史，由 1953 年石硤尾大火前的房屋情況至現時的公屋政策發展，書中以簡潔生動的文字，為廣大讀者娓娓道來。承蒙邀請撰寫本書序言，陳志華老師為資深歷史及通識教育工作者，通曉本港交通及房屋大小事，為本地史萬事通。寅坷曾任《明報》〈通通識〉及〈智學公民〉記者，蒐集資料能力優異，邏輯能力強，擅長整理複雜數據及圖表。本書不論對正就讀公民與社會發展科的高中學生，還是普羅大眾市民，都能一同回顧本港的公屋發展歷程，了解公屋對香港社會發展的重要。

推薦序四　梁延敬

近年，探討香港社區轉變及深入了解香港歷史及文化的研究逐漸增多，百花齊放。二十一世紀的香港，於各方面都有着微妙變化，老店的結業、歷史建築的活化、疫情下的生活轉變等，都值得一一記錄。歷史，向來內容包羅萬有，可能是一個城市的今昔轉變，一個小村落獨特的風俗文化，一個人物在時代的經歷，往往吸引着後人不斷地探索，抽絲剝繭去研究，務求將「歷史」重塑於眼前。

探討一個城市的今昔變遷，最貼地的方向必然離不開「衣、食、住、行」，市民大眾常關注住屋問題，屬民生大事，而安身之所也與日常生活密不可分。本港公屋發展歷史源遠流長，追溯至五十年代初，在各種因素下，很多人從內地湧入香港，致寮屋數量供不應求，這些簡陋且狹窄的居所，環境極為惡劣，容易造成火警。1953年石硤尾寮屋區大火，可說是香港房屋政策的一大轉捩點，當中根本性的改變，讓政府思考如何保障低下階層的基本福利，而房屋情況的前後轉變、興建公共房屋的統籌過程，也值得我們一一回顧。

陳志華老師是次新著，讓社會大眾能更深入了解本港的公屋發展源由，微觀地從不同年代、不同角度探討，由 1954 年香港屋宇建設委員會的成立，至 1973 年出現的香港房屋委員會，當中如何策劃、興建及管理香港的出租公共房屋，以及述說部門功能的轉變，相信是本書的一大特色。

衷心推薦本書及祝賀本書之出版。

推薦序五 區志堅

香港居住的問題，一直是香港特區政府關注的課題，「安德廣廈千萬家」，安居自可以樂業，樂業自可以安定繁榮。現時不少研究指出香港公共房屋的發展，始自於 1953 年石硤尾大火，然而，依本人研究余達之先生與香港房屋發展的課題，見早於 1953 年前，余先生已提及在觀塘與建公共房屋，因為未來政府推動工業發展，在觀塘興築房屋，吸引勞動力，鼓勵市民入住觀塘，為未來在觀塘區工業發展建立基礎，由是二次大戰後的香港公共房屋政策應早於石硤尾大火。

是次得見陳志華先生、何泳儀小姐、寅坷先生更從鴉片戰爭後，英殖時期開始研究香港公屋房屋，作者們更依史料及檔案，指出 1923 年港英殖民管治期間，因為香港地區人口增加，政府開始察覺市民的居住問題日趨嚴重，迫在眉睫，首次組成房屋委員會，嘗試商討如何解決房屋問題。而委員會經過多次會議後，有多項建議，其中一項建議是政府舉辦唐樓及木樓的樓宇設計比賽，經作者生動表述下均為有趣的故事。於 1935 年有關的房屋報告中提出建議政府可考慮發行一些房屋票據來進行集資，集資後便可以興建低廉房屋，政府的支出便可減少。另外，報告亦提及設立一個房屋及貧民窟清理基金，推動改善香港房屋質素。作者們更指出 1938 年，有些人建議在大嶼山建立平民房屋以容納貧寒居民，同時主張舊有的屋宇，一律拆卸，從新改建。當時，房屋委員會亦頗和議，待政府決定。這個建議在今天看來也是頗創新，發展不限於港九新界等地方，更遠至本港最大的離島。另一方面，這個建議也可反映當時港九各地的房屋不足，租金太高昂，發展離島是一個新出路。但日本於 1931 年入侵我國，抗日戰爭開始，乃至 1937 年中國全面抗日戰爭，1941 年 12 月香港淪陷前，香港政府亦沒有資源實行這個計劃，由是經作者們表述下香港公屋房屋政策應早見於下世紀二十年代初。

是次有幸得知香港公共房屋政策的故事，源自以上作者邀請本人，撰寫此書的序。與志華學兄相識多來，並多次獲陳兄惠賜大作，深感榮幸！從而得知陳兄為研究香港史的專家，其後在陳兄帶領下，與同道泳儀及寅坷一起，建立研究團隊，多年已出版多本香港歷史文化的作品，譽滿香江，深受學界歡迎。泳儀在香港樹仁大學就學，本人榮幸任她的老師，已知她在陳老師的教導下，啟迪對香港史的興趣，陳老師為史學界植下種子，桃李滿門。而何氏畢業後，更多從事香港史研究，藉着作宏揚香港歷史文化。本人閱了不少他們師生合著有關香港史的作品，深敬佩各位在繁重的教學及行政工作外，仍可以專心從事香港史的研究，又從事香港史的推廣活動。是次，經作者們廣泛蒐集史料，並進行專題研究，深入淺出，闡發香港公屋發展，更以流暢文字，表述香港公屋歷史，各人研究香港史的成果，早已譽滿儒林。剛好，藉是次邀請本人給予序言，尤感謝作者們從事香港史的教研工作，又感謝得與陳老師及泳儀的交往，從中本人更可以多學習香港史知識。更期待各位作者在本書出版後，出版更多研究，嘉惠學界，是為之序。

第一章

香港房屋政策迷惘時期 (1842-1953)

自英國管治香港後，政府並沒有任何興建公營房屋的概念。本章主要敘述開埠初年至二十世紀的居住情況，從人口暴增中反映住屋需求迫在眉睫，以至於在 1923 年終組成房屋委員會。自此，房屋樓宇的建設、拆毀及重建便隨着時代而產生變化。

香港房屋政策演變，最早可追溯至政府管治時期。管治初期華洋分隔居住，初期政府並沒有意欲改善民生，只重視發展經濟。本章主要介紹英國管治香港之初至 1953 年的房屋政策推行情況。

一、開埠初年華洋分隔

自英國管治香港後，當時政府並沒有計劃興建任何公營房屋，以解決港人的住屋問題。政府只希望在香港發展經濟，改善民生並非首要任務。港人需解決自身的住屋問題，他們沒有期望政府會提供低廉租金的公營房屋。當時，港人居住地域亦有劃分，由於政府主要將中環一帶維多利亞城劃為洋人專屬的居住地區，華人不得在此區域居住，故華人主要聚居於西環等地一帶。這些地方人口稠密，居住環境差劣，當區居民大多經濟能力較遜，沒有能力購買房屋，只好租住房屋，或在空置的土地上自行搭建木屋、鐵皮屋等，一些貧窮人士甚至要露宿街頭。

居住人口方面，根據 1842 年 3 月 24 日的《香港政府憲報》紀錄，當時香港人口為 12,861 人。1851 年，中國內地發生太平天國事件，導致一些內地居民來港避禍。此後部分人士已於香港定居，不再回內地。自 1860 年起，九龍半島歸入英國管治。當時政府管轄的地區擴大，需管理的人口亦增加。根據《香港藍皮書》（*Hong Kong Blue Book*），1871 年香港人口已急增至約 12.4 萬人。其中維多利亞城人口佔約 8.1 萬人（見表 1.1）。香港人口 30 年間增加逾 10 倍，社會居住需求亦因而大增。可惜，當時政府並未有關注有關問題。一般而言，政府應要考慮居民的住屋問題，但當時的政策卻沒有多大改變。

表 1.1：1871 年香港人口數字

地區	人口（人）
香港島人口（維多利亞城）	80,824
香港島人口（非維多利亞城）	15,104
九龍區人口	4,561
水上人口	23,709
全港人口	124,198

資料來源：1871 年《香港藍皮書》（*Hong Kong Blue Book*）

1890 年代維多利亞城（相片由高添強先生提供）

1. 華人居住環境惡劣

當時居於香港的華人大多住在唐樓。唐樓是華商興建給與華人租住的樓宇。唐樓大多沿山而建，稠密程度猶如蜂房般，雜亂無章，並沒有任何規劃可言。最早期的唐樓由青磚建成，青磚為當時最主要的建築材料。唐樓屋頂是由木為主結構，在此之上舖上瓦片。大多唐樓設計是長而窄，樓高二至四層，下層為商舖，上層是民居，中間由一條窄長昏暗的樓梯連接。唐樓大多只有最外的房間才有窗口，其餘的房間大多沒有陽光，長時間昏暗。整體而言，唐樓採光和通風也欠佳，每層只有一個窄小的廚房和煙囪。早期的唐樓更沒有任何供水和供電設施、廁所、浴室等，使唐樓居民生活於衛生條件惡劣的環境。

1894 年，太平山街區一帶的唐樓爆發鼠疫。5 月下旬，死亡人數高達每日逾 90 人。根據當年政府醫院的紀錄，當時共有 2,679 名患者因鼠疫求醫，當中 2,485 人不治，大部分是華人。據估計，未有紀錄死亡者更不計其數。8 月，政府決定強制收回太平山街區的土地，並拆除有關房屋以杜絕鼠疫。因此，亦成為了香港諺語「清洗太平地」一詞的由來。當時，政府以白灰水、掛老鼠箱、填洞塞穴等預防鼠疫的方法去消滅鼠患。

鼠疫不但反映公共衛生問題，更反映居住擁擠的問題。低下階層無能力租住環境條件較佳的房屋，被迫租住衛生條件較差的房屋，最終因人口密集、衛生條件較差劣等因素導致疫症大爆發。然而當時政府只是拆毀有關房屋，並沒有根治問題，如興建一些衛生條件較佳的房屋供港人居住等。太平山區港人因鼠疫被迫離開家園，往其他地區找尋低廉租金的房屋租住，唯這些廉租的房屋大多也是衛生條件較差，港人的生活質素和健康亦難以改善和得到保障。

2. 人口暴增出現住屋需求

直至十九世紀末，香港社會雖經歷嚴重疫症，唯政府只治標不治本，未有任何計劃發展公共房屋，解決當時的住屋問題。1902 年 6 月 10 日《香港政府憲報》指出當時的房屋有三大問題：一、樓宇太多；二、衛生條件差劣；三、居住環境太擠迫。該份憲報舉荷里活道、皇后大道中、威靈頓街和鴨巴甸街為例，這四街形式的區域佔 171,224 平方呎，內有 142 間房屋，合共 470 樓層。

民國初年，內地政治動盪，不少內地居民遷居至港，令香港人口不斷增加。1871 年至 1941 年，香港人口在 70 年間增加逾 7 倍（見表 1.2）。

表 1.2：1871 至 1941 年香港人口數字

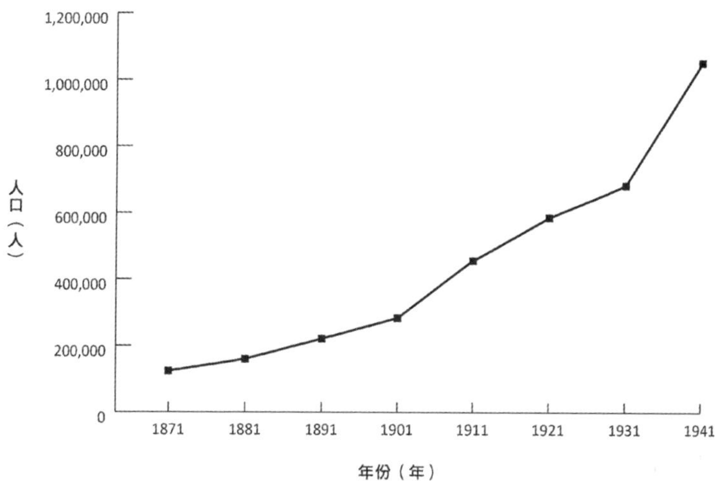

注：以上的人口數字不包括當時的新界人口
資料來源：1871-1941 年《香港藍皮書》（Hong Kong Blue Book）

二、住屋問題始受政府關注

人口不斷增加，使政府開始察覺港人住屋問題日趨嚴重，已迫在眉睫。1923 年，政府首次組成房屋委員會，試圖商討如何解決港人住屋問題。當時，政府已管治香港有 80 多年，終於嘗試去正視有關問題。1923 年 10 月 4 日，委員會提交了報告。委員會經過多次會議後，有多項建議，包括建議政府舉辦唐樓（2-4 層高的石屎樓及磚樓）及木屋設計比賽，冠軍獎金可高達 2,500 元，亞軍獎金有 1,000 元，比賽所設計的樓宇主要供內地工人所居住。比賽細則包括注重門窗大細、空間分佈及衛生條件要求等，建議顯示了新突破。

1925 年至 1926 年期間，省港大罷工爆發，數以十萬計的工人罷工，香港經濟受到影響。這次罷工與工人待遇、居住問題有關，低薪金面對高房租，難以改善生活素質。房屋委員會的建議落實，正好有助解決有關問題。可惜，1929 年爆發世界經濟大蕭條，香港經濟也受到影響（見表 1.3），政府再沒有跟進委員會的建議。政府收入的盈餘與虧損亦與當時政局息息相關。如省港大罷工發生前後便見到政府面對嚴重的虧損問題，又如 1929 年發生經濟大蕭條後，政府又面對嚴重的財政危機。香港經濟起起伏伏，似乎未具備進行建設公營房屋的條件。

表 1.3：1924 至 1933 年政府的財政收支情況

年份（年）	收入（港元）	支出（港元）	盈餘／虧損（港元）
1923	24,783,762.53	21,571,904.72	3,211,857.81
1924	24,209,639.72	26,726,428.44	（2,516,788.72）
1925	23,244,365.94	28,266,817.94	（5,022,452.00）
1926	21,131,581.04	28,524,715.94	（7,393,134.90）
1927	21,344,535.72	20,845,064.69	499,471.03
1928	24,968,398.88	21,230,242.24	3,738,156.64
1929	23,554,475.16	21,983,256.67	1,571,218.49
1930	27,818,472.92	28,119,645.54	（301,172.62）
1931	33,146,723.73	31,160,774.00	1,985,949.73
1932	33,549,716.29	32,050,283.52	1,499,432.77
1933	32,099,277.84	31,122,714.75	976,563.09

資料來源：1923-1933 年《香港藍皮書》（*Hong Kong Blue Book*）

1930 年，香港經濟慢慢復甦，政府的財政能力有所改善，再次關注港人住屋問題。1935 年 5 月 11 日，當時政府有感域多利區人煙稠密，引致衛生問題，更出現肺癆傳播，委任華民政務司史美為主席、工務司韓德遜、潔淨局長嘉利、衛生醫官拔醫生和潔淨局議員李樹芬等人成立房屋審查委員會，調查域多利區及九龍房屋是否住人太多和對於衛生或肺癆的相關影響。當時與鼠疫爆發已相距 30 多年，港人或已忘記關注衛生。1935 年的房屋報告中提出建議政府可考慮發行一些房屋票據來進行集資，集資後便可以興建低廉房屋，以減低政府支出。另外，報告亦提及設立一個房屋及貧民窟清理基金，推動改善香港房屋質素。

由 1935 年至 1939 年，政府大部分時間也有盈餘（見表 1.4），財政上有更大能力去改善民生。

表 1.4：1935 至 1939 年香港政府的財政收支情況（同表 3）

年份（年）	收入（港元）	支出（港元）	盈餘 / 虧損（港元）
1935	28,430,549.58	28,291,636.31	138,913.27
1936	30,042,983.86	29,513,520.08	529,463.78
1937	33,196,368.10	32,111,222.28	1,085,145.82
1938	36,735,854.68	37,175,897.82	（440,043.14）
1939	41,478,052.24	37,949,116.48	3,528,935.76

資料來源：1935 至 1939 年《香港藍皮書》（*Hong Kong Blue Book*）

1938 年，有人建議在大嶼山建立平民房屋以容納貧寒的港人，同時主張舊有的屋宇，一律拆卸，重新改建。當時，房屋委員會亦頗和議，待政府決定。這個建議是頗創新，發展不限於港九新界等地方，更遠至本港最大的離島。另一方面，這個建議也可反映當時港九各地的房屋不足，租金太高昂，發展離島是一個新出路。可惜，中日戰火日趨激烈。政府亦沒有資源實行這個計劃。同年，政府又出現財赤，有 44 萬多的虧損。因此，這個大嶼山發展計劃最終沒有推行。

1. 人口南移香港暫居

自 1937 年七七事變後，日本全面侵華，戰火由北方慢慢擴至南方，不少內地居民來港避禍。他們大多身無分文，到港後無處安身，被迫在街頭露宿。由香港中西人士組成緊急救濟難民會建議興建一些房屋安置難民。當時負責計劃的蕭浩明先生設計的房屋為每間可容納 8 人，成本約 400 元左右，如每月能收取租金 10 元，盼在幾年間可以回本。一些難民認為租金不廉，因港幣 10 元以等於當時國幣 16 元，並非一般難民能負擔。1940 年時，人口最多的地方是維多利亞城，即今中環一帶。樓宇大多為 3-4 層高，容納的人口實在不多（見表 1.5a、1.5b）。

表 1.5a：1940 年香港人口分佈

地區	人口數量（人）
維多利亞城	442,572
九龍及新九龍	406,081
香港仔及喜靈洲	7,376
筲箕灣	2,657
總數	858,686

表 1.5b：1940 年香港樓宇分佈

地區	1 層高（幢）	2 層高（幢）	3 層高（幢）	4 層高（幢）	5 層高（幢）	6 層高（幢）	7 層高（幢）	8 層高（幢）	香港各地區樓宇數（幢）
維多利亞城	275	893	4,211	6,289	623	36	18	3	12,348
九龍及新九龍	77	450	5,788	3,438	13	0	0	0	9,766
香港仔及喜靈洲	185	176	134	1	0	0	0	0	496
筲箕灣	119	230	555	97	0	0	0	0	1,001
不同種類樓宇數（幢）	656	1,749	10,688	9,825	636	36	18	3	
全港樓宇數（幢）									23,611

資料來源：1940 年《香港藍皮書》（*Hong Kong Blue Book*）

1937年日本侵華後，不少人口南移至港。1946年《香港年報》載，1941年時戰火迫近，香港已沒有正式的人口調查。香港防空救護隊進行非正式統計，當時香港人口約有160萬人，其中約有15萬人居於海上，明顯反映香港房屋實在不足以容納新增的人口。為應對住屋問題，首先，政府決定撥出花墟空地作為興建地方，安置來港難民。除了花墟外，不少地方也興建平民屋，例如北角區的平民屋有22間，每屋有5間住房，以及一間公共客廳、飯堂、廚房和廁所等。房屋以木板建成，設有窗口等。當時的報章評論對平民房屋讚不絕口，如1938年11月20日《工商日報》指，這些房屋相比當時西營盤等人煙稠密區域的樓宇，實有過之而無不及。1939年1月19日《大公報》報道，政府收容的難民人數為9,883人，分佈港九新界各地，如京士柏、馬頭涌、北角、粉嶺和錦田等地。

除平民房屋外，不少人更居於唐樓天台。1940年9月1日《工商晚報》報道：「中日戰事爆發後，本港人口突增，致本港各區房屋租值日趨飛漲，一般貧苦難民遂利用各區新建房屋之天台門戶，以為居住之所。據調查之結果，現時灣仔各新建樓宇，如洛克道、告羅士打道、軒尼詩道等，凡其登天台之樓梯通至天台者，均被此般難民分佔為住所。」這種地方居住和衛生條件較差，容易衍生疫症及環境問題，非長久之計。

2. 政府繼續覓地建屋

1940年，政府繼續在港九新界覓地再建平民屋安置貧民，其中香港島計劃興建地方為掃桿埔渣甸山一帶，預計興建1,000間，收容3,000至4,000人。當時香港人口激增，住屋供過於求，有業主極力提高租金，一般租客負擔甚重。因此，一些業主出現無理迫遷事件，令政府加快通過防止迫遷條例，以 1938 年為例，法庭已處理 2,100 宗的相關案件。

城市規劃方面，政府在 1939 年已制訂城市規劃的條例。新條例下，政府設立一個城市設計委員會，由市政衛生局主席托特擔任主席，其他成員包括工務司高德、勞工處畢打氏等人，負責制訂具法律約束力的城市發展圖則，推動優質城市發展。可惜，1941 年日軍侵華，香港淪陷，這項工作被迫中斷。最終委員會在 1951 年才正式成立，名為城市規劃委員會。

1945 年 8 月，日本侵華結束。暫居於港的居民回歸內地，香港人口減少。1946 年國共內戰爆發，香港人口再度急增。1945 年香港人口約為 50 萬人。根據 1954 年《香港年鑑》載，1949 年香港人口約為 185.7 萬人，其中約 184 萬為華人。及至 1951 年，香港人口已增加至約 230

本港人口激增

當局積極防範天花

注意屋宇人口密度及寮屋區

調查各校衛生設備學童健康

通告 市民種痘

1948 年 12 月 26 日
《華僑日報》

萬人，其中約 33 萬人居於木屋區。1948 年 12 月 26 日《華僑日報》報道:「本港人口激增，當局積極防範天花，注意屋宇人口密度及寮屋區。」

戰後百物騰升，港人薪酬追不上通脹，令生活素質下降。物價方面，根據香港回憶網站所記載，日本侵華前後香港的物價差異頗大，戰後較戰前大幅增加，以一些生活必需品為例：戰前一毫可購買到 5-6 斤柴，1946 年只可以購買到一斤；戰前每斤油售價是 2 毫 4 仙，1946 年已加至 2 元 3 毫。薪酬方面，以 1946 年為例，港人薪酬較戰前有 7-8 倍的增加（見表 1.6）。表面上看起來好，但物價升幅更大，單單只計算 1946 年，該年上半年和下半年物價竟有逾 20% 的增幅（見表 1.7），可見物價不斷攀升。1948 年 8 月 20 日《華僑日報》報道：「白糖漲風仍熾，配給尚難實現，中秋節近餅商請求公價配購。」可見當時居民生活艱辛。

表 1.6：1946 年工人日薪表

工人分類	戰前（港元）	1946 年（港元）
熟練工人	0.7 至 1	4.5 至 6.2
普通工人	0.6 至 0.75	4.2 至 4.5
搬運工人	0.4 至 0.6	3.2 至 3.6

資料來源：1946 年《香港年報》

表 1.7：1930-1949 年平均每星期使用食物及燃料表

年	1-6 月（港元）	7-12 月（港元）	上下半年變化
1930	1.483	1.485	0.13%
1931	1.445	1.473	1.94%
1932	1.407	1.343	-4.55%
1933	1.28	1.183	-7.58%
1934	1.025	0.995	-2.93%
1935	0.95	0.945	-0.53%

（續上表）

年	1-6 月（港元）	7-12 月（港元）	上下半年變化
1936	1.094	1.194	9.14%
1937	1.287	1.573	22.22%
1938	1.393	1.348	-3.23%
1939	1.364	1.487	9.02%
1946	10.39	12.6	21.27%
1947	12.41	13.75	10.80%
1948	13.3905	12.667	-5.40%
1949	13.0844	15.1378	15.69%

注：日軍襲港期間沒有相關資料。
資料來源：1930 至 1949 年《香港年報》

3. 戰後重建及增加房屋供應

戰後，不少樓宇因戰爭受到損害或拆卸。這些樓宇的土地和政府訂立了 75 年的批約，期滿不能續約。因此戰爭特殊情況，政府給與特別條件續批 75 年，藉此鼓勵重建。結果，1946 年有 38 座樓宇重建。1947 年，政府為協助固定港人自建房屋和僱主建宿舍給員工，政府曾請英國有關官員將個別土地另訂合約，以半價優惠條件給這些人士，其限制是 20 年內不得分租和轉讓等，這類樓宇由 1945 年底至 1948 年 7 月 31 日有 299 座。然而，當時仍有不少港人也因經濟條件較差也未能入住這些房屋。

1948-1949 年，政府用盡方法去增加房屋供應。如 1948 年 10 月，政府便封用空置樓宇 30 餘間，並派出封用樓宇配置委員會負責配租事宜。1949 年 3 月，政府再次對四個空置樓宇作出配對，租給無屋居住的港人。這四個空置的樓宇分別位於巴丙頓道 6 號、皇后大道西 521 號地下、山村道 50 號地下和乍畏街 69 號地下。

根據 1950 年湯建勛著的《香港指南》亦見當時生活艱辛。該書記載：「香港的居民，失業無業的人很多。據 1943 年 5 月至 9 月的調查，全人口 683,399 人中，有業者佔全人口 55.7%。最近的統計還沒有，不過有一點是任何人都承認的，於上海有一部分工業南遷，產業工人較大為增加，次之由於避難者的眾多，使無業者的數目也增多。」生活迫人，一些低下階層被迫在山邊搭建木屋棲身，可惜，政府政策卻不支持。1948 年 8 月 20 日《香港工商日報》報道：「市區內未經許可而擅自蓋搭的木屋棚戶，勢必於最近完全取締。」可見政府對木屋採取的態度並非包容，而是期望拆卸處理。

在山邊以舊木材、鐵皮、石磚等廢料搭建而成的寮屋，建造通常十分簡陋。由於當時遷居至港的民眾大多較為貧困，因此不合建築規格的寮屋大量湧現，形成寮屋區，更遍佈港九新界各地。寮屋存在的不少問題對社會構成威脅：第一，寮屋大多建於山坡，一旦遇到山泥傾瀉，便有倒塌危機；其次，寮屋建築物料並非堅固，難以抵禦風災，在颶風日子更為危險；第三，寮屋區也欠完善的走火通道，萬一失火，便會引發大災難，造成死傷；第四，寮屋區欠缺規劃，沒有供電供水及洗手間等，衛生條件較差，容易造成傳染病及環境污染等環境及衛生問題。

眼見寮屋問題嚴重，政府曾多次以法律禁止港人興建寮屋。例如 1948 年 8 月 27 日《華僑日報》報道：「深水埗旺角全區，列為禁建寮屋區」；1949 年市政衛生局 9 月工作報告指出遷移了 137 間寮屋，一些住戶到通知後便自行拆毀；1950 年 10 月 24 日《香港工商日報》報道：「憲報公佈北角禁搭寮屋區域」。港府只在不同區域禁止興建寮屋，但又不敢全面清拆，深知部分遷徙來港的居民實在無容身之所，才被迫在山邊建寮屋棲身。

三、火災之後的急速轉變

1950 年 1 月，九龍城木屋區發生大火，大量災民無家可歸。政府於何文田山地段特撥地興建何文田新村，安置大火災民。第一期房屋為闊 10 英尺，深 25 英尺的房屋 243 間。1950 年 3 月 10 日《華僑日報》報道:「計至現在，本會（九龍城火災善後建設委員會）收到 174,645.99 元，採用鋼筋水泥砂磚屋式，每間建築費為 1,053 元。」1950 年 3 月 20 日，社會局長麥道軻主持奠基，他指出何文田新村的計劃是一種有建設性的社會福利工作的實地榜樣，足以幫助港人自力更生。他認為用「何文田模範村」的名稱更為合宜。1950 年 4 月 5 日《華僑日報》報道，何文田村鐵架屋式月租為每間 45 元，石屎屋式每間 50 元。1950 年 5 月 5 日《大公報》亦有報道:「何文田村已重新分為五區。（一）區為租屋住宅區；（二）區為自建住宅區；（三）區為收容所災民木屋區；（四）區為中華基督會的禮拜堂幼稚園和初級學校；（五）區為光夏學院興建中小學及義校。」

1952 年 1 月 18 日，政府發表憲報公佈三條法令。第一條法令名為《1952 年緊急（立即收回土地）規則》，規定在市政局書面證明需要用某一方土地來安置有急需要居處的港人時，如果這處土地已由政府賣給私人作為農地之用，得由港督下令立即收回。第二條法令名為《1952 年緊急（徙置區）規則》，規定了徙置區的詳細管理方法。第三條法令名為《1952 年緊急（潔淨）規則》，規定全港自搭房屋，主要指木房等一律要清拆。同日，《華僑日報》標題是木屋居民獲得安置，當局釐訂僭建住戶徙置章程，逐步施行現居木屋不須即拆。由此可見，政府得知問題嚴重，希望逐步解決。

當時，政府已建了一些徙置區，供木屋居民買屋入住。根據 1952 年 1 月 24 日《華僑日報》報道，市政衛生局主席彭德公佈香港有 20 個徙置區。

表 1.8：彭德公佈香港 20 個徙置區

復興村	何文田文華村 牛頭角復華村 牛頭角建華村 柴灣興華村 明華村（地點未定）
衛生村	京士柏治民村 荔枝角衛民村 摩星嶺公民村 斧頭窟教民村 何文田何文田村 老虎岩博愛村 斧頭窟教民村第二區 加路連山正民村 長沙灣生民村 有仙岩安民村 何文田保民村 石山樂民村 西灣河育民村 東頭培民村 北角健康村

資料來源：1952 年 1 月 24 日《華僑日報》

1. 成立徙置區管理委員會

1952 年 2 月 12 日，市政衛生局通過設立徙置區管理委員會，執行遷移木屋區居民的工作。當時，政府負責協調及統籌的角色。根據 1952 年 2 月 17 日《大公報》報道，徙置區先自費建屋，政府不願出分文。內文提及市政衛生局主席彭德指出：「市政衛生局之任務，係審查及證明購置屋舍之人係核准的居民，以及定價不超過經與工務局所商訂之官價而己。」1952 年 2 月 22 日《大公報》評論指出：「港府的徙置區計劃是沒有照顧現實的困難的，其最大的缺點是徙而不置。將來想住到那些計劃中的新村去的人，必須有 1,200 元至 3,000 元的款項，而且要先得社會局衛生局批准，加了這兩項嚴格的限制，能夠住進去的人就為數不多。」當時，一位災民李文藝寫信給《大公報》，該函在 1952 年 2 月 24 日《大公報》刊出，信件提及李自建木屋居住已有 7 年，不幸該屋被火燒光後，已無棲身之地，受災屋地又被政府沒收為官地，不准災民再行建築房屋。他估計新建的房屋材料費用最多為 800 元左右，現以高價 1,600 元售給痛苦災民，質疑政府用意。1952 年 3 月 1 日，政府憲報刊出徙置區的名表，和之前比較，減少了 2 個，共有 18 個徙置區，詳見下表：

表 1.9：1952 年徙置區名表

徙置區
何文田文華村
牛頭角復華村
柴灣興華村
京士柏治民村
荔枝角衛民村
摩星嶺公民村
虎頭窟教民村
何文田新村
老虎岩博愛村
虎頭窟教民村第二區
加路連山正民村
長沙灣生民村
遊仙岩安民村
何文田保民村
石山樂民村
西灣河育民村
東頭培民村
北角健康村

資料來源：1952 年《政府憲報》

2. 建設徙置區以安置木屋區居民

1952 年 3 月 24 日《華僑日報》刊出衛生局主席彭德報告安置木屋區居民二月份進展成績大佳，何文田已成完整區域。1952 年 4 月 11 日《香港工商日報》報道指出，數處徙置區將建設完成，荔枝角、京士柏均已開始建屋，復華村已有小工廠商店。1952 年 5 月，政府發佈徙置區守則，包括：

一、除獲許可證後外，任何人不得在徙置區內興建或維持任何建築物，違者可罰款 1,000 元及判處徒刑 6 個月。

二、在徙置區內建成或維持任何建築之申請應以書面向徙置官申請。

三、住宅用之建築不能興建（甲）維持於 250 尺地段上及（乙）超過一層其高度至天花超過 15 尺。

四、廚房之建築只能用衛生局批准的材料。

五、民房中不准建旱廁。政府雖不斷努力去徙置，但事實上可說杯水車薪。

1952 年 6 月 12 日《大公報》的標題便是「霸王居民三十萬，徙置二萬五千人」。霸王居民便是指山邊的寮屋居民。由此可見，約只有十分之一得到徙置。1953 年 5 月 21 日《華僑日報》的標題便是「徙置計劃進展中，平民屋七千餘間安插 3 萬餘人」。可見，一年過後，安置人數多了 5,000 人，相比整體人數有 300 萬人，實在微不足道。

1952 年 8 月 19 日《華僑日報》刊出衛生局主席彭德的報告，當時各徙置區有港人 17,000 餘人，建成屋宇有 6,000 餘間，另外有 491 間正在建築。1952 年 9 月 1 日《香港工商日報》指出徙置區新建平民屋，大部分仍無人居住，木屋貧民多無法負擔租項。除了租金外，徙置區居民更要負擔地稅。1952 年 11 月 21 日《香港工商晚報》指出徙置區

「霸王」居民三十萬
「徙置」二萬五千人
管理「徙置區」規則昨獲批准

【本報訊】殷厲地
規定了管理「徙置區」
的辦法的「一九五二年
係在（徙置區）」設規

。因爲希望這十九個區
，足夠容納全部住「霸
王屋」者，所以對於各
「徙置區」，須予嚴格

，是適用於全部「徙置
區」者，所以將來或許
還要頒訂附加規則，以
適應有等區域的特有環

據說可能有生命危險。
這個女孩名叫李稀
，住在興文街三十六號
二樓。她的父親名叫李

1952 年 6 月 12 日《大公報》

1950 年代石硤尾木屋（相片由高添強先生提供）

居民請求暫緩徵收地稅。當時，市政衛生局擬向各徙置區住戶徵收地稅 60 元，各區居民表示難以負擔，指出因火災後經濟上蒙受損失，元氣未復，因此難以負擔。

3. 唐樓的選擇

除寮屋外，唐樓亦是貧困大眾的住屋選擇。根據 1950 年湯建勛著的《香港指南》載：「普通房屋分兩種，一種是石屎樓（意即水泥造的房屋），一種是木樓。石屎樓非四層即三層，由於政府規定，形式一律，每層一戶。內部直統的只有一個大房間，後面是廚房，前面是騎樓（洋台）。按照規定，不准用磚牆間隔，而且所用的木板，只能半截，即上面需留四呎以上的空位。這種板壁僅能遮斷視線。沒有水廁的石屎樓，除了樓下廁所設在天井外，樓上幾層廁所設在天台上，自備洋鐵皮製的糞桶。住木樓的，除兼有石屎樓的缺點外，建築不夠堅固，易引火燭，而且樓板漏水，僅防吵架。木樓以三層的居多，近因水泥價廉，有逐年減少下去的傾向。由此可見，當時的房屋在採光及衛生等質素並不理想。」

唐樓租金低廉，不少港人也居於此。部分包租者更會先租一層唐樓，之後「租上租」，即以木板將單位分隔成多個小房間，分租給他人。其中會在部分小房間內擺放「碌架床」，將床位分租予不同租客。租客會在床位裝上鐵絲網以防遭人盜竊財物，令床位看起來猶像一個鐵籠。當時，一棟三層高的唐樓可以住上 90 多人。過度擠迫的居住環境衍生不少問題，如衛生、健康、治安、火災等。根據 1946 年《香港年報》報道，這些唐樓的房間大多為 60 多平方呎，內有數個家庭居住。包租和租客也因爭執發生衝突。1952 年 6 月 12 日《大公報》的標題便是「大戰包租人，租金太高租客不滿，兩敗俱傷多人被捕」。

政府對於當時的建築物主要依據 1935 修訂的建築條例（在此之前的建築條例在 1903 年所立），主要加強燈光通風等要求，以便改善居住環境。可惜，戰後人多屋少，不少業主對此條例不太理會。況且戰爭期間，約有兩成房屋被破壞。部分新來港的人士又不太注重衛生及安全。因此，1946 年《香港年報》指出 1946 年的居住環境情況比 1940-1941 年惡劣。戰後人口變化也大，一方面不少人移居至港，另一

土瓜灣唐樓

方面不少人也移離香港（見表 1.10、1.11）。人口變化如此大，政府要作出完善規劃房屋，實在不容易。

表 1.10：1948 年香港移居人口數字

移居情況	人口（人）
由外地移居至香港	1,997,176
由香港移民至外地	2,107,378
相差	110,202（移居外地）

資料來源：1948 年《香港年報》

深水埗鴨寮街唐樓

表 1.11：1949 年香港移居人口數字

移居情況	人口（人）
由外地移居至香港	3,765,748
由香港移民至外地	3,962,460
相差	196,712（移居外地）

資料來源：1949 年《香港年報》

戰後香港已大量興建房屋，以 1948 年為例，當時有 513 座西式樓宇和 1,119 座中式樓宇待政府審批；1949 年有 451 座西式樓宇和 749 座中式樓宇待政府審批。民間不斷建樓，卻也追不到人口增長。根據 1951 年《香港年報》所載，香港人口已有約 236 萬人，相較戰前 1941 年的約 160 萬人增加不少。

4. 志願房屋機構主動建屋

1949 年前，香港並沒有任何人口身份證登記制度。1949 年內地政局變動，香港湧入大量移民人口，政府便在該年開始簽發身份證，實行人口登記。當時簽發身份證由警方負責，首先在新界地區進行，拍攝由柯達公司負責支援。面對人口激增，房屋供求嚴重不足。根據 1951 年《香港年報》所載當時有兩大志願房屋機構興建一些房屋，供貧苦大眾申請入住，分別是香港模範屋宇會（Hong Kong Model Housing Society）和香港房屋協會（Hong Kong Housing Society）。香港模範屋宇會在 1950 年成立，目的為低收入居民提供廉租房屋。北角模範邨就是由政府撥地、香港上海滙豐銀行資助的工程。整個計劃初期費用為港幣 350 萬元。

香港房屋協會於 1948 年成立，深水埗上李屋邨是首個興建的屋邨。該邨依據該會委員鄔勵德先生提議而設計，初期建築成本為 150 萬港元。屋邨設有社區中心，並先後由香港小童群益會、香港傷健協會及護愛會等機構租用。該村在 1995 年因老化拆卸，重建為「住宅發售計劃」屋苑——樂年花園。

根據 1951 年《香港年報》所載，以政府估算約有 30 萬人口居於約 4.7 萬間木屋。面對擠逼的居住問題，政府原計劃安置這些木屋居民於 16 平房區。其中 3 個地區會以部分寮屋及部分平房形式出現，最終安排是搬至工人宿舍或返回內地。1951 年 7 月，市政局成立新部門負責安置計劃，政府對 2 萬 1 千位木屋居民進行調查，發現木屋居民除

深水埗樂年花園

新來港移民外，亦有本地無法負擔昂貴租金的人士，他們大多十分貧困，可能整個家庭的成員陷入失業困境。木房區經常發生大火，其中一次較嚴重發生於 1951 年 11 月 21 日的東頭村木屋區大火，焚燬的地區佔地 15 英畝，超過一萬人無家可歸。當時政府、九龍城街坊福利會以及不少港人合共捐贈了 22 萬 5 千元的衣物和食物給災民。經過調查後，政府認為這場大火和非法經營的工廠有關。

東頭村大火

災區周圍四哩

東起衙前圍 西迄老虎岩

北至石塘街 南達九龍砦

燬屋萬多間 死傷者甚衆

【本報訊】一百年來香港最大的火災，昨晚六時四十五分發生在九龍城東頭村，一直燒到十一時火勢才被遏止。災區東起衙前圍的河溝，西迄老虎岩打石山的山腰，北至石塘街邊，南達九龍砦，週圍約四哩，面積約三平方公里。焚燬東頭村、[illegible]、上沙埔及西頭村、衙前圍的一部，共有木屋、石屋一萬間以上，在四小時之內，全部被燬，災民估計達數萬之衆。死傷及失蹤者，迄截稿時止，已知道的共有十六人，其中有三人重傷留醫。而失蹤者相傳說有不少，一時尚無法精確統計。

最初起火的九龍城東頭村

災民搶救衣物 一片悽慘哭聲

婦孺哭啼

1951 年 11 月 22 日《大公報》報道東頭村大火

總結

早年政府並不重視港人住屋問題，隨香港人口急速增長，住屋問題衍生不少其他社會問題，促使政府開始關注住屋需求，然而受限於政局與國際形勢變化等因素影響，應對措施一直難以實施。日軍佔領時期結束後，政府開始進行重建復修以及增加香港房屋供應的工作，有關措施亦未能有效應對急增房屋需求；另一方面，政府亦設立了徙置區以應對難民問題。根據 1955 年《香港年鑑》載：「香港另一最大的施政是處理被市區荒擠了出去的人口，他們在政府當局還未有辦法安置他們之前，只有紛紛自動去找地方搭木屋來容納自己，星星之火使他們的住宅在一瞬間化為烏有，政府當區局因應先後設立了 14 個徙置區。」政府用不少資源建設這些徙置區，雖有不少支出，但穩定安心，有助安居樂業，推動民生及經濟發展。

第二章

香港房屋政策的改進時期 (1954-1959)

自 1945 年後本港人口迅速增長，政府分階段推出三種房屋政策以舒緩人口擠逼問題。本章主要敘述政府因應社會環境而調整及推出的徙置區制度及建設低廉屋宇等措施，這階段的重要轉變將成為日後香港房屋政策發展的基石。

前章提及 1945 年後，香港人口急增。為解決住屋需求，加上石硤尾寮屋區的災情因素影響，政府推行了數項房屋政策以應對這些房屋相關問題。本章將主要涉及有關政府推行的首三項主要房屋政策，以及石硤尾大火災情為香港房屋政策發展帶來的改變。

一、第一策略：開建徙置區以付費形式建屋

在地少人多的情況下，一些人被迫居於山邊木屋。木屋形態簡陋，防火設施眼中不足。回應這些非法違規建築，政府第一大政策是開建徙置區，興建平房。1952 年 1 月 19 日《大公報》報道指出，政府處理木屋計劃，規定必須自費建屋，在徙置區建屋需 800 元以上，部分貧民仍未有能力入住。1952 年 4 月 11 日，衛生局主席彭德報告各徙置區初具規模，居民將有安居樂業之感。及至 1952 年 12 月 20 日，市政局衛生局安置 3 萬餘人，建了 7 千餘間小屋及有商店工場等，但對於高達 30 萬木屋居民而言，實遠水難救近火。

以 1953 年 3 月 13 日的情況來說，京士柏徙置區一間一廳兩房的屋售價是 2,500 元，次一級是 2,200 元，再次一級是 1,600 元，價格不輕。因此不少人仍選擇居於木屋。至 1953 年 9 月，徙置區已安置人數已接近 4 萬人，屋宇將近 8,000 間。1953 年 9 月，政府更首次對徙置區屋宇開徵地稅。當時這些徙置區建築較為簡陋，1953 年 9 月颱風蘇珊襲

港，柴灣和牛頭角徙置區受損不少。柴灣徙置區有 73 間木屋被吹毀，其中 39 間全間倒塌，難民約有 160 人。牛頭角徙置區有 30 間木屋被摧毀，其中 20 間全間倒塌，難民約有 200 人。除此之外，京士柏、何文田、荔枝角、大坑西等地也受風災影響。其中何文田村的何文田平屋亦有損毀，後來當局對承建徙置區平屋的建築公司要多注視防範這種事故再次發生。此外，徙置區還出現貪污問題，1953 年 12 月 2 日何文田徙置區主任被控懷疑貪污，案情指出涉案者曾向多人索取金錢而換取成功申請入住徙置區。由此可見，不少人渴望入住徙置區，或會以行賄方式去作為捷徑。

1. 石硤尾發生無情大火

1953 年 12 月 25 日晚上 9 時，深水埗白田村木屋區發生一場前所未有的大火災。火頭源自白田村中約，後蔓延至上村，其後分散為 3 個大火頭，小火頭更不計其數。因火災現場缺乏水源。消防員架搭水喉非常艱辛，造成滅火困難。木屋區小巷狹窄，不少災民自火場逃走，消防員卻逆方向走進火場。結果，大家用同一小巷，既影響逃生又妨礙救火。當時，消防員有 20 條水喉進行灌救，因火場面積大，可說只是杯水車薪。由晚上 11 時起，大火更一度威脅大埔道民房，處於附近的嘉頓公司、樂都公司和深水埗大旅店等均受影響。後來風勢改變，嘉頓公司等才倖免於難。1953 年 12 月 26 日的《工商日報》報道形容，這場大火為烈焰四處蔓延，全村頓成火海，火場如同白晝，災民狼狽逃生。

消防局總局長高民更在 10 時發出命令，總動員全港消防員趕至火場作出支援。這場大火蔓延甚廣，最重要的原因是木屋區駁水喉困難和北風猛烈助燃所致。及至翌日（12 月 26 日）清晨 2 時 30 分，大火才受到控制。最終，白田上村、白田中約、白田下村、石硤尾村、窩仔上村和寓仔下村全部焚燬。根據 1954 年《香港年報》記載，災民數量多達 5 萬 8 千人。政府在災後一天已派出 4 萬份飯、嘉頓公司亦派出了 500 磅餅乾，可見其災難程度牽連甚廣。

2. 火的風暴災情嚴峻

1953 年 12 月 28 日，消防局總局長高民稱許撲滅石硤尾大火的全體消防員。他形容這場火為「火的風暴」，並交代大火起因在於溶膠傾倒於火水爐，引發火災。溶膠本用於製造膠鞋，事緣是一位石硤尾村民在家中用溶膠製作膠鞋，因意外推倒附有電油的樹膠溶液遂致起火，最後更禍及其他木屋居民。這場大火最終導致 2 人喪命，一人是老婦在火場中暈倒在送院中斃命；另一為 30 歲的婦人在災民奔走時被推倒受傷斃命。

表 2.1：石硤尾大火災情（截至 1953 年 12 月 26 日）

村名	木屋數量（間）	家庭住戶（戶）	人口（人）	死傷數（人）
白田上村	450	2,100	7,000	傷 3 至 4 人
白田中約	400	2,850	8,650	
白田下村	241	1,283	6,200	
石硤尾村	474	2,312	9,696	死 1 人
寓仔上村	615	3,050	約 10,000	
寓仔下村	400	2,000 餘	7,000	
總計	2,580	15,040	48,000	

資料來源：1953 年 12 月 27 日《華僑日報》

災後，政府成立了石硤尾六村火災急賑委員會跟進救濟事宜。如建立了一些臨時診療所，第一間位於界限街陸軍遊樂場，第二間位於楓樹街運動場，直至 1954 年 3 月，這些臨時診療所共治理 2 萬餘災民。部分災民於災後寄居於親友處，部分則露宿街頭和騎樓之下，生活情狀淒涼。大火發生翌日，港督葛量洪立刻舉行第一次會議跟進災情。他在會議時命令工務局和皇家工程隊清理災區及夷平地基，開闢道路及渠道，以及建築樓宇安置災民。陸軍稱這項任務為「聖誕翌日之戰」，而工務局稱這項工程為「石硤尾之建設」。

二、第二策略：築「包寧平房」及徙置大廈臨時安置災民

火災後一個月，政府決定興建一些臨時房屋安置災民，「包寧平房」在該階段陸續建成，以回應災民居住問題，這是當時第二大的房屋政策。1954 年 1 月 26 日上午，工務局局長包寧主持施工儀式，他指出：「余司保證此項工程建屋，決心繼續辦理，直至每一災民，均獲安置於現代型式，具衛生設備以及防火之住屋。」這些平房數量大約 8,000 個，以供災民居住。

「包寧平房」（Bowring Bungalows）取名於時任工務局局長，平房是用磚、石屎和瓦通等砌建而成，無須打樁。建築工人平均用 13 天便可建成一座樓高兩層的平房，每個單位約為 10 呎乘 15 呎，可供 3-4 人居住。入住者要共用廚房及廁所，但相比留宿街頭，「包寧平房」也可說有瓦遮頭，無懼風雨。及至 1954 年 7 月，8,000 個單位已建成。由於平房屬臨時性質，1954 年 4 月政府決定成立徙置事務處，興建徙置大廈長遠安置災民。石硤尾緊急安置小組委員會指出有三大項目要先處理：（1）短期清除計劃；（2）預防計劃，如在木屋區預防火災建立隔火道路；（3）動用公帑建立多層式樓宇。

1. 首批六層徙置大廈迅速建成

回顧 1954 年 3 月 25 日《工商日報》報道政府新擬訂建築條例，將准建更高樓宇，六村災區將建成 6 層高的大廈，各徙置區亦建多層

高房屋。這是整個政府房屋政策改變，由昔日徙置區平房改為徙置大廈，由港人出資在官地建屋變為由政府租屋給港人。當時一座 H 型的大廈有 384 個單位，可容納 2,300 人，中間相連的部分為公用水廁及水喉，每房面積為 123 平方呎。

一方面政府建徙置大廈，另一方面包寧平房仍興建。根據 1954 年 5 月 31 日《工商日報》報道，石硤尾徙置區繼續興建兩層平民屋約 10 座，將於六月中旬即可全部結束，災民將可遷入。徙置大廈建屋速度奇快。1954 年 8 月中，3 座已落成。1954 年 8 月 30 日香港經歷風災，石硤尾包寧平房的部分房屋被風吹毀石棉瓦，因此獲得徙置事務處特別許可，率先入住新建成六層徙置大廈 B 座。當時遷入的居民約有十餘戶，是第一批入住徙置大廈的居民。他們對徙廈的印象良好，認為有空氣充足清涼，更有水廁。其他災民十分羨慕，盼望早日遷入。

1954 年包寧平房。（相片由高添強先生提供）

2. 以抽籤形式安置災民入住

政府視徙置大廈為廉價平民屋，最初收租值 10 港元。石硤尾第一期興建了 8 座六層高徙置大廈，除安置受石硤尾大火影響的災民外，亦安置 1954 年 7 月大坑東火災的災民。該年 4 月，市政局徙置事務處長通過法案，在 5 月成立獨立的徙置事務處統一辦理木屋居民遷移及安置事務。雖然有興建徙置大廈計劃，但仍未能一時之間安置全部災民。因此，政府以抽籤方法安置災民。官員每個星期在楓樹街社會服務處舉行抽籤，凡有 7 名以上的災戶，將放在第一次抽籤之列。待這些災戶安置完畢後，則辦理人口 6 名或以下的災戶抽籤。所有中籤之災戶，將發信通知並在施飯站張貼和在報刊刊登。及至同年 6 月中，徙置事務處大致已安置全部災民。

由 1954 年 4 月 1 日至 9 月 30 日，徙置人口由 5.45 萬增至 9.5 萬人，增加比率高達七成五，而行政人員只增加了兩成，因此人手十分短缺。當時政府安置木屋居民，有兩大政策：一為以往的徙置區平房，另一為新增的徙置大廈。根據《華僑日報》報道，當局採取兩辦法安置，銅鑼灣災民得在各徙置區建屋亦給與器材，深水埗加建六層樓宇收容李鄭屋村災民。又如 1955 年 1 月，大窩口的徙置區範圍擴大，增加 200 間平房。

表 2.2：經政府徙置人口（1955 年 1 月公佈數字）

徙置區	人口（人）	房屋數量（間）
柴灣	10,626	2,215
富門窟	1,320	217
健康村	856	99
掃桿埔	1,617	3,223
摩星嶺	1,658	333
港島總數	16,077	6,087

（續上表）

徙置區	人口（人）	房屋數量（間）
牛頭角	2,208	679
竹園	3,240	762
東頭	5,308	1,129
石山	530	102
何文田	25,131	4,946
大坑西	2,419	495
石硤尾	53,910	9,190
荔枝角	1,181	244
荃灣	915	162
九龍新界總數	94,842	17,709
全港總數	110,919	23,796

資料來源：1955 年 1 月 18 日《工商晚報》

3. 木屋居民兵分兩路

即使經歷火災，僭建木屋問題仍舊嚴重。1954 年 10 月，徙置事務處處長何禮文指出自該處成立後，成績顯著，其中包括成立機動性之糾察隊和清理隊，前者負責工作包括通知僭建住戶即將徙置，解釋徙置原因和完成徙置工作；後者清理工作分為兩大類，一為有系統之清理，即按序將木屋區清理，將居民移居至徙置區。另一為緊急清理，即在很短時間內將木屋拆除，以在最惡劣的木屋區內開闢避火巷。緊急清理要迅速完成，之後將相關木屋遷至山坡上較高安全的地方，居民繼續在此生活，而不會獲得徙置。半年的主要工作如下：

表 2.3：徙置事務處清理木屋工作（部分）

地區	日期	清理成果
紅磡蕪湖街	1954 年 4 月 26 日至 9 月 20 日	清理木屋 805 間 住有 977 伙 人數有 3,500 名
長沙灣蘇屋村	1954 年 8 月 7 日至 9 月 24 日	清理木屋 246 間 住有 681 伙 人數有 2,332 名

（續上表）

地區	日期	清理成果
九龍其他區域	1954 年 5 月至 9 月	清理木屋 487 間 住有 726 伙 人數有 2,598 名

資料來源：1954-1955 年度《徙置事務處年報》

據 1957 年 12 月 29 日《大公報》報道，不知多少貧苦居民只求遮風避雨而建搭起來的木屋，遭遇同一個命運 —— 拆遷。被迫拆遷的木屋區，其中不少是兩層高的磚屋和石屋，而且是建築在祖傳私家地上的，並有契據為證。所以每當被迫拆遷時，都不得不發出呼籲，請求免拆或緩拆，同時請社會各界人士伸出支援之手。由此可見，木屋居民對拆遷也十分反感。

4. 永久性徙置大廈以低價出租

徙置事務處興建徙置大廈和臨時性建築，前者為永久性多層式樓宇。這些六七層高的樓宇按低廉租值租給木屋居民。1955 年，安置在臨時或半永久性單層或兩層樓宇約有 9 萬人，安置在永久性多層式大樓有 1.9 萬人。當時策略是部分地區會繼續興建暫時性發展屋宇，如荃灣和牛頭角等。發展多層式永久性樓宇主要在深水埗三個區域 —— 石硤尾、大坑東和東京街北等。

1955 年，石硤尾已有六座徙置樓宇建成，日後拆卸原有的包寧平屋後再安置 2 萬人。大坑東則將安置 5.5 萬人，將拆卸現有 2,500 人住的臨時房屋。東京街北可容納 4 萬人。1955 年，徙置事務處計劃以這些多層式徙置大廈收容 15 萬人。每間徙置大廈房間，面積 12 呎 6 吋乘 9 呎 6 吋，容納 6 人，租金 10 元。另外，住戶要每月交水費 1 元。配合徙置事務處新建的樓宇，徙置事務處招聘大量的區長，根據《華僑日報》報道，徙置區區長職位月薪由 540 元起，分 8 次加薪，遞增至

825 元，另有生活津貼。受聘資格為 20-40 歲，有香港中學文憑，最好有學士或同等學歷，能操流利粵語、良好中文字及能講寫英文字。主要職責為管理 1,000 至 5,000 名住客，管理區內的衛生清潔、勞工、物料和商戶等。

1955 年 1 月，徙置事務處處長何禮文受訪時指出，許多亞洲城市也如香港一樣存在木屋問題，但多數並非如香港般缺乏土地。木屋區建築物非常擠逼，直接威脅公共衛生與秩序。這是政府先行清拆木屋進行建造平房屋宇計劃的原因，他更指出，政府按市政局建議決定撥用公款，興建徙置樓宇，並地盡其用，興建永久性多層式樓宇。

5. 繼續興建 H 型徙置大廈

1955 年 3 月 28 日《華僑日報》報道，石硤尾、九龍仔和李鄭屋村徙置大廈陸續興建，李鄭屋村 9,000 間木屋限期在 4 月拆光。內文談及政府整頓全香港木屋區及徙置木屋居民已下最大決心，並積極興建多層式 H 型徙置大廈，於 1954 年初首先在深水埗石硤尾邨建成 8 大座，樓高 6 層，隨後在九龍仔大坑東續建，由 6 層改為 7 層，籍此節省地皮，騰出更多空間以開闢道路。

興建李鄭屋邨期間，建築工人發現古墓，建築工程立即停止。古墓位置與 A 座徙置大廈平排，1955 年 11 月 29 日《華僑日報》報道，李鄭屋邨古墓保留，政府將另撥地點建徙置大廈兩座。李鄭屋邨原訂建 13 座徙置大廈，當發現古墓後，政府決定接納民意，保留古墓改闢公園。政府再覓地興建容納 5,000 名災民的兩座徙置大廈。

6. 充分利用大廈空間

據《華僑日報》報道，徙置大廈的頂樓兩端，將加建兩座涼亭，中間空位闢作大廣場，四周加以鐵網，各層樓宇居民均可沿梯直登天台乘涼。1956 年 7 月，徙置事務處對天台運用有新的建議，計劃開設天台學校辦學教育。當時徙置事務處已接獲一些福利機構的申請，待教育司署研究，配合修訂教育條例。7 月 6 日，第一間天台學校已獲批准開設，由道風山基督教叢林主辦的兒童會承辦。他們佔用兩間上蓋，用帆布為頂蓋，招收一二年級學生。整個準備用了約 2,000 元，學費每月 1 元，教師由基督教神學院學生擔任，初期收生約有 150 名學生，如全部學生足額，上下午班可收生 200 人。除天台外，地下商店也有安排。徙置大廈地下的店舖供居民申請租用，有關資格包括（甲）申請者與為已獲徙置的火災災民或經徙置市務處調查登記而持有合法證件者（乙）申請人須在火災前在僭建區內開設商店領有商業牌照者或有工商業管理處相當證明文件者。

能入住徙置大廈的貧苦大眾當然欣喜，但也有不少問題要面對，如木虱問題。1956 年 6 月 6 日《大公報》談及，石硤尾徙置大廈一半以上房屋有木虱，徙置部門建議用殺蟲藥粉混和水火注射。水力微弱也是另一問題。根據 1956 年 7 月 10 日《工商日報》載，徙置大廈水力微弱未能達三樓，大廈鬧水荒。二樓以上住戶均集中二樓輪水，至晚僅得一桶，有人用鹹水洗澡。為了改善徙置大廈的質素，市政局早在 1953 年已在平房徙置區設視察員，及至 1957 年擴至徙置大廈。1957 年 1 月，區達年議員為石硤尾視察員、鍾愛理遜為大坑東視察員。他們曾於 1 月 3 日去這兩區，探求民隱，發現不少衛生問題有待改善。

1957 年，徙置事務處開始興建新型的徙置大廈。根據 1957 年 1 月 26 日《工商晚報》報道，老虎岩區的 8 座徙置大廈，首次採用單排形式，與現行其他大廈 H 型不同。大廈的頂層則改為 7 間有廳房浴室廚房的單位，作為徙置區公職人員宿舍。8 座大廈中，有 5 座是橫排，3 座是直排，西北面有空地 2 萬 9 千方呎，作為遊樂場。8 座大廈有房間

老虎岩徙置大厦

試用最新型設計

共有房千五間可容七千五百人

西北角三萬方呎地闢作遊樂場

【本報專訊】最新開闢之老虎岩徙置區，建屋工程頗已順利進展，第一二兩座將于五月底落成。

此區之八座徙置大厦，係首次採用單排形式，與現行其它大厦之H形不同，同時，在此等大厦中，并試驗新型間隔。大厦之頂層則改爲七間有廳房浴室廚房之單位，作爲徙置區公職人員宿舍。該區之地盤，係開闢斜坡得來，共移去山泥十五萬五千立方碼，所得面積共六萬四千方呎。

八座大厦中，有五座係橫排，三座直排，西北面有空地二萬九千方呎，作爲游樂場。

八厦共有房間一四九六間，可容居民七千五百人，全部建費爲二百三十七萬餘元。（日）

1957 年 1 月 26 日《工商晚報》

長沙灣工廠大廈

1,496 間，可容居民 7,500 人，全部建築費用為 237 餘萬元。除民居徙置大廈，徙置事務處亦興建工廠徙置大廈。根據 1957 年 4 月 6 日《工商日報》報道，長沙灣興建一座 5 層樓宇，作為徙置大屋區工廠及工場。工廠作業不適宜設於徙置大廈地下，樓宇基本設計與 H 型徙置大廈相近，但負重會增加。

7. 徙置大廈計劃不斷擴大

1957 年，政府決定開展黃大仙徙置區計劃，作為當時最大型徙置計劃，佔地 29 英畝，可徙置 6.3 萬人，發展計劃涉及款項約 300 萬元，計劃興建 24 座徙置大廈。首先落成會是 A、B、C、D、E、Q、P、S 等座。當時黃大仙區木屋居民約有 5,000 人，將會徙置於鄰近的老虎岩徙置區。同年，政府徙置的人數已高達 21.3 萬人，其中 12 萬人居於徙置大廈。1958 年 9 月，政府開始進行黃大仙徙置大廈第二期工程：首先清拆屋宇位置，稱為蒲崗村，鄰近啟德機場 13/31 跑道，該處面積甚廣，除菜田 40 餘萬呎外，更有醬園、小型製造廠，居民人數約為 1,000 人。蒲崗村該處原接觸 13/31 跑道，不宜興建高樓，以免防礙飛機航線。當時啟德機場已建成新跑道，舊有的跑道廢棄不用，因此該區可建 8 座 7 層徙置大廈，編號分別是 L、M、O、R、T、U、V 和 X 等座。當時的補償方案是菜農每呎由毫半至 2 毫半，如在慈雲山及獅子山附近有耕地者，准在耕地上重行蓋屋暫居。另外，如菜農希望轉業，可與舖位或被安置於 7 層徙置大廈等。如屬於普通民居可申請商業營業或居住。

1959 年 11 月 26 日，黃大仙 L 座落成，這是已是第 100 座徙置大廈。護督白嘉在啟用致詞時指出，香港可稱為世界上最豐富之地，蓋香港人口旺，人力足，成就大。他指出香港龐大徙置計劃比萬里長城更佳，長城是一種藩籬，一個實質而漫無邊際之界石。政府建設的徙置大廈計劃是一項不同的誌念物，用以紀念一個時代，一個對需要庇護及協助者不設藩籬的時代。他更指出，歷史上長城由始至終是一種消極性之概念，至今已成為歷史陳跡，別無用處。徙置大廈則朝氣蓬勃及積極性的建設。短短數年間，徙置大廈數量急增。直至 1960 年，香港已有約 24.2 萬人居於徙置大廈內。

1958 年，佐敦谷（當時稱為佐頓谷）開始興建徙置大廈。當時，整個徙置大廈計劃工程包括將山谷開闢成台，削平山脈及將山谷中央低陷的地方填高，之後會建 5 座 H 型大廈和 9 座 I 型大廈及有一座分層的工廠大廈。9 座大廈全是 7 層高，約有 3,000 住房，工廠大廈則為 5 層高，將有 275 個工作單位，每個單位為 200 平方呎。

五十年代末官塘工業開始發展，出現了工人荒。當時官塘交通不便，無法吸引居民來官塘工作。官塘徙置區開便始興建第一期徙置計劃，解決工人不足的問題。當時，官塘工業區初期興建 4 座 H 型大廈，均為七層大廈，共可容納 1.1 萬人左右。第二期徙置大廈，共有 26 座徙置大廈，容納 5.5 萬人。從 1955-1960 年度《徙置事務處年報》（見表 2.4）可見，居於徙置大廈的人數大大提升。

表 2.4：1955 至 1960 年徙置大廈居住人口

地方	1955 年居住人口（人）	1956 年居住人口（人）	1957 年居住人口（人）	1958 年居住人口（人）	1959 年居住人口（人）	1960 年居住人口（人）
柴灣	0	0	0	0	1,810	7,560
石硤尾	17,175	17,999	36,958	52,288	58,793	61,617
李鄭屋	0	17,871	40,285	41,868	41,956	45,176
大坑東	13,123	32,787	38,015	38,305	38,409	39,063
紅磡	0	0	4,735	5,505	9,340	9,600
老虎岩	0	0	0	3,854	4,588	9,130
黃大仙	0	0	0	5,669	35,620	51,081

（續上表）

地方	1955 年居住人口（人）	1956 年居住人口（人）	1957 年居住人口（人）	1958 年居住人口（人）	1959 年居住人口（人）	1960 年居住人口（人）
佐敦谷	0	0	0	0	0	9,164
觀塘	0	0	0	0	0	9,960
總數	30,298	68,657	119,993	147,489	190,516	242,351

資源來源：1955-1960 年《徙置事務處年報》

8. 徙置區平房供大眾認購

因應徙置大廈落成，徙置區平房也開放給非災民購買。根據 1955 年 4 月 7 日《工商日報》報道，徙置區空置平民屋，將准許非災民購買。平房屋分現給一次過付出全部價格的人士，每間售價約為 1,300 元至 3,500 元，視乎房屋大小及其建築方法。平房屋位於摩星嶺、柴灣、何文田、京士柏和東頭村等地，相比徙置大廈，徙置區平房的安全性較低。如 1955 年 7 月 9 日，何文田徙置區便曾發生大火，焚毀木屋 18

徙置區空置平民屋
將准許非災民購買
災民有白咭者仍可在本月內申請

1955 年 4 月 7 日《工商日報》

間，災民百餘人無家可歸。由此可見，不少港人也渴望住多層的徙置大廈。如 1955 年 11 月 1 日的《工商晚報》載大窩口已開始興建徙置房屋（平房），居民望改在荃灣建六層大樓（徙置大廈）。

徙置區擁有權方面，政府在徙置區中提供的房屋比率佔 54.12%（見表 2.5），住客購買及擁有的房屋的比率佔 37.53%，住客分期付款購買的房屋的比率佔 8.35%。當時徙置區以石硤尾、何文田及京士柏等地方人口最多（見表 2.6）。以全香港徙置區計算，男性成年人口有 38,226 人，女性成年人口有 34,358 人，小童人口有 38,335 人。1960 年，政府投入徙置大廈的資源較平房徙置區逐漸更多，慢慢有取代之趨勢（見表 2.7）。

表 2.5：徙置區擁有權情況（1955 年 4 月 20 日）

徙置區	分期付款購買的房屋（戶）	住客擁有的房屋（戶）	政府租貸的房屋（戶）	統計（戶）
柴灣	77	2,138	0	2,215
富門窟	0	218	0	218
健康村	0	98	0	98
掃桿埔	109	214	0	323
摩星嶺	0	331	0	331
港島總數	186	2,999	0	3,185
牛頭角	10	547	128	685
竹園	0	794	0	794
東頭	303	805	25	1,133
石山	94	8	0	102
何文田及京士柏	1,049	3,855	21	4,925
大坑西	457	32	5	494
大坑東	0	0	4,307	4,307
石硤尾	0	0	9,190	9,190

（續上表）

徙置區	分期付款購買的房屋（戶）	住客擁有的房屋（戶）	政府租貸的房屋（戶）	統計（戶）
荔枝角	10	234	0	244
荃灣	0	209	0	209
九龍新界總數	1,923	6,484	13,676	22,083
全港總數	2,109	9,483	13,676	25,268

資料來源：1955 年 4 月 20 日《華僑日報》

表 2.6：徙置區居民人數分佈

徙置區	人口（人）
柴灣	10,626
富門窟	1,320
健康村	856
掃桿埔	1,617
摩星嶺	1,658
港島總數	16,077
牛頭角	2,208
竹園	3,240
東頭	5,308
石山	530
何文田及京士柏	25,131
大坑西	2,419
大坑東	0
石硤尾	53,910
荔枝角	1,181
荃灣	915
九龍新界總數	94,842
全港總數	110,919

資料來源：1955 年 4 月 27 日《工商日報》

表 2.7：政府投放平房徙置區及徙置大廈資源數字

財政年度	政府投入平房徙置區支出（港元）	政府投入徙置大廈支出（港元）
1952/1953	1,318,290	0
1953/1954	2,247,804	0
1954/1955	2,055,913	20,312,610
1955/1956	2,562,671	13,687,734
1956/1957	1,851,710	12,887,564
1957/1958	1,071,164	18,873,998
1958/1959	603,421	20,178,058
1959/1960	401,572	27,634,600
總數	12,112,545	113,574,564

資料來源：1959-1960 年《徙置事務處年報》

三、第三策略：成立屋宇建設委員會提供優質租住房屋

1954 年 4 月，香港屋宇建設委員會根據委員會條例成立，成員包括市政局議員、屋宇建設處處長及港督於必要時加派的委員（以三名為限）。屋宇建設委員會宗旨在於興建合符標準的房屋，租給居住環境惡劣而又未能符合申請徙置事務處樓宇入息條件之家庭。屋宇建設委員會有三個基本原則：一是為香港永久性居民提供具有設備完善的家，二是這些住屋符合良好的建築標準，如衛生等，三是有兒童遊樂場和公共活動中心等設施。當時，屋宇建設委員會收集了港人的意見，大多願意用兩成收入用於租金，於是便提供的住所，均為獨立單位，每戶大多有騎樓、廚房和附有淋浴及廁所設備的盥洗室。每個單位每人至少有 35 呎生活空間。

1. 覓地建屋的可能性

1954 年 6 月 9 日，屋宇建設委員會召開第一次會議。這次會議成立一些委員會推動相關的屋宇政策。當時，屋宇建設委員會曾經設法覓取足夠的建房地方，除向政府要求撥給建屋的五幅地皮外，更要求撥配七幅地皮，以備日後發展之用。委員會除在市區用地建屋外，也曾考慮於市郊地方建屋。

1954 年 8 月，屋宇建設委員會決定在兩個地區開展建屋計劃，包括 6.5 英畝土地在北角渣華道和 3.5 英畝在西環加多近街。1954 年 12 月，屋宇建設委員會開展新建屋計劃在長沙灣蘇屋區，佔地約 15 英畝。三個屋邨可提供 1,900 個單位，共 11 座大樓，可容納 2,500 居民。建屋計劃更包括一間學校、醫療設施、郵局及商店等。當時，屋宇建設委員會並設有調查員，抽查一些申請者是否符合資格（見表 2.8）。

表 2.8：長沙灣蘇屋區建屋計劃申請資格

- 年歲在 21 歲以上
- 由 1948 年 7 月 1 日起直至現在無間斷在香港居住
- 家庭收入由 300 元至 900 元

資料來源：1956 年 11 月 1 日《華僑日報》

屋宇建設委員會的資金主要來自政府貸款，已提供之資金作為循環基金，按時付息。直至 1957 年，屋宇建設委員會已向政府借貸 2 千 3 百萬元。收入方面，主要來自收取的租金，除支付一切行政費用外，並用於薪俸及保險等。

表 2.9：政府借給屋宇建設委員會最初三個屋邨的貸款額

計劃名稱	貸款額（港元）
北角邨計劃	33,000,000 元
西環邨計劃	7,500,000 元
蘇屋邨計劃	50,000,000 元

資料來源：1957 年《屋宇建設委員年報》

2. 北角邨、西環邨、蘇屋邨

北角邨

屋宇建設委員會第一個屋邨是北角邨，負責的建築設計師是居明君。北角邨的房屋事務經理是合格專業的相關人士。當時香港缺乏合適人才，大多聘用外地人士。最初，屋宇建設委員會希望每年建單位 5,000 個，滿足港人需要。北角邨的單位總數是 1,955 個，人口約 1.2 萬。邨內有一所小學，有 18 間課室；亦設有一間診所、社區會堂和 71 間商店等。整個建築費用是 3,300 萬，其中 400 萬是地價費用。政府每年收取 3.5% 利息，貸款期是 40 年。北角邨的建築也面對不少困難。當時，北角地皮上的一些工廠和貨倉並沒有遵照政府的限期遷出，結果一拖再拖，導致原有的工程延遲開展。

西環邨

西環邨的單位總數是 636 個，人口約 4,000 人，建築設計師是費爾深君。屋宇建設委員會最初未擬訂西環邨的名稱，只稱為西環加多近街建屋計劃。整個屋邨有 5 座 10 層高的樓宇和有一座 3 層高的社區設施中心。面積依據有一人 35 平方呎計算，設有廁所、浴室及廚房等設備，單位設計可容納不同成年人數，包括 6 名、8 名或 10 名不等。樓宇設有電梯，並在適當地方有垃圾溝通至地下，以利垃圾車收集。因為西環邨鄰近斜坡，因此較難興建大型的休閒空間，但亦有小型的兒童康樂設施。

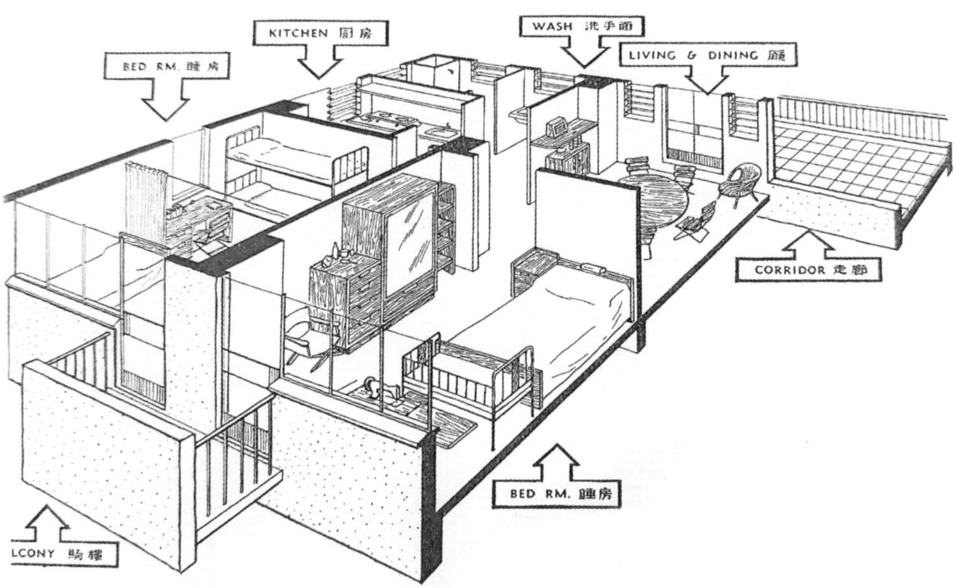

北角邨單位內部設計圖（屋宇建設委員會年報）

西環邨現況

蘇屋邨

蘇屋邨的單位總數是 5,000 個，人口約 2,800 人。整個屋邨設計更包括兩所各有 18 個課室的小學、商店和休閒設施等。地盤北面有一些斜坡，因此大多大廈也向南為主，分別位於不同的斜度。根據 1959-1960 年度《屋宇建設委員會年報》，三個屋邨的人口資料見右頁表 2.10。

蘇屋邨

表 2.10：屋宇建設委員會最初三個屋邨人口資料

屋邨	3人單位（戶）	4人單位（戶）	5人單位（戶）	6人單位（戶）	7人單位（戶）	8人單位（戶）	9人單位（戶）	10人單位（戶）	11人單位（戶）	13人單位（戶）	總數量（戶）	居民數量（人）
北角邨	240	102	140	524	304	644	0	0	0	1	1,955	12,265
西環邨	/	/	/	302	/	326	/	10	/	/	638	3,892
蘇屋邨	/	238	1,166	2,092	996	773	2	/	35	/	5,302	32,893

五十年代，港人渴求多建這類房屋。1955 年，公民協會曾研究屋宇建設委員會 1954 至 1955 的報告後，曾建議政府撥款 3 億元給屋宇建設委員會用作日後 5 年建造房屋之用。據 1958 年 2 月 20 日《工商日報》報道，屋宇建設委員會在港九三處建廉租屋，僅可容納居民 5 萬，新界人士希望准許農地建屋。內文更談及港人租住屋宇困難，不少生活在市區人士，都居住在近郊地方，故盼望當局考慮以新界農田建屋。

四、五十年代居住情況

香港大學講師史彭年在 1957 年進行了一項調查，瞭解香港的住屋情況。當時，每戶平均收入是 480 元，但有四成六住戶每月收入在 250 元以下，兩成五住戶每月收入不足 200 元。每戶每月房租為 257 元，其中 194 元歸業主，其餘為二房東之收入。三成五住戶住在小型隔板房，一成六住戶只有床位。大部分人對現時的住屋情況不滿，四成願意遷離。其中九成二除睡眠外並無周旋餘地，甚多人睡在工場、樓梯和通道。四成五港人願遷往屋宇建設委員會房屋，兩成五願意遷至徙置大廈。由此可見，政府提供的租住房屋是深受港人歡迎。

表 2.11：1954 至 1959 年房屋資料

	木屋及石屋居民 *（人）	石屋居民 #（人）	政府徙置大廈居民（人）	總數（人）
1/1/1954	43,000	/	/	43,000
31/12/1954	57,000	35,000	19,000	111,000
31/12/1955	68,000	36,000	49,000	153,000
31/12/1956	72,843	30,147	102,901	205,891
31/12/1957	76,420	15,207	137,137	228,764
31/12/1958	80,492	6,793	186,150	273,435
31/12/1959	80,386	6,035	223,921	310,342

* 不由政府提供
# 由政府提供
資料來源：《香港年報》

根據 1958 年 12 月 22 日《大公報》報道，新樓增多無補屋荒，拆遷住客擠向舊樓，據非正式估計，空置新樓相信不下 4,000 層。港人微薄收入和舊樓租金相比，本來已難適應，若要從舊樓搬住新樓，更是負擔不起，於是被拆遷樓宇的住戶，除了少數人擠住新樓，更多的還是向舊樓裏擠去。當時，一些人士更居於山洞中。根據 1958 年 12 月 22 日《大公報》所調查，有位泥工，一家五口因生活困難，被迫住在石洞五年，他的家洞門口約闊 2 呎，高 4 呎。他用木板在穴底鋪好，勉強擠落 5 個人，同時利用洞的轉彎抹角處放置點家具雜物，但在白天都要點着火水燈。另一位替人家倒垃圾的女工，在石旁架起一個簡陋的竹棚，棚下就是溪澗。春天雨季來臨，不但竹棚漏水，屋下的山水滾滾而過。前兩年，有一次天下大雨，山洪暴發，住在岩洞中的一個女孩突遭洪水沖去，隔了一個多星期才被從山腳下的岩石找到她的屍體，所以他們每逢下大雨的時候，家家戶戶提心吊膽。

當時貧窮大眾希望多設廉租屋宇，也盼徙置大廈不斷興建。根據1959年6月30日《華僑日報》報道，一位工人住在李鄭屋徙置區徙置大廈三樓的半個房間，房間除放置一張床鋪外，再找不到一點空餘的位置，屋外所餘的數呎地方則與他同室的另一伙人家合用。這裏放置了兩個水缸和煮食的器皿。他住的地方連同室內的人數合計起來，共有10個人，居住環境有如沙甸魚般擠逼。由此可見，當時的住屋問題十分嚴重。

總結

第一章曾提及政府管治之初，受限於當局的取態以及後續多變局勢影響，香港一直未有推行有效的房屋政策，政府欠缺應對房屋政策與住屋可帶來的潛在問題的經驗。隨政局影響，香港人口急增，政府雖然推行了徙置區制度以安置難民，唯未能有效解決當時的居住木屋問題，使日後出現多次大火災情難以避免。石硤尾大火等災情警醒了政府住屋問題的潛在重要性，令政府於災後開始推行徙置事務建屋以安置災民及成立屋宇建設委員會建設低廉屋宇等措施，成為了日後香港房屋政策發展的重要基石。

第三章

早年香港房屋的類型及發展(1960-1973)

六十年代,徙置大廈出現不同型態的轉變,後來更發展出徙置工廠大廈。本章主要敍述徙置大廈、平房區、徙置工廠大廈等的發展狀況,亦述及屋宇建設委員會建設的屋邨規模以及隨後發展出的居者有其屋計劃等。

房屋政策發展與社會環境息息相關，前章述及政府香港房屋政策受石硤尾大火災情、人口增長等因素影響而有改變，包括興建徙置大廈、推動政府資助的廉租單位、推行計劃供市民貸款置業等，為當時政府推行日後各類房屋政策累積了不少珍貴經驗。當中種種或已完成其歷史任務，但能於日後發展中能看到其中影子。本章將會談及政府早年發展房屋的情況，供讀者認識自六十年代起香港房屋政策發展，以及當時建成屋宇類型、居住情況等。

一、六十年代的社會環境

六十年代的香港充滿天災。1960 年 1 月 16 日發生山谷道大火，這是香港自 1955 年以來最大的火災。由於強大風勢關係，大火迅速擴展，導致 10,456 人痛失家園。他們遷至當時新開發的新蒲崗區，建成新蒲崗村。1962 年，寮屋大火仍不時出現，其中較嚴重的火災包括大坑東火災，燒毀了 1,000 間寮屋。1962 年全年更出現 29 次寮屋火災，高達 4,469 名災民受災。1960 年颱風瑪莉襲港，摧毀 425 間寮屋，令 2,698 人無家可歸。1961 年颱風奧嘉襲港，損毀 19 間寮屋並導致 187 人頓失家園。1962 年颱風溫黛影響更大，摧毀 725 間寮屋，5,130 人無家可歸。部分寮屋雖未至全面倒塌，但亦難以適合居住。

另一方面，人口增長也引發居住問題。1958 年內地推行大躍進運

工商晚報, 1961-01-27

紅磡大火災民住宿解決
第二次賑欵今明日補發

新蒲崗村生氣勃勃
一週建屋七百多間

1961 年 1 月 27 日《工商晚報》關於新蒲崗村的報道

動，隨後數年更出現嚴重飢荒，導致部分人選擇遷居香港。根據 1963-1964 年度《徙置事務處年報》，1962 年夏季有不少內地人口遷至香港。貧窮人口急增，大量興建寮屋。根據推算，相比 1955 年，寮屋人口增加了兩成。

二、徙置大廈的發展情況

自 1953 年石硤尾大火後，政府已不斷興建徙置大廈，解決港人的住屋需要。至 1961 年 3 月，政府已興建了 11 個屋邨，共有 149 座 6 層及 7 層高的徙置大廈，提供了約 6.3 萬個單位。至於最初的臨時安置建築包寧平房仍有 4 座，共有 940 人在此居住。當時，徙置大廈的總人口高達約 29.2 萬人，合共約 5.9 萬個家庭及 3,353 位單身人士。

1961 年，政府開始興建第二型徙置大廈，這款新的徙置大廈和與第一型徙置大廈不同之處，在於 H 型兩端之間加上圍牆，由疏孔混凝土塊構成，組成走廊，在內加建樓梯。每座徙置大廈末端加建了兩個面積為 310 平方呎的單位，合共有 24 個，設有獨立的露台。當時，一

石硤尾邨

些徙置大廈因為地理條件限制，會以 I 型設計，類似 H 型中的一翼。

第一型和第二型徙置大廈兩翼的長度由 140 呎至 320 呎不等，視乎屋邨地理位置決定。以 1961 年計算，租金安排大致如下：

表 3.1：1961 年屋邨租金

租金	面積	居住人數
10 元	86 呎	3 至 3.5 人
14 元	120 呎	4 至 5 人
18 元	152 呎	5.5 人至 6.5 人
28 元	240 呎	8 至 10 人

注：小孩作 0.5 人計算。

以 1961 年計算的租金是 13 元，另加 1 元水費，合共 14 元。政府興建一座標準徙置大廈，即 7 層高有 432 個單位，每個單位 120 呎，付出費用為約 102.6 萬元，平均每間房間的費用是 2,375 元。以租金 13 元計算，在不計算通貨膨脹下仍需要 182 年多才可以回本。由此可見，政府解決民生問題，動用不少資源。

徙置大廈樓宇生活質素方面，政府積極改善徙置大廈居民的生活素質。1957 年起有一些單位設有獨立的廁所，首個獨立設施單位在 1957 年 6 月完工，這些單位的月租是 45 元，面積是 240 呎。較大的獨立單位月租是 65 元，面積是 360 呎。同時，政府亦照顧居民子女的教育。徙置大廈的天台設有學校供居民子女就讀。以 1961 年為例，天台學校數量有 112 間。地下有小商店。由 1962 年 1 月起，商店分為四大類，租金依商店位置及環境決定，租金分別是 200 元、150 元、115 元和 80 元。

六十年代中，隨着香港人口不斷增加，住屋需求殷切。政府在 1964 年開始在鴨脷洲、秀茂坪、藍田、油塘、慈雲山和葵涌等地興建徙置大廈。這些地區開始興建第三型及第四型徙置大廈。第三型徙置大廈在 1964 年面世，大廈樓高 8 層，每層設有中央走廊貫穿不同單位，單位面積為 129 平方呎，設有露台，設計概念與之前的完全不同。根據 1966-1967 年度《徙置事務處年報》指出第三型徙置大廈外貌似屋宇建設委員會的樓宇。1967 年，第三型徙置大廈遍佈葵涌、柴灣、田灣、油塘、秀茂坪及慈雲山等地。單位有獨立的露台和 2-3 戶共用一個廁所。每層更設有垃圾槽，方便處理廢物。

1963 年 2 月 12 日，徙置事務處處長莫理臣在年度大會中指出，新型（第三型徙置大廈）和將來屋宇建設委員會管理的政府廉租屋宇，其設計基本相似，彼此關係更趨密切。他更說徙置區居民和屋宇建設

石硤尾邨（相片由高添強先生提供）

石籬邨第 10 座及 11 座屬第四型徙置大廈

委員會居民，以前是有距離的，現在大部分已連接起來。以前徙置區居民可能受過社會上的恥辱，現在已一掃而空。由此可見，第三型徙置大廈是一大突破。

第四型徙置大廈方面，大廈樓高 16 層，每個單位均有獨立廁所，以及配備升降機設施。根據 1966-1967 年度《徙置事務處年報》指出第四型徙置大廈的設計已十分接近屋宇建設委員會樓宇質素。1965-1966 年間，政府共建成 65 座第四型徙置大廈。其中 1964 年全港徙置大廈分佈主要集中於九龍區，其次為新界，最少為香港。詳見下表：

表 3.2：1964 年徙置大廈地區分布

區域	地區	人口（人）	百分比（%）	
香港島	柴灣	28,025	5.15	5.15
九龍半島	石硤尾	67,361	12.38	86.07
	李鄭屋	54,127	9.95	
	大坑東	39,696	7.29	
	紅磡	10,503	1.93	
	老虎岩	33,918	6.23	
	黃大仙	81,077	14.90	
	佐敦谷	20,708	3.81	
	官塘	57,357	10.54	
	東頭	44,096	8.10	
	橫頭磡	59,503	10.93	
新界	大窩口	43,420	7.98	8.78
	葵涌	4,364	0.80	
總數		544,155	100.00	100.00

石硤尾邨

藝術
集結
活用
空間
文化
交流

六十年代中最大的屋邨包括黃大仙邨和慈雲山邨，前者人口約 8 萬人，後者更多達約 18 萬人。根據 1964 年《香港年報》指出不少徙置區已可說一個小城鎮，以黃大仙徙置區為例，人口超過 8 萬，實需要不少生活配套，如學校、商店、診所等。

此外，政府亦改善了徙置屋邨的形象。根據報道，政府計劃在官塘建 16 層高新徙置大廈，命名為秀茂坪新區，將可容納 20 萬人。這是第一次出現新區的名稱，不再用徙置區的名稱。同年 1 月 14 日《工商日報》報道，港九各徙置區傳將改名新區，免有歧視徙置居民之嫌。同年 2 月 9 日《華僑日報》報道亦指出徙置區名字已成過去，全港徙置區改稱新區。內文指出不少徙置居民不少存自卑感，當與中上層人士接觸，被詢問自己住址時，不敢作真實透露。新區一詞有新的感覺。自此之後，官方名稱改為新區。民間大眾仍難忘舊名，照舊稱為徙置區。

1964，政府發表《管制權宜住所居民、徙置及政府廉租屋宇政策之檢討》白皮書。白皮書交代 1954 年至 1964 年的政府房屋變化。內文清楚指出：「1954 年香港常年報告涉及當時的權宜住所問題，並估計這些居民約有 26 萬人。它敘述當年建造了第一座多層徙置大廈，也使 7 萬權宜住所居民獲得重新定居，並對可以再徙置 15 萬人的方案，表示樂觀其成。可是，過了 5 年（即 1959 年），一個居住問題特設委員會報告說，當時 14 萬 5 千人已經獲得徙置，可是估計還有權宜住所居民 33 萬 5 千人。現在，在徙置大廈居住的有 57 萬 5 千人，平房徙置區居住有 8 萬 1 千人，在政府廉租屋居住有 2 萬 6 千 5 百人，總共有 68 萬 2 千 5 百人獲得住所。雖則如此，據工作小組估計在 1963 年 9 月，權宜住所居民還有 58 萬人，而且每年增加不下 3 萬人。」另一方面，報告明確指出問題比 1954 年更嚴重。當時政府不再單靠增加房屋數量便可解決問題，要顧及考慮舊的房屋要加速重新發展，很多危樓問題要封閉，以及許不少人遷入香港及人口自然增長而引致人口增加。六十年代初，香港人口也由 1945 年戰爭結束時約 60 萬，至 1950 年時已增加至約 230 萬。人口不斷增口，10 多年後結婚生育更引致人口自然增長增加。

報告書制訂徙置資格的規例，列出可以獲得優先徙置的對象：

1. 早前居於被清拆危樓的住宅租戶
2. 獲特別體恤的個案，以及蒙受天災影響的災民
3. 新近入住平房徙置區或遷置區的人士，而那些地區需要用作興建臨時安置所或作永久發展

東頭邨 22 座與相連的溥仁學校

4. 現時佔用「須發展官地」蓋起暫准搭建物的人士
5. 徙置單位過度擠迫的租戶
6. 佔用暫准搭建物的露宿者

該白皮書更指出公營房屋的方向，第一是加快徙置區及政府廉租屋建屋速度，建造大型徙置區，並向更高空發展，以滿足龐大的住屋需求。第二是屋邨設計上朝向着重住戶私人空間和設施；每單位除設有用作廚房的露台外，更有自來水和厠所；第三是放寬入住徙置大廈的資格，將危樓居民或受市區重建影響的人士列為優先徙置對象；第四是劃定特許地區，准許無家可歸的人士，在區內搭建臨時居所，後來演變為臨時安置區。白皮書的最後是計劃是在 1970 年 3 月底建成約 90 萬個徙置單位（RESETTLEMENT UNIT），每個單位是以一個人擁有 24 平方呎來計算。至 1974 年 3 月底，徙置單位將為 190 萬，估計需要的前後期資金分別是 7.66 億和 16.91 億。政府並於 1965 年成立房屋政策委員會，負責就房屋政策事宜提供意見，以及檢討房屋的供應量、質素和各方面的協調。

由 1954 年至 1965 年 12 年間，政府已興建了 115 座 H 型和 31 座 I 型第一型徙置大廈、94 座第二型徙置大廈和 114 座第三型徙置大廈。第三型的徙置大廈大多位於油塘、秀茂坪、慈雲山、柴灣、田灣和葵涌等屋邨。政府同時亦不斷安置寮屋的居民，如 1965 年寮屋人口數量為約 46.3 萬，政府同年安置了約 7.5 萬人（佔總數約 16.3%）。及至 1966 年寮屋人口數量為約 43 萬，政府同年安置了約 8.5 萬人（佔總數約 19.7%）。再至 1967 年寮屋人口數量為約 41.8 萬，政府同年安置了約 5.7 萬人，（佔總數約 13.7%）。政府不斷安置寮屋居民遷至徙置大廈，改善他們的生活素質。

1965 年，香港經濟出現銀行擠提。部分承建商出現財政問題，導致徙置大廈延遲落成。同年 8 月 12 日，香港最大的徙置屋邨慈雲山邨落成啟用，容納約 17 萬人口，解決不少貧苦大眾的居住問題。同年，各徙置大廈的名稱由英文字母改為數字，如 A 座改為第 1 座等。對於未受過英語教育的人士，用數字比用英文來標示更易理解。至 1966 年，全港已有不同類型的徙置大廈，徙置大廈的人口數量可詳見下表：

表 3.3：各類型徙置大廈的居民人數

	第一型住戶人口（人）	第二型住戶人口（人）	第三型住戶人口（人）	第四型住戶人口（人）	合共住戶人口（人）
香港島	9,711	19,594	26,983	22,238	78,526
九龍半島	327,737	173,479	74,402	95,315	670,933
新界	0	45,675	48,526	17,553	111,754
合共	337,448	238,748	149,911	135,106	861,213

從上表可見，當時徙置大廈居民大多居住於九龍半島，佔整體的 77.9%。以住屋類型計算，大多居於第一型徙置大廈，佔整體 39.1%。

1966 年，徙置事務處已開始興建第五型徙置大廈，第五型徙置大廈主要是第四型的改良版本。單位有更多不同的面積配合港人需要。第五型徙置大廈首先在牛頭角和秀茂坪等地興建。徙置事務處也在六十年代中期對住戶收入進行調查研究，發現大多住戶收入是 150 元至 200 元左右，其次是 250 元至 300 元，之後便是 200 元至 250 元。至於入住徙置大廈的裝修費用，大約以 1,000 元為主，大多希望永久安居，願意投入較多金錢。第一座第五型徙置大廈是位於牛頭角邨於 1967 年 8 月落成。

1967 年，部分第一型和第二型徙置大廈改建為獨立的房間設計，

牛頭角下邨（第五型徙置大廈）

不再需要共用洗手間和浴室。1967 年，黃大仙第 25 座便改建完成，全座提供 202 個獨立單位，供 3 人、6 人和 10 人家庭入住。當時，徙置事務處收到 1,300 份的申請表，特別是 6 人家庭的申請較多。這些單位面積是 240 呎，租金是 60 元。面對如此大的需求，徙置事務處決定進一步在石硤尾邨進行更大規模的改建。根據 1967 年 6 月 29 日《華僑日報》記載，從徙置事務處長巴悌指出居民生活已見改善，如居民已有唱機、電話、雪櫃和電話等，更收到十多份申請書安裝冷氣。

1954 年，第一型徙置大廈興建時，房間是以 5 人住 120 平方呎，即每人有 24 平方呎。隨着家庭開枝散葉後，不少單位的人口已超過 5 人，出現人口過擠的情況。以 1971 年 3 月 31 日的徙置事務處的資料顯示，共有約 35.5 萬人（約 4.8 萬個家庭）生活在擠迫的空間，即每人的空間少於 24 平方呎。當時，徙置事務處在第一型及第二型的徙置大廈收回一些空置單位，會給擠迫戶申請。1969 年，徙置事務處已提升了個人的下限面積。第四型徙置大廈的個人面積是 27 呎，第五型徙置大廈的個人面積是 30 至 32 呎，第六型徙置大廈的個人面積是 35 呎。

1970 年 11 月，第一座第六型徙置大廈落成，設計和第五型相近。標準房間是 140 呎，4 個人居住，月租是 38 元。1969 年的《房屋政策委員會報告》指出未來徙置事務處的房屋應與政府廉租屋同樣的質素。這個報告改變了原有的房屋政策方向。未來徙置事務處將在 4 條屋邨興建 40 座第七型徙置大廈。根據 1971 年 5 月 30 日的《華僑日報》報道指出當局已從事設計第七型新型大廈，此類大廈設施可與廉租屋邨設施媲美。

第一型和第二型徙置大廈設有天台學校，提供廉價教育。以 1967 年 3 月為計，共有 314 個天台設有學校及其他福利設施（如康樂中心等）。學費方面，天台學校學費上限半日制每年為 90 元，全日制為 120

元。因應第四型及第五型的徙置大廈設計，難再在天台開設學校，因此會有獨立的社會福利設施大廈。首座設於藍田。以 1966-1967 年度計算，徙置區共有 15 萬 5 千的學生入讀。從表 3.4 可見，當時徙置屋邨學校以天台學校為主，上課時間以上午校為主。

表 3.4：徙置大廈學校分佈情況

	學校數量	課室數量	上午校制	下午制	全日校制	夜校制
學校設於地下	43	607	41	40	2	3
學校設於天台	204	1,121	194	184	8	7
學校設於頂樓	18	179	18	18	0	0
獨立六層高的學校	27	648	25	24	2	0
總數	292	2,555	278	266	12	10

資料來源：1968 年《徙置事務處年報》

另一方面，徙置屋邨內的小販問題亦日趨嚴重，一方面影響店舖生計，另一方面有衛生問題，如售賣的食物以及和烹煮後產生的污染等。當時，徙置事務處和市政事務處不斷跟進這個問題。同時，六七暴動加劇失業情況，不少人轉行至小販謀生。政府在 1969 年的統計顯示全港約有 1.2 萬名小販從事不同類型的買賣，部分後來轉至徙置屋邨開店繼續經營。除清拆外，徙置事務處也進行小販安置，以 1972 年為例，新區內共有 8,500 個違例建築清拆，其中大部分為小販所蓋搭的。這些小販都在臨時小販市場得以安置。

飲茶是本地的文化傳統。最早建成的徙置大廈並沒有特設位置供茶樓開業。由於不少居民也有飲早茶的習慣，因此也有開設茶樓的需

1967 年黃大仙新區七層大廈（相片由高添強先生提供）

要。基於第一型和第二型徙置大廈的地下舖位面積細小，徙置事務處在 1967 年准許經營茶樓或茶館的店舖在戶外加設有上蓋的戶外座位設備，但須領取許可證。此類證件共發出 363 張，收取費用是每方呎每月一角。部分茶館利用大廈的天井地方作為煮食及調製食品之用，部分則未經許可而擅自擴大或更改戶外座位設備，黃大仙新區更發生過茶館東主違反抗命令事件，徙置事務處除命令各人嚴守許可證條件外，更決定暫停發出新的戶外座位許可證。第三型徙置大廈兩端有專為菜館或茶樓而設的舖位。第四型和第五型徙置大廈附有獨立菜館舖位。新興建的屋邨已設有樓高兩層的獨立菜館舖位，面積為 2,708 平方呎，平均約 1.2 萬居民便有一間菜館或茶樓。

1967 年發生六七暴動，徙置事務處面對嚴峻局面，黃大仙徙置事務處辦事處受到衝擊。部分人士在徙置大廈放火及張貼煽動性海報，徙置屋邨亦發生炸彈發現事件，其中不少是詐彈。三十名李鄭屋邨徙置事務處在六月進行非法罷工，最終被解僱，徙置事務處官員與街坊福利會人士保持緊密聯繫，應付突然以來的衝擊，以保障居民安全。

1968 年是徙置屋邨一個重要里程碑。徙置屋邨的總人口已逾 100 萬，以 1968 年 3 月 31 日計算，全港徙置屋邨的人口逾 104 萬人。在 1962 年建成的黃大仙徙置屋邨是全港最大的徙置屋邨，擁有約 8.2 萬位住戶。於 1968 年新建成的慈雲山邨人口已達約 12 萬，已超越黃大仙邨。至 1969 年，慈雲山邨完工後，人口多達約 17 萬。這條新屋邨是全港屋邨人口之最。

1968 年，徙置事務處委派香港大學對三條屋邨 750 位住戶進行調查。調查結果顯示大多住戶屬於半技術勞工（62%）、非技術勞工（17%）、白領（9%）、技術勞工（5%）和失業（7%）。其中百分之五的家庭收入少於 200 元，五成一的家庭收入介符 200 元至 400 元之間，

牛頭角下邨

兩成一的家庭收入介符 400-700 元，兩成三的家庭收入高於 700 元。當時的屋租低廉，居民負擔不太吃力，有助改善生活。

表 3.5：徙置屋邨租金

徙置大廈類型	單位面積	租金
第一型及第二型	60 呎至 360 呎	9 元至 74.75 元（市區） 9 元至 70.25 元（新界）
第三型	107 呎至 280 呎	25.5 元至 69 元（市區） 24 元至 65 元（新界）
第四型	107 呎至 280 呎	28.5 元至 75 元（市區） 27 元至 71 元（新界）
第五型	96 呎至 216 呎	27.5 元至 62.5 元（市區） 26 元至 59.5 元（新界）

資料來源：1968-1969 年度《徙置事務處年報》

至 1969 年，全港已有不同類型的徙置大廈，從表 3.6 可見，當時徙置大廈居民大多居住於九龍半島，佔整體的 75.6%。以住屋類型計算，大多居依舊以第一型徙置大廈為主，佔整體 31.2%。相比 1966 年，當時仍未有第五型徙置大廈，居住於第一型徙置大廈的住戶有所下跌。

表 3.6：1969 年各區徙置大廈人口

	第一型	第二型	第三型	第四型	第五型	合共
香港島	9,554	19,580	36,674	40,626	0	106,434
九龍	312,106	168,582	69,549	166,743	61,743	778,723
新界	0	45,537	49,815	36,745	12,768	144,865
合共	321,660	233,699	156,038	244,114	74,511	1,030,022

至七十年代，徙置事務處管理的住戶人口已高達約 113.4 萬。當時，政府估計仍有約 38 萬人住在寮屋地帶。當時，徙置事務處管理 23

條徙置屋邨（新區）和 22 座徙置工廠大廈。同時，政府也希望改善屋邨管理。徙置事務處派了 12 位員工修讀香港大學主辦的屋邨管理課程，日後更會不斷增派員工進修。徙置事務處希望提升員工的管理水平，希望達至與屋宇建設會相近的水平。

1971 年，計及新增的第六型的徙置大廈，從表 3.7 可見當時徙置大廈居民大多居住於九龍半島，佔整體的 74.9%。以住屋類型計算，大多居依舊以第一型徙置大廈為主，佔整體 26.2%。相比 1969 年，當時仍未有第六型徙置大廈，居住於第一型徙置大廈的住戶有所下跌。

新蒲崗徙置工廠大廈

表 3.7：1971 年各區徙置大廈人口

	第一型	第二型	第三型	第四型	第五型	第六型	合共
香港島	8,592	18,931	27,408	44,405	12,231	0	111,567
九龍	294,737	165,964	78,371	177,534	141,091	7,701	865,398
新界	0	44,251	50,651	46,750	31,077	5,098	177,827
合共	303,329	229,146	156,430	268,689	184,399	12,799	1,154,792

1970 年，政府曾有建議售賣新區大廈給居民。根據 1970 年 6 月 23 日《華僑日報》載，將接任徙置事務處處長徐家祥主張撤銷徙置方式，將徙置樓宇轉售與住客，消息發表後引起各方良好反應。根據 1970 年 7 月 1 日《工商日報》報道，新區住戶買現居單位，計劃將於數年內實行。這可說是後來租者置其屋計劃的先河。至 1970 年 7 月 26 日《華僑日報》報道，徙置處長徐家祥演講徙置大廈如出售，先要得住客同意。他強調出售是私人建議，要進一步研究。之後，出售新區大廈便沒有消息，直至十多年後的租者置其屋計劃推出。

1972 年 6 月 18 日，秀茂坪發生山泥傾瀉，觀塘新區有 68 人喪生，900 多位山坡災民得到安置上樓。另外，政府為防止悲劇再現，將約 1.9 萬位居住於危險斜坡的居民安置上樓。1972 年 10 月，政府啟動舊石硤尾邨重建計劃。整個計劃分為五個階段，涉及約 6.2 萬居民、520 間商店和 35 間天台學校及福利機構。整個計劃將拆卸 29 座舊式的徙置大廈，重建後將有單位會有獨立的洗手間和廚房等。投入的資金為 8,000 萬。徙置事務處設立了一個安居組專責有關事宜。第一階段將安置了約 1.1 萬居民及 48 間商店及 11 間工場遷至鄰近的白田邨，在 1973 年 3 月底完成。整個計劃在 7 年內完成。經過多年努力，本港的寮屋問題已日漸改善。

表 3.8：香港寮屋居民人數

年份（年）	寮屋居民數量（人）
1965	463,000
1966	430,000
1967	428,000
1968	409,000
1969	401,000
1970	380,000
1971	358,000
1972	286,500
1973	280,500

1973 年 4 月 1 日，屋宇建設委員會和徙置事務處合併成為房屋委員會。新機構將開展十年建屋計劃，由 1973 年至 1974 年，提供 180 萬人的居所。當時，徙置事務處共管轄 25 個新區和 8 個工廠區，共有 500 座大廈。

表 3.9：各類型徙置大廈簡表

類型	興建時間	樓高	設施
第一型	1954-1961 年	6-7 層	設有公用廁所和浴室，標準房間是 120 方呎，可供 5 人居住，以 1973 年計租金為 18 元，包括水費在內。
第二型	1961-1964 年	7-8 層	設計和第一型相近，但每層設有面積 310 方呎的大房間，並附有私用露台。
第三型	1964-1967 年	8 層	每層設有中央走廊，住房分於兩旁，各有私用露台和自來水喉的設備，每兩戶人合用一個廁所。標準房間為 129 方呎，供 5 人居住，以 1973 年計租金為 28 元 5 角。

（續上表）

類型	興建時間	樓高	設施
第四型	1965-1969 年	16 層	設有電梯設備。每間住房附有私用露台，自來水喉和廁所。標準房間為 129 方呎，供 5 人居住，以 1973 年計租金為 32 元。
第五型	1966-1971 年	16 層	設計與第四型相近。住房大小不一。標準房間為 135 方呎，供 5 人居住，以 1973 年計租金為 34 元。
第六型	1970-1973 年	16 層	設計與第五型相近。闊度和第五型相同，但長度較大。標準房間為 140 方呎，供 4 人居住，以 1973 年計租金為 38 元。

表 3.10：徙置事務處用於寮屋管理及徙置大廈的支出

年度	寮屋管理支出（元）	徙置大廈支出（元）	徙置大廈的收入（元）
1960/61	147,720	42,147,053	10,274,492
1961/62	121,472	40,023,036	13,828,374
1962/63	103,418	48,740,062	18,534,865
1963/64	13,231	88,482,027	23,744,050
1964/65	283,612	102,411,146	29,123,346
1965/66	793,813	107,638,848	44,769,928
1966/67	408,824	103,767,296	44,900,375
1967/68	538,702	82,748,704	49,639,908
1968/69	599,707	51,624,207	56,194,496
1969/70	389,998	34,896,396	60,550,538
1970/71	765,585	47,889,181	65,854,842
1971/72	297,555	39,896,667	67,631,722
1972/73	107,163	27,996,017	73,621,601

表 3.11：香港居住寮屋及徙置大廈人口

年份（年）	寮屋人口（人）	徙置大廈人口（人）
1960	82,482	242,351
1961	87,519	291,431
1962	79,656	373,274
1963	73,377	462,582
1964	82,899	544,155
1965	74,729	681,134
1966	74,702	770,869
1967	72,484	861,213
1968	72,986	967,184
1969	68,058	1,030,022
1970	57,585	1,077,094
1971	55,825	1,100277
1972	50,293	1,154,792
1973	49,907	1,183,677

後徙置事務處和屋宇建設委員會合併，1973 年合併前徙置大廈居民的地區與居住大廈類型數據，以及總人口變化可見表 3.12、3.13 及 3.14。

表 3.12：徙置事務處和屋宇建設委員會合併前的新區屋邨地區人口分佈

區域	地區	人口（人）	百分率（%）	
香港島	柴灣	55,512	4.69	9.6
	田灣	15,660	1.32	
	石排灣	28,906	2.44	
	興華	13,610	1.15	
九龍半島	石硤尾	61,120	5.16	74.99
	大坑東	35,382	2.99	
	李鄭屋	46,828	3.96	
	紅磡	8,533	0.72	
	樂富	34,949	2.95	
	黃大仙	76,369	6.45	
	佐敦谷	19,456	1.64	
	觀塘	55,405	4.68	
	東頭	65,340	5.52	
	橫頭磡	66,854	5.65	
	秀茂坪	116,501	9.84	
	慈雲山	145,337	12.28	
	油塘	27,185	2.30	
	藍田	67,985	5.74	
	牛頭角	54,930	4.64	
	白田	5,467	0.46	
新界	大窩口	48,751	4.12%	15.41%
	葵涌	50,696	4.28%	
	元朗	11,951	1.01%	
	石籬	65,497	5.53%	
	青山	5,453	0.46%	
總數			100.00%	100%

表 3.13：徙置事務處和屋宇建設委員會合併前的新區屋邨大廈類型人口分佈

	第一型	第二型	第三型	第四型	第五型	第六型	合共
香港島	8,592	18,834	27,439	45,153	13,610	0	113,628
九龍	289,577	164,600	78,387	179,019	164,115	22,093	733,840
新界	0	44,038	50,696	48,141	34,020	5,453	182,348
合共	298,169	227,472	156,522	272,313	201,745	27,546	1,183,767

表 3.14：徙置大廈居民人口（1954-1973）

年份（年）	徙置大廈（後稱新區大廈）居民人數（人）
1954	8,663
1955	66,598
1956	105,404
1957	139,797
1958	158,662
1959	196,968
1960	246,821
1961	292,371
1962	373,274
1963	462,582
1964	544,155
1965	681,134
1966	770,869
1967	861,213
1968	967,184
1969	1,030,022
1970	1,077,094
1971	1,100,277
1972	1,164,792
1973	1,183,677

三、徙置事務處（The Resettlement Department）

徙置事務處行動事務分處下設有寮仔部，主要負責防止在市區和新界荃灣的官地上、批租土地上、私人住宅和工商樓宇屋頂和廚房頂上，蓋搭新建築物或將現有的暫准建築物擴大。至於新界荃灣以外的寮屋則由新界民政署負責，由徙置事務處借調徙置高級主任、主任和區長多名職員協助執行。寮仔部的工作分 4 個地區執行：港島、九龍、觀塘和荃灣。每區由一位徙置高級主任負責，並再劃分為 2-3 個分區，各分區由一個徙置事務主任負責。分區再細分為若干巡視地帶，由區長和屬下的工佐和雜工負責管理。區長主要職責是凍結所負責的地區，即該區沒有人興建新的違例建築物。暫准建築物是有徙置事務處的特別記號，紀錄存檔，建築物暫予保留，直至該地區作永久性發展時才加以清拆的。屆時，居民獲得徙置重新編配居所。寮仔部更要調停木屋居民間的紛爭，阻止不法人士騙取徙置資格而搬進已有徙置編號的寮屋居住，並要在清拆寮屋和徙置居民時參與工作。遇有寮屋在大火和風災時損毀，他們要登記受影響的居民，將他們安置於臨時安置中心。以 1971 年，港九新界共有 7 個臨時安置中心。經過寮仔部的努力，1960 年中期至 1970 年初，香港寮屋居民數量不斷下跌，可見下表。

表 3.15：寮屋、安置區／重建區居民人口

年份（年）	寮屋居民數量（人）	安置區／重建區居民數量（人）
1965	463,000	75,300
1966	430,000	84,800
1967	428,000	57,100
1968	409,000	33,600
1969	401,000	27,700
1970	380,000	31,145
1971	358,000	34,700
1972	268,500	36,660

七十年代，徙置事務處仍有安置區。安置區分為兩類：（一）甲類安置區，共有 3 個；（二）乙類安置區，共有 19 個。以 1971 至 1972 年度計算，甲級和乙級安置區共有居民約 3.5 萬人。在甲類安置區居住的人士，都是已有徙置資格而等候編配入住新區，他們須繳納許可證費用，每幅屋地月租為 4 元。在乙類安置區居住的人士，是沒有徙置資格的人士，例如遷拆區的假居民、無家可歸者等，他們的月租為 3 元。安置區內有公用水喉、明渠和公廁等設施。區內的木屋也是臨時性質，比較簡陋，但必須要用防火材料建成。木屋的大小，因應戶內成員的多少有所不同，但均須依照每人獲配居住面積的一定比例建

石硤尾徙置區

成。木屋由承建商代建，價錢由每呎 3 元 5 角至 4 元不等，視乎地區而定。較大的安置區，除政府提供的基本設施外，更有由慈善團體或宗教團體設立的學校、福利中心和診療所等，大多安置區也設有商店，由居民經營，照顧大眾日常所需。

除了甲類和乙類安置區外，政府在 1969 年 3 月和 1970 年 5 月分別在觀塘和大窩坪設立丙類安置區。政府為了發展官地進行清拆，令一些在該地經營的工廠要遷移。一些工廠要較大的地方來儲存原料和貨物。所以不太合適遷至徙置工廠大廈。因此，政府便設立丙類安置區來安置。1971 年，政府用撥出約 23.6 萬平方呎土地安置 227 名工廠廠主，讓工廠繼續經營下去，每年要付每呎 1.8 元的許可證費用。

四、平房區發展情況

1948 年，政府為了安置市區各處的僭建者，便在距離市中心較遠的地方編劃地盤，給他們建造平房居住。這便是第一批的平房區。當時以為可預見的將來，這些地方仍不須加以發展。後來香港發展迅速，不少平屋要清拆以便進行公共建設。直至七十年代，本港仍有 14 個平房區，其中居住的認許居民有 50,293 人，獲得登記的非認可居民有 3,891 人，不獲登記的非認許居民有 3,703 人。認許居民是名列平房許可證的人士，獲得登記的非認可居民雖在許可證上未有列名，但在 1963 年進行戶口統計時曾獲得登記。至於不獲登記的非認許居民則既非名列平房許可證的人士，也沒有在 1963 年時獲得登記。

表 3.16：1972 年 3 月各平房區的認許居民資料表

	地區	平房區認許居民數量（人）
港島	柴灣	8,608
	富斗窟	1,674
	掃桿埔	2,235
	摩星嶺	1,868
九龍	牛頭角	7,250
	竹園	11,860
	東頭	1,620
	大坑西	1,748
	荔枝角	1,477
	大窩坪	2,935
新界	大窩口	622
	調景嶺	6,520
	水牛嶺	1,415
	火炭	461
合計		50,293

以 1972 年計算，各平房區共有 2,925 間磚石建築和 1,748 間木屋。建築多由居民自資建造，其餘則由福利機構或不牟利團體建造，比較著名如美國天主教福利會、中華基督教衛理公會、基督教服務委員會和香港平民屋宇有限公司。為方便管理，大多數團體也將平房的所有權轉移至政府，以便徙置事務處統一管理。平房居民除要繳交許可證費用外，還須繳交租金。不少平房區隨着房屋發展也清拆，如何文田及京士柏平房區、柴灣平房區、大窩坪平房區等，如今了無蹤影。

平房區內設有學校，只需象徵式交許可證費 2 元 5 角。以牛頭角平房區為例，牛頭角平房區建於 1952 年至 1956 年。當時，牛頭角是郊區位置。這個平房區有 7,250 人口，有 1,284 戶口，住在 1,209 間房屋。該區的教育及福利事業主要由天主教瑪利諾會辦理。該區在區內設有一間小學，上下午班共有學位 1,782 個、一間診所、一間手工業訓練中心和一間兒童圖書室。以 1972 年計算，平房區共有 12 間小學，提供 10,591 個學位、19 間福利中心、8 間診所、5 間兒童群益會會所和 8 間街坊福利會。

表 3.17：平房認許居民數量

年份（年）	平房認許居民數量（人）
1954	45,906
1955	58,224
1956	70,393
1957	73,704
1958	77,546
1959	81,640
1960	82,482
1961	87,519
1962	79,656
1963	73,377
1964	82,899
1965	74,729
1966	74,702
1967	72,484
1968	72,988
1969	68,058
1970	57,585
1971	55,825
1972	50,293
1973	49,907

平房認許居民數量

100,000
90,000
80,000
70,000
60,000
50,000
40,000
30,000
20,000
10,000
0

1954 1955 1956 1957 1958 1959 1960 1961 1962 1963 1964 1965 1966 1967 1968 1969 1970 1971 1972 1973

五、工廠大廈發展情況

政府亦有興建 H 型徙置工廠大廈，這與當時的社會發展有密切關係：寮屋有不少山寨小型工廠，政府認為清拆寮屋後，需要重新安置。政府也希望為徙置大廈居民提供就業機會，小型工廠需要人力，正好切合需求。這類 H 型徙置工廠大廈和一般徙置大廈最大的分別在於有較大的間隔，以便安置存貨和機器等。

長沙灣徙置工廠大廈

香港第一座徙置大廈工廠建於1957年。租金方面，以1961年為例，大約月租75元（地下租金）至45元（頂樓租金）。安排方面，以一個工廠以前佔地1,200呎便可分配租用6個單位，個別用戶租用單位的上限為10個。除了徙置事務處會管理租用問題外，消防處和勞工處亦會監管各單位的防火及工業設備等。直至1960年，香港共有4座徙置工廠大廈提供1,598個單位。1964年，徙置工廠大廈數量已增至11座。六十年代中，政府除建H型徙置工廠大廠，亦有建築I型工廠大廈，如位於新蒲崗等地。1967年，徙置大廈的數量已增至22座，內有5,346個單位。至七十年代，徙置工廠大廈已有22座。其中一座是一層高的建築，其餘是21座是多層高的建築，合共提供7,861個單位，面積多達1.9百萬平方呎。

表3.18：1966-1967年度徙置工廠資料

地區	新蒲崗	長沙灣	大窩口	柴灣	佐敦谷	觀塘	元朗	總計
工廠數量（間）	568	708	140	80	96	65	5	1,662
工人數量（人）	3,591	3,884	833	544	403	110	24	9,389

早期的徙置工廠大廈樓高5層，外型是H型，和徙置大廈相若；後來興建的徙置工廠大廈樓高5層或7層，形狀有如I字。H型徙置工廠大廈每一格有2個198平方呎單位，而I型徙置工廠大廈，每一格有3個256平方呎單位。大廈中央設有通往各層的樓梯和斜坡，為了節省成本，大廈沒有裝設升降機。分配方面，任何一位徙置的工廠廠家最少可分配198平方呎單位，最多可分配相等於5,000平方呎單位，即約舊式工廠大廈25個單位或新式工廠大廈20個單位。原有工廠廠家如擁有超過5,000平方呎便沒有徙置的資格，因有這個規模的工廠廠家，應有能力自找廠房。至於徙置大廈租金，樓層愈低愈貴。通常樓面負荷

力較大的行業可先獲得分配樓下的單位，徙置大廈工廠的負荷力是樓下至 3 樓，每平方呎是 300 磅，至 6 樓以上，則減為每平方呎 120 磅。租金則是樓下每平方呎 5 角 5 分，至 7 樓則為 2 角 5 分。

徙置大廈工廠的產品繁多，共有 89 類，可引證本港工業的發展，最普遍的行業包括五金、塑膠、木製品、紡織和印刷。以 1972 年計算，這些工廠共聘請了 1.92 萬名工人。他們大多居於鄰近的徙置屋邨。

六、六十年代政府提供貸款助市民置業

政府在 1976 年推行居者有其屋計劃，由政府興建資助房屋，港人開始購入。這是公屋政策的改變。六十年代起，政府已推行一些計劃貸款供港人置業，可說是居者有其屋計劃之始。

六十年代香港工業急速發展，房地產亦開始發展。當時一些中等收入人士希望改善居住環境，出現置業需求。1964 年 6 月 21 日，政府公佈了《中等入息階級人士月購置自居樓宇計劃：高登委員會工作報告書》，這報告書是由政府委託高登議員向成立按揭貸款公司提供意見，可見政府已改變了過去昔日只提供公營房屋的管治理念，這是房屋政策的一大突破。可惜，當時分期供樓大多不會超過 5 年，市民大眾供樓十分吃力，令人卻步。後來部分地產商雖然已放寬至 10 年，但利息頗高，高達月息一分二，部分港人不願意接受。

當時一間名為聯邦發展有限公司的顧問白哲先生已有一項計劃：他建議在香港建立一間公司，名稱為屋宇及貸款有限公司。其初期成立的資金為 500 萬鎊，計劃聯邦發展公司籌撥 100 萬鎊，香港政府籌撥 100 萬鎊，另由香港銀行及其他公司籌集 300 萬鎊。其初期資料預計開

始在 12 年後歸還，先歸還銀行及其他公司，最後是政府和聯邦發展公司。500 萬為初期資金，如一切順利，則銀行或重新貸出款項。白哲先生建議借入的利息為 7 厘半，借出的利息為 9 厘，中間差距 1 厘半為應付日常之開支。按揭樓宇應為 1 萬 8 千元至 5 萬元之間，最高貸款額為七成五，最長還款期為 12 年，利息為 9 厘。高登報告書指出白哲先生的計劃可取。最終，報告書建議本港設立一間公司，名為屋宇及貸款有限公司（後來正式推動時更名為香港建屋貸款有限公司），協助中等入息人士置業。這間公司由香港政府、聯邦發展公司、四間銀行（匯豐銀行、恆生銀行、渣打銀行、東亞銀行）等合組而成，最初成立的資金為 7 千多萬元，目標是幫助中等入息階級人士貸款置業。

當時，如申請貸款要每月收入要在 900 元至 2,000 元之間。如申請人入息不足 900 元，可將妻子收入計算在內。以貸款額一萬元分 12 年攤分計算，本息在內，每月還款額是 117 元。借貸最高比率是樓價 75%，並不可超過申請人月薪的 24 倍，且不能超過 4 萬元，息率為 9 厘，還款期最長為 12 年。借款人要購買人壽保險，保單受益人是香港建屋貸款有限公司，萬一不幸身故，香港建屋貸款有限公司也得到保障。1964 年 12 月，香港建屋貸款有限公司在本港報章刊登徵求樓宇廣告，徵求與地產商合作，要求所建成的樓宇給該公司審查，選擇合適的便可供貸款之用。被選中的樓宇便為批准樓宇，是香港建屋貸款有限公司認為合格和滿意，可提供貸款。這些批准樓宇不時刊登於各大中英文報章，供港人參考。當時刊登的樓宇包括由立信置業有限公司興建的海宮大廈（位於香港銅鑼灣）、僑豐建業有限公司興建的僑宏大廈（位於九龍窩打老道）、啟明建業有限公司興建的月明樓（位於觀塘月華街）、利興置業有限公司興建的東南大廈（位於香港軒尼詩道）、益興建業有限公司興建的雲華大廈（位於北角英皇道）等。

北角雲華大廈

首倡居者有其屋理念

這個計劃曾被稱為「居者有其屋」。當年報章大力宣傳，呼籲大眾置業。1965 年 8 月 15 日的《工商日報》報道指：「香港建屋貸款有限公司獲得政府及各大銀行之支持，決定推行低息長期貸款購樓計劃，使『居者有其屋』得以實現。」1965 年 8 月 23 日的《工商日報》亦報道指：「宜參酌內地家庭的情況，准許貸款者以父子相繼的辦法，給與更長的年期，以達到『居者有其屋』的目的。

可惜計劃推出後，反應並不理想。推出兩月後派出的表格多達 2,000 份，但真正申請只有 44 宗。其中只有 32 宗被通過，總貸款額為

151萬元正。其實，反應並不理想是與當時部分地產公司競爭有關，地產公司推出新售樓計劃，除貸款利息與先付首期四分之一相同外，沒有其他限制條件，如入息多少皆可申請，不用購買人壽保險等。由此可見，此刻的香港經濟已漸起飛，置業者傾向選擇供樓會的形式，只需付首期一成便可置業。供樓會是地產公司另一種賣樓方法，以分期付款形式來出售樓宇，其中包括僑豐建業公司、寶華置業公司、利昌公司、永年企業公司等。買家分5年、7年、10年、12年分期付款供樓會。大多供樓會不用審查入息、不限制分租或轉讓、不需購買人壽保險，相較之下，置業入場券更簡單。

表3.19：香港建屋貸款有限公司批准貸款宗數及金額

	1965	1966	1967	1968	1969	1970	1971
批准宗數	93	523	804	2,130	1,266	1,651	2,368
批准總額	3,210,000元	15,200,000元	19,000,000元	51,500,000元	33,100,000元	51,200,00元	83,300,000元

資料來源：《香港年報》

在1966-1967年期間，香港因社會動盪而導致經濟不穩。當時若港人要用一萬元來作為首期，絕非容易之事。後來，隨着銀行、財務公司等競爭日趨加劇。在上世紀九十年代，這間公司曾出售給力寶集團、華潤集團，再轉售給聯合集團等，現時為華人環球投資集團有限公司的旗下公司。現時，香港建屋貸款有限公司仍是香港聯合交易所的上市公司，股份編號是145。該公司主要業務是投資控股、財務投資和提供貸款融資、其他相關服務等。

七、屋宇建設委員會房屋

五十年代港人多要面對擁擠的居住環境。根據《屋宇建設委員會》顯示，1954 年每人最少的居住面積是 35 平方呎，一般一層樓可以容納 14 位成年人，但調查得知實際一層樓已容納 19 位成年人。石硤尾大火後，政府除設立了徙置事務處安置寮屋區及其他貧苦大眾外，更在 1954 年 4 月設立了屋宇建設委員會，解決中下收入人士的住屋問題。屋宇建設委員會興建的房屋低於一般租值，租予居住環境惡劣而又無力負擔私人樓宇高昂租金之家庭。

屋宇建設委員會屋邨設施完備，各邨均設有商店，租金表市值釐訂，出租前會進行登報競投。各邨亦多設有街市檔位，出售水果和菜蔬，亦可出售雜貨者。以 1971 年計算，一般檔位月租 20-30 元，包括差餉和水電費在內。新型檔位分為大小兩種，大檔位出售肉類及魚雞鴨等，小檔位出售水果和蔬菜為主。每個屋邨均設有幼稚園，出租辦法與商店無異。政府亦會在屋邨內或附近設立小學，小學校舍為屋宇建設委員會興建，而廉租屋內的校舍則由工務署興建。每座校舍有標準課室 24 間，承租者為教育司所指定之團體。大多屋邨也設有會堂，供居民舉辦會議或慶典時租用，租金低廉。

及至六十年代，根據政府 1961 年進行的人口統計，香港人口約為 312.8 萬，其中約 258 萬人居於市區。當時政府向屋宇建設委員會投入 1.56 億的循環基金，估計可以持續建屋至 1964 年，安排約 10.5 萬人入住，以解決人口擠逼的問題。及至 1964 年，屋宇建設委員會已提供了約 1.7 萬個單位供約 10.1 萬人居住。同時，屋宇建設委員會也管理 5,770 個廉租屋單位，供約 2.7 萬人居住。

西環邨

表 3.20：屋宇建設委員會三條屋邨

屋邨名	完工日期	單位數量	人口數量	設施	面積	建築費用
北角邨	1958 年 1 月	1,955 間	12,265 人	71 間商店 1 間郵局 2 間診所 1 間小學等	6.9 平方畝	31,622,381.6 元
西環邨	1959 年 3 月	638 間	3,892 人	5 個倉庫 1 個福利中心等	3.7 平方畝	8,837,244.25 元
蘇屋邨	1960 年 11 月至 1961 年 4 月（分三期完成）	3,537 間	22,331 人	36 間商店 1 間郵局 1 間小學等	14.4 平方畝	37,102,000.00 元
總數		6,130 間	38,488 人		25 平方畝	77,561,625.85 元

1963 年 12 月 18 日，柏立基港督主持彩虹邨的奠基禮。他在演講辭中交代安居價值的重要性。1964 年，彩虹邨建成，提供 7,500 個單位讓 4.3 萬人入住。整個建築計劃用了 5 千萬，除有居住單位外，更有 36 間商店、2 間銀行、4 間幼稚園和一間郵局等。彩虹邨是屋宇建設委員會重要的里程碑，更獲得建築師獎項。

彩虹邨

屋宇建設委員會更有 10 年建屋規劃，計劃 1964-1973 年間在 10 條屋邨興建 5.3 萬個單位，供 32.6 萬人居住，預計斥資約 4.64 億。1964 年，屋宇建設委員會申請家庭入息月薪 400-900 元。由此可見，這類房屋供中下階層的家庭入住。當時，廉租屋的申請家庭月薪收入在 400 元之下，可見這兩類房屋的分別。屋宇建設委員會提供較優質的房屋，租金也較高（見表 3.21），相較之下廉租屋邨租金較屋宇建設委員會的便宜（見表 3.22）。

表 3.21：屋宇建設委員會屋邨租金

	北角邨	西環邨	蘇屋邨	馬頭圍邨	和樂邨一期	彩虹邨	福來邨一期和二期
3 人	75.5-77.5 元	/	/	/	/	/	/
4 人	100-102 元	/	48-66 元	/	/	55 元	/
5 人	121.5-128.5 元	99 元	57-102 元	76-82 元	49-60 元	/	54-72 元
6 人	128.5-140 元	/	60-102 元	86 元	/	70 元	/
7 人	154 元	122-131 元	98-118 元	95-101 元	60-75 元	/	67-88 元
8 人	163.5-169 元	/	71-115 元	/	/	71-90 元	/
9 人	/	/	116 元	/	/	/	/

（續上表）

	北角邨	西環邨	蘇屋邨	馬頭圍邨	和樂邨一期	彩虹邨	福來邨一期和二期
10 人	/	169 元	/	130 元	/	91-115 元	/
11 人	/	/	97-138 元	/	/	/	/
12 元	/	/	/	/	/	103-130 元	/
13 人	227.5 元	/	/	/	/	136 元	/
14 人	/	/	/	/	/	113-139 元	/
平均每人租	22.35 元	18.35 元	14.9 元	14.16 元	10.58 元	11.84 元	12.89 元

資料來源：1963-1964 年度《屋宇建設委員會年報》

表 3.22：廉租屋邨租金

	觀塘（鯉魚門道）邨	長沙灣邨	黃大仙上邨	山谷道邨	石硤尾邨
4 人	35 元	38 元	38 元	39 元	38 元
5 人	40 元	43 元	43 元	45 元	43 元
6 人	/	52 元	51 元	53 元	51 元
8 人	/	68 元	68 元	68 元	68 元
10 人	/	80 元	80 元	80 元	80 元

資料來源：1963-1964 年度《屋宇建設委員會年報》

根據 1964-1965《屋宇建設委員會年報》指出一些居民會將屋宇建設委員會的樓宇和戰後興建的私人樓宇作比較，比較除租金外，更包括管理。屋宇建設委員會的樓宇是頗受歡迎。至 1965 年，屋宇委員會收取的租金每月高達 200 萬。六十年代中期，政府繼續支援本港房屋發展。以 1966 年 3 月 31 日，政府共提供 2.45 億的貸款給屋宇建設委員會，並使用了 1.81 億。當時，屋宇建設委員會主力興建兩個新屋邨，分別是坪石邨和華富邨。以 1965 年底計算，屋宇建設委員會管理約 2.2 萬個單位和約 1.4 萬個廉租屋單位（由公務局興建後交屋宇建設委員會）。當時，屋宇建設委員會負責管理不少屋邨並負責管理政府廉租屋，相關數據資料詳見表 3.23 及 3.24。

坪石邨

華富邨

表 3.23：由屋宇建設委員會管理的屋邨

	單位數量（間）	人口（人）	商店量	面積	成本（元）
北角邨	1,955	12,264	62 間	6.9 平方畝	31,800,000
西環邨	638	3,894	1 間	3.7 平方畝	8,840,000
蘇屋邨	5,318	33,345	34 間	19.2 平方畝	52,080,000
馬頭圍邨	2,075	12,770	28 間	6.9 平方畝	18,700,000
彩虹邨	7,485	42,863	47 間	15.9 平方畝	49,000,000
福來邨	2,891	17,265	32 間	8.9 平方畝	22,800,000
和樂邨（一期）	862	5,1704	14 間	4.4 平方畝	6,200,000
和樂邨（二期）*	1,082	6,538	/	3 平方畝	8,400,000
華富邨 *	7,498	51,628	/	24.8 平方畝	89,300,000

* 當時和樂邨（二期）仍興建中，仍有 224 個單位未建成。

* 華富邨仍在興建中。

資料來源：1966-1967 年度《屋宇建設委員會年報》

表 3.24：由屋宇建設委員會管理的政府廉租屋

	單位數量	人口	商店數量
觀塘（鯉魚門道）邨	1,288	5,717	14 間
長沙灣邨	2,724	12,718	32 間
山谷道邨	3,116	15,044	28 間
石硤尾邨	1,016	4,785	/
黃大仙上邨	5,926	28,997	40 間

資料來源：1966-1967 年度《屋宇建設委員會年報》

及至七十年代，政府投放於屋宇建設委員會的貸款資金已達 2 億 6 千萬元，作為循環基金，按時付息，其餘收入則主要來自屋邨租金。同時，屋宇建設委員會只代為管理政府廉租屋只是代為管理，有另一獨立帳目。租金調整根據 1968 年 7 月修訂的租金方案，規定每 2 年以上調整一次，每次加租約 10%，但已加之租值將永遠在市值租金之下。

有關房屋於七十年代的申請條件如下：1971 年為例，年齡在 21

和樂邨

歲以上，家庭成員至少有 4 位，全家收入每月不可超過 900 元。月入 1,250 元以下者亦可申請，但須入住租值較昂貴的屋宇。全家收入 400 元以下者，只可申請政府廉租屋。月入超過 500 元才可以申請屋宇建設委員會房屋。月入 400-500 元，政府廉租屋和屋宇建設委員會房屋亦可申請。申請者可致函九龍郵箱 9192 號索取申請表格，亦可在市政局議員辦事處和民政處索取。

屋宇建設委員會的管理人員質素極高，要進修香港大學舉辦之三年制校外課程，修畢並考試合格，將獲頒授大學屋宇管理文憑。該文憑試已獲得英國屋宇事務經理學會承認與該會會員專業資格等同。徙置事務處亦派了徙置主任來屋宇建設委員會作短期交流，了解屋宇申請審查工作、入伙手續、新開業商店或市場之管理、垃圾收集、收租記帳管理等事宜。1954-1973 年期間，屋宇建設委員會對香港公屋建設良多。以下是該會與徙置事務處合併前夕的資料（見表 3.25）。

表 3.25：屋宇建設委員會管理單位（與徙置事務處合併前夕）

	屋宇建設委員會房屋（間）	廉租屋邨（條）
屋邨數量	9	17
單位數量	34,893	62,380
居民數量	218,450	363,787
商店數量	322	483
酒樓	3	4
幼稚園	28	34
小學校舍	6	26
街市檔位	32	682

租金變化方面，1957 至 58 年度，租金為 2.8 萬元。1973 年 3 月，租金收入已增至逾 8 百萬元。在以上整個時期，租金約為 4.92 億元。屋邨管理方面，自屋宇建設委員會第一條屋邨北角邨落成後，已僱用合資格的專業房屋事務經理，最初，香港缺乏具資格和經驗的專才，因此多聘請外地人士，及至六十年代末，屋宇建設委員會與政府和香港房屋協會合作，舉辦房屋管理專業資格考試，其後更由香港大學主辦三年制訓練課程，畢業後取得房屋管理文憑，該項資格已獲得英國房屋事務經理學會承認和該會會員資格相同。屋宇建設委員會 1973 年與徙置事務處合併前夕的屋邨和委託管理的廉租屋邨的。

表 3.26：屋宇建設委員會管理的屋邨（與徙置事務處合併前夕）

邨名	單位數量（間）	居民數量（人）
福來邨	3,115	18,609
蘇屋邨	5,318	33,345
彩虹邨	7,485	42,863
坪石邨	4,567	29,028
馬頭圍邨	2,075	12,770
愛民邨（正在興建中）	6,236	46,340
和樂邨	1,948	11,732
北角邨	1,955	12,264
華富邨	7,792	53,945
西環邨	638	3,894

表 3.27：屋宇建設委員會管理的廉租屋邨（與徙置事務處合併前夕）

邨名	單位數量（間）	居民數量（人）
瀝源新邨（興建中）	1,096	7,134
梨木樹邨	5,304	33,654
石蔭邨	4,328	27,040
葵興邨	2,856	18,008
葵盛邨（部分建成）	12,880	79,058
葵芳邨	6,598	41,684
沙田坳邨	1,279	7,965
黃大仙上邨	5,900	28,987
元洲邨	5,002	31,512
白田邨	4,407	22,227
石硤尾邨	974	4,808
長沙灣邨	2,722	12,710
牛頭角上邨	5,766	33,355
何文田邨	4,079	26,307
山谷道邨	3,112	15,028
觀塘（鯉魚門道）邨	1,246	5,717
高超道邨（部分建成）	3,904	24,700
黃竹坑邨（部分建成）	5,878	37,022

總結

相較於早期，六十年代政府較積極推行房屋政策。受當時社會環境因素影響，香港人口急增以及受天災等因素，令政府急需安置急增的難民以及應付港人的住屋需求。1954-1973 年期間政府不單推動了徙置屋邨以解決寮屋問題，後續亦有不少政策以改善徙置居民的需要。此外，政府亦首次推動政府資助的廉租單位以及貸款給市民置業，大大改善了不少港人的生活及建立對這座城市的歸屬感，兩者均對香港日後房屋政策發展帶來了舉足輕重的影響。

第四章

徙置事務的終結與房屋政策的誕生(1973-1997)

五六十年代積壓的社會問題，導致政府不得不推出更多改革措施。來到七十年代，公屋迎來發展的黃金時代，香港房屋委員會成立並統一處理公共房屋事宜，結束以往由徙置事務處和屋宇建設委員會等分散管理的模式，令公屋發展變得更具影響力。

上一章提到在六十年代政府因素社會等環境因素影響下，改變了房屋政策。1971 年麥理浩爵士接替戴麟趾爵士出任第 25 任港督後，展開大刀闊斧的改革，包括成立廉政公署、擴建公立醫院等。1972 年 10 月 18 日，他在立法局會議上宣布「十年建屋計劃」，為香港公共房屋發展奠下基石。麥理浩爵士積極推動社會改革，緣於六十年代香港社會不安的情況，包括發展兩次騷動 —— 1966 年的九龍騷動、1967 年六七暴動及其他社會和政治因素。故七十年代對香港而言是「黃金時代」，亦是香港公共房屋發展史上重要轉捩點。

一、五十年代末至六十年代的社會問題

1. 人口急增構成社會壓力

人口增長包括自然增長（出生減死亡人數）及淨遷移（即移入減移出人數）帶來的人口增加。五十年代末，內地政局變遷令不少居民選擇移居到香港。根據 1962 年《香港年報》記錄，香港總人口達到約 352.7 萬人，較 1961 年增加約 30 萬人，移入人數約有 20.9 萬人。由於當時移居香港的人口中有不少是以非法途徑形式移入，故官方的移民數據未必真正反映現實數字，因此當時香港人口增長數字可能較預期中增長得更急劇。

人口持續上升的情況令香港屋荒愈趨嚴重。新來港人士如不是租住唐樓，便只能利用木材、鐵皮等材料擅自在山邊、天台等搭建寮屋，使寮屋問題日趨嚴重。據 1964 年《香港年報》紀錄：「逾 50 萬人居住寮屋，並迅速蔓延到港九市區，不少寮屋地區聚居了 4 萬甚至更多的居民。」唐樓及寮屋不再贅述，1964 年 10 月 2 日《工商晚報》頭版報道數宗有關樓宇倒塌的新聞：「上環普仁街塌樓災塲兩婦被活埋仍未救出」、「塌山坭毀木屋」等，可見解決住屋問題已經迫在眉睫。

2. 貪污蔓延至房屋界

教育、醫療、住屋等社會資源在人口急增下更為緊拙，未能追上實際的需求，助長貪污的風氣。部分市民為了盡早獲得公共資源及生計，以「茶錢」、「黑錢」等賄賂官員的例子多不勝數，貪污橫行。根據廉政公署《廉署三十周年特刊》所載貪污的事件，如：「住院病人如想請在醫院工作的清潔工人幫忙取毛巾、水杯等，需要準備『2 元』以作打賞。當時公立醫院每日的住院費是 2 元；為避免被執法人員逮捕及維持生計，一些小販會給『茶錢』給執法人員以避免被他們逮捕；亦有非法入境者為了能在香港定居，向由不法份子聯同個別政府官員組成的貪污集團以『黑錢』換取香港身份證明文件等。」

房屋界亦未能倖免於貪污的風氣，申請人、建築商甚至是政府徙置事務署官員為了達到各自利益而行賄或收受利益，如有申請人為了得到公共房屋的居住權或希望獲得較大居住面積而「送禮」給官員；建築商為了得到建築優先權而行賄。其中，徙置主任柳秉衡貪污案是轟動一時。根據 1954 年 1 月 8 日《香港工商日報》報道：「身為政府公職人員的被告柳秉衡被控向原告人李漢作出貪污性索取 2,400 元，作為原告人在何文田徙置所建屋宇有優先權利。」可見，貪污現象滲透在各個層面，令普通市民受苦。

3. 兩次騷動加速改革

1966、1967 年分別發生九龍騷動及六七暴動。不少評論認為市民不滿當時社會環境是上述事件的導火線之一。九龍騷動平息後，政府成立九龍騷動調查委員會調查事件始末。根據 1966 年 12 月發表《1966 年九龍騷動調查委員會報告書》紀錄，調查委員會從政治、經濟、青年問題等分析引致這場騷亂的近因及潛在不滿原因。報告列出騷動發生的原因包括社會及經濟問題。調查委員會提出政府應着重社會服務、尤其為青年提供較佳的受教育及就業機會、改善居住環境、增加青少年福利及康樂設施等，並建議政府多加處理社會存在的矛盾及官民間的鴻溝。

九龍騷動平息不久後便發生六七暴動。兩場社會運動相隔不足一年，暴露出官民矛盾仍未得到緩解。張家偉《六七暴動香港戰後歷史的分水嶺》一書記載當時擔任副民政司的鍾逸傑接受訪問時表示：「（港英）政府從兩次騷動中吸取教訓，決定縮窄（港英）政府與民眾的隔膜。後來（港英）政府布政司在 1969 年發出內部文件，提出必須在未來投放額外資源包括：推行公共房屋計劃、公共援助計劃等。」當時社會動盪不安的狀態及兩場的騷亂喚起政府的危機意識，進行社會改革，從而回應社會需要及減少市民與政府的矛盾。

4. 其他因素：為香港未來談判作準備

據呂大樂《那似曾相識的七十年代》增訂版一書記載，時任港督麥理浩爵士就當時香港的現況分析及推行改革的目的：「麥理浩爵士明白香港對中國的重要性如經濟上利益，認為中方最希望使香港成為類似澳門的狀態，既可在現狀中取得商業和金融好處，又可透過當地的議會代表影響政府施政。麥理浩爵士認為要打造香港成為一個達國際地位、具高質素的教育、科技及文化等的模範城市，以至在它身上中既能得利益，但又因考慮這些利益和本身國內條件不同而不願意或延遲收回香港。」可見，麥理浩爵士希望透過社會改革促進香港的發展，為香港前途進行談判時作準備。

5. 香港有條件推行「十年建屋計劃」

面對上述的政治、社會等考量，另一個重要因素便是當時香港具有「財力」去進行改革。香港擁有先天地理優勢條件，以及政治局勢轉變下，1945 年後包括部分華商人口也移居香港。香港轉口貿易受聯合國對內地實施禁運大受影響，經濟逐步轉型為輕工業。土地、資金及勞動力對工業發展十分重要，即使大量的移居人口對社會資源構成一定壓力，不過從另一個角度看，他們卻為香港工業提供足夠及穩定的勞動力，有助推動發展。另一方面，內地新政權成立後需時穩固，對生活用品需求大，更需要大量生產物資。香港商人將各物資轉運到內地，同時又繼續將「香港製造」的工業產品推銷至世界各地，使香港在此 20 年間由轉口貿易轉型至以輕工業為主，香港更因而晉身為「亞洲四小龍」，經濟進一步發展。

政府財政轉虧為盈後，財政十分穩健。麥理浩爵士上任後便大力推行社會及民生發展，包括「十年建屋計劃」。根據 1970 年《香港年報》指：「戰後香港的第一個財政年度中、1959-1960 年度及 1965-1966 年度曾出現赤字，其餘各年都有盈餘。獲得盈餘有賴人口迅速增加，加速經濟活動發展。」

表 4.1：政府在 1960-1970 年間的收支情況

財政年度	1960/61	1961/62	1962/63	1963/64	1964/65	1965/66	1966/67	1967/68	1968/69
盈餘 /（虧）（單位百萬元）	13.93	77.24	139.78	98.48	1440.52	1769.23	1806.06	1766.02	187,297

資料來源：1971 年《香港年鑑》

二、麥理浩上任展開十年建屋計劃

房屋是香港民生其中一項重大議題。根據 1971 年《香港年鑑》載：「香港人口 400 多萬，如以現在的建築物面積計算，每人約佔 114 平方呎，人口密度是世界之最。居住的困難、住屋的嚴重性，年年拆舊建新，都無法緩和。」麥理浩爵士履新前與時任港督戴麟趾爵士會面以了解香港最新情況，亦到訪新加坡以考察當地房屋、城市發展等。

1972 年 10 月 19 日《華僑日報》報道指出：「麥理浩爵士認為香港房屋供不應求及居住環境惡劣是導致（港英）政府與市民之間經常發生磨擦及導致不愉快事件的主要因素。隨香港的生活水準及居民期望日見提高，決意不能讓此種情況拖延下去，並表示會集中人力物力進行龐大的計劃。」這個龐大的計劃便是「十年建屋計劃」。

「十年建屋計劃」目標是在十年內興建可容納 180 萬人居住的永久性獨立及環境理想的公共房屋，避免幾伙人擠迫於一居所、或居住於木屋區的情況。另外，政府亦會發展經規劃下的新市鎮，期望改善社區環境讓市民安居樂業。政府在新市鎮建造一系列社區及基礎建設：如公園、市場、消防局、社區中心、公路等，以吸引市民到新市鎮居住。報道續指：「過去由徙置事務處及屋宇建設委員會負責處理香港房屋事宜，缺乏統一控制及管理，以致未能收到十足的效果。為了給予新計劃所需的支持和推動力，我們建議展開一項新的行動。將現時分散的職權集中在單獨的一個機構內，即屋宇政策研討委員會的職權、市政局及徙置事務處長根據徙置條例的職權以及屋宇建設委員會根據屋宇條例都集中在這個機構。」由此，政府在 1973-1974 財政年度展開上述計劃以解決這項面臨二十年的問題。

1. 徙置事務的終結與香港房屋委員會誕生

為妥善安排及規劃房屋計劃，政府在 1973 年 4 月 1 日成立一個新的法定機構 —— 香港房屋委員會（簡稱：房委會），統一處理公共房

表 4.2：香港房屋委員會及房屋署架構圖

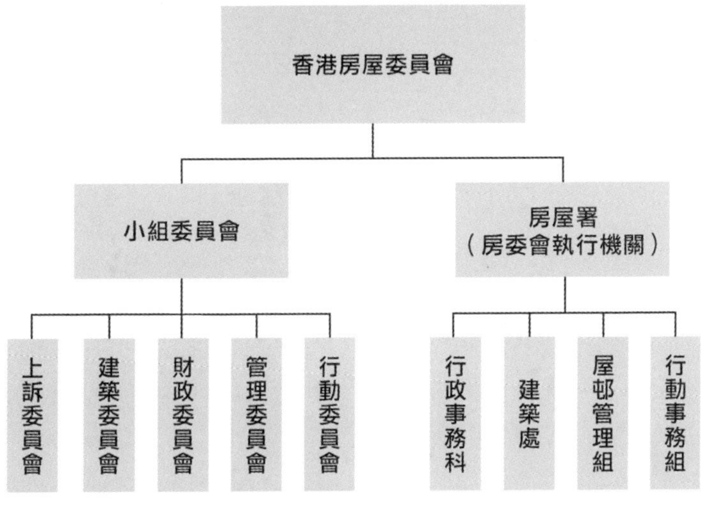

各小組的職能

上訴委員會：負責聆訊由租客提出的上訴包括：終止租權等

建築委員會：負責計劃及設計地盤、屋宇及設備等

財政委員會：負責財政及會計工作如草擬預算案

管理委員會：負責監測公共屋邨的管理如徵收租金、維修保養等事宜

行動委員會：負責編配房屋、防止及管制僭建寮屋及管理安置區。

各組的職能

行政事務科：由總務及人事、財務組及公共關組成，主要負責人事、日常財務及宣傳等工作。

建築處：計劃、興建及設計所有公共屋邨、商業樓宇、屏等。

屋邨管理組：負責管理全港公共屋邨的事宜，亦設有申請組及保養工程組，負責處理申請公屋及樓宇設備等的保養及改良工作。

行動事務組：負責有關清拆安居及管制寮屋事宜包括：管制、清拆在官地上的非法建築物、擔當設計、發展及管理安置區。當遇上緊急事宜如災難亦負責行政及安置災民等工作。另外，亦會負責推行和計劃公共屋邨重建工作。

資料來源：1973-1974 年度《香港房屋委員會工作報告》

屋事宜，結束以往分散管理的模式，亦將徙置事務處和市政事務署轄下的香港屋宇建設委員會合併為房屋署，成為房委會的執行機關。不論是屋宇建設委員會房屋或新區一律以「公共屋邨」稱之。公共屋邨的租金收入、政府津貼及來自政府和非政府貸款成為房委會主要的財政來源及營運開支。政府在公主道興建一座樓高 21 層的新總辦事處大廈，藉以加強和協調各部門之間的合作，大廈於 1976 年開始投入服務。為了確保迅速和有效地處理各項事務，房委會及房屋署轄下設有不同的小組部門，各小組負責不同的事務及定期開會跟進事項。以下是房委會及房屋署成立之初的架構及工作目標，詳見如下：

香港房屋委員會工作目標：

1. 管理全港現有及將來興建的公共屋邨
2. 計劃和興建公共屋邨以供符合資格人士遷入居住
3. 在需作發展的土地上進行清拆工作，須依照港督發出的指示辦理
4. 防止及管制僭建寮屋及
5. 有關香港房屋政策向港督獻計計劃包括透過開闢地盤興建房屋、發展新市鎮（沙田、荃灣及屯門）、改建舊式屋邨等

房委會最重要的宗旨是如何在有限的資源下，快速和不斷興建良好的房屋給有需要的人及提供居住環境較佳及設有獨立設備的房屋給 180 萬人。

小知識：從房委會英文名稱看出其工作目標？

1954 年成立的徙置事務處（英文名稱：The Resettlement Department）其工作目的是以具成本效益，統籌興建徙置大廈，以快速安置 1953 年石硤尾大火的災民及其他寮屋的居民，因此房屋只具備基本的設備，住戶需要共用廚廁。另一方面，同樣在 1954 年成立的屋宇建設委員會（英文名稱：Hong Kong Housing Authority）的宗旨是興建合符標準的房屋。標準的意思是每單位具有獨立的淋浴及廁所設備，附近亦設有社區康樂設施如診所、學校、街市等。1973 年政府宣布將上述兩個部門合併，成立房委會（英文名稱：Hong Kong Housing Authority），英文名稱與屋宇建設委員會一樣。這可推算房委會的工作宗旨與屋宇建設委員會相近，興建標準房屋。事實上，房委會成立後，的確在房屋設計及興建上也有花點心思，很多新建的樓宇也設有獨立廚廁，亦完善邨內的設計。

2. 管理全港現有及將來興建的公共屋邨

房委會將公共屋邨分為兩類並劃歸給甲及乙類屋邨管理科管理。甲類屋邨包括屋宇建設委員會所建的屋邨、前政府廉租屋、公務員居住的屋邨及員佐級警務人員宿舍及 1973 年後新建成的屋邨。乙類屋邨則包括 25 個以往稱為新區屋邨、12 個平房區及工廠區。

甲、乙類屋邨不論在單位設計、設備及居住環境均存在差異。一般而言，甲類屋邨的環境及設備也較乙類佳，如設有獨立的水廁、廚房、私家露台等，屋邨附近設有商店、學校、遊樂場及診所等。相反，由於早期新區大廈是為了快速安置大量災民而建，因此在居住環境、設備及管理均不太理想，如每名新區居民少於 24 方呎的居住面

愛民邨（甲類屋邨）

黃竹坑邨（乙類屋邨）

積，單位內沒有獨立的設備；居民需要共用廁所、廚房及浴室等，也因公用設施並沒有門鎖令不法之徒便有機可乘，風化案件不時出現，衍生衛生及治安問題。

隨着經濟及社會進步，市民對生活要求也相應提高。房委會希望一方面確保維持甲類屋邨高水平的管理，另一方面務求提升及改善乙類屋邨的居住環境及管理水準，使其能與甲類屋邨看齊。因此，房屋委設立各小組部門以推行不同的措施以求達致目標。

（1）重整管理架構

所有公共屋邨、平房區及工廠區的管理、租賃及保養事宜由房屋署轄下的屋邨管理組負責。該組分為甲類屋邨管理科、乙類屋邨管理科、申請組及保養工程組，以便更分門別類處理各項事務，從而提升工作效率。

甲類及乙類屋邨管理科	申請組	保養工程組
均設助理署長主管、高級屋宇事務經理、房屋事務經理、副房屋事務經理、副房屋事務助理員、總屋宇管理員和屋宇管理員負責監督及統籌屋邨的管理工作。 甲類屋邨的房屋事務經理負責管理一個或超過一個屋邨。 乙類屋邨管理科則再按地區再劃分四個（東、西、中及南）管理區，以加強管理的效率。	由一名高級房屋事務經理處理公共房屋申請者登記冊、調查及審核公共房屋的申請者。	負責公共屋邨的設備如電器等保養工作及就屋邨、工廠區及平房屋等進行改良計劃，亦會與行動事務處合作進行安置區的發展工作。

（2）提升屋邨管理質素

要提升屋邨管理質素，不得不提及一班在前線工作的屋邨管理員。他們的工作廣泛，由基本大廈巡邏工作、上門收取租金、處理住戶的投訴以至緊急事故等。若發生緊急事件，屋邨管理員甚至比警察及救護人員更早到達現場。

他們的工作看似簡單，但在大廈管理上扮演重要的角色。在房委會成立前，徙置事務處及屋宇建設委員會轄下的大廈也設有屋邨管理員。1959 年 2 月 7 日《華僑日報》報道，香港公民協會推派議員候選人在探訪徙置區後，就徙置區管理提出的建議。報道表述：「徙置區管理人員大多只有中學程度，他們離開學校後經過考試便被政府遺派到徙置區工作。由於缺乏社會經驗，未必能適應到管理工作。」相反，屋宇建設委員會在招聘大廈管理員列下多項要求。

表 4.3：市政事務署屋宇組招聘屋宇建設委員會大廈管理員的條件

1. 年齡不超過 35 歲，體魄健康，品德良好	6. 園地種植
2. 要識普通英文	7. 管制燈櫃
3. 有看管物業的經驗	8. 修理水電
4. 負責巡邏大廈	9. 協助屋宇事務調查員收租
5. 督察有關清潔大廈的一切工作	10. 發生緊急事件時發出警告

資料來源：1965 年 6 月 21 日《工商晚報》

從上述看到，徙置事務處及屋宇建設委員對大廈管理人員的要求不一，存在差異。由此，1970 年《屋宇政策研討委員會報告書》指出，徙置事務處借調一名經驗豐富的屋宇事務經理指導他們以改善新區的管理。可見，徙置事務處希望提升新區的管理並與屋宇建設委員會的管理方法看齊。

房委會亦明白屋邨管理員的重要性，因此透過不同途徑和方法改善屋邨管理工作。1973 年 8 月 10 日《華僑日報》指出：「房屋署只有 220 名房屋管理員，服務於原為屋宇建設委員會的屋邨、政府廉租屋邨及近期新興建的屋邨。房屋司署計劃將增聘至 450 名並提供全日 24 小時服務，使各邨的第三至六型大廈均將派管理員服務，新措施有助劃一公營屋宇之管理方式，使其達到同一水準。」

除了增聘管理員外，鼓勵管理員進修以獲得管理屋邨的基本技能和資格，包括修讀香港大學房屋管理文憑、中文大學及理工學院舉辦的普通或技術訓練課程、參加青年領袖訓練學校或由布政司署訓練科主辦的管理和行政等短期的訓練課程等。1978 年 5 月 17 日《香港工商日報》報道：「房屋署屋宇管理員分批接受消防訓練。一日訓練課程內容包括各種不同的消防設備的使用方法、燃燒原理及走喉的方法等。房屋署訓導主任朱彤表示課程是配合改善公共屋邨服務的政策而設，大部分屋邨每 24 小時都有屋宇管理員當值，通常在火警發生時他們比消防員較早到達現場。當屋宇管理員具備救火的初步常識，在發生火警時知道如何處理。」可見，房委會亦有提供訓練課程供管理員進修用。

另一方面，為了與公屋住戶保持密切聯繫，所有公共屋邨採用「登門收租」的方法，這個管理模式主要參考房屋協會的做法。根據衛翠芷《一型徙置的設計基因 —— 香港公屋的類型》一書指出，房屋協會（簡稱：房協）成立後，其中一個最明顯的特色是以建基於房管先鋒奧塔維亞．希爾（Octavia hill）開拓「以人為本」的信念來管理房屋。透過逐戶上門收租，房屋經理定期跟租客見面之餘，亦能密切關注出租物業的狀況。

房屋署亦參考及採用這種管理手法。據 1978-1979 年《香港房屋委員會工作報告》載：「屋邨職員透過登門收租的辦法與住客維持良好的關係。登門收租既方便住客，又使職員能夠與住客就租住問題經常交換意見。」可見，房屋署對「登門收租」持正面的態度。

然而，「登門收租」也存在弊處，如發生有不法之徒打劫屋邨職員，劫走租金。就這個情況，房屋署也作出調整。在新調整下，住戶須在指定日期內帶同繳費單到銀行繳付租金，並取回收據。房屋事務助理於翌日登門收回收據再記錄在租咭上。由於居民需要將租金帶到銀行，他們認為新做法更增加麻煩及被劫的風險。1975 年 1 月 13 日《大公報》報道內記述受訪居民的意見：「雖然曾發生房委會職員被劫租金，不過後來房委會增派一名護衛員協助收租後已經未有類似的事件，認為應沿用舊有做法，新的做法只是麻煩住戶。」雖然如此，這種新的「登門收租」措施在 1976 年再擴展到其他 6 個屋邨實施，包括愛民邨、牛頭角上邨、石蔭、高超道邨、福來邨及元州街邨等。

部分居民希望可以改以其他形式如銀行繳付或自動轉帳等交租。1987 年 4 月 30 日《華僑日報》報道：「深水埗撲滅罪行委員會一個工作小組建議房委會取消登門收租辦法改為利用自動轉帳或自行前往銀行繳付，使居民避免儲租金在家，引起匪徒垂涎。」同年 7 月 16 日《華僑日報》另一篇報道也指出「登門收租」不受居民歡迎。報道以葵芳邨為例：「葵芳邨辦事處每月按戶到府上收租的服務一直以來未被住戶廣泛使用，令到設立此服務的目的未能達到預期的理想。辦事處希望住戶可於每月首 5 個工作日留在家中或事前與該座房屋事務員作出適當的安排，盡量利用此項繳交租金的措施。」房委會直到 1989 年才在部分屋邨試行以自動轉帳形式交租，這代表「登門收租」完成其歷史性任務。

實施「登門收租」背後的目是希望與住戶保持聯繫。當此措施被取代後，房委會便透過其他方法希望維持與住戶溝通。例如：屋邨管理處轄下職員與互助委員會、「清潔香港」及撲滅罪行等運動而組成的居民協會舉行會議，定期派發屋邨通訊及舉辦各類型活動如綜合晚會、敬老慈善步行等。這些活動及會議不單止可加強當局掌握各屋邨情況，更有助提升邨內居民凝聚力。

（3）管制邨內流動無牌小販

流動無牌小販遍佈不同地方，屋邨也是其中一個熱點。有時他們為了躲避執法人員的檢控，會選擇在傍晚及清晨時分在邨內擺賣。由於流動無牌小販造成若干問題，例如：阻礙通道或未能規管無牌小販售賣食物來源地，造成公共衞生的隱憂，因此，房屋署實行雙管齊下的措施，一方面安排市容整理隊協助管理員制止非法流動小販入邨販賣外，派遣特遣隊以採取大規模的掃蕩行動等，另一方面亦陸續安排商業檔位租給無牌小販，以改善煮食時的衞生情況，方便統一管理。

1975-1976 年度《香港房屋委員會工作報告》指出：「華富邨有大量小販湧入原擬闢作為華富公園空地上擺賣，造成管理問題，因此將邨內的商業檔位租給他們；當有新的商業單位建成便以現場投標形式租出，小販需要競出標金來取得檔位的租用權，另外每月繳付規定的租額。」

南山邨的流動小販

3. 改良、改建與重建屋邨

改良、改建及重建屋邨是房委會另一項重要的工作，以便徹底改善屋邨的居住環境。

（1）改良

甲類屋邨的設施及居住環境較乙類屋邨理想，因此普遍進行改良工程。如房委會於 1978 年為 20 個甲類屋邨加設街燈；在 1973 年前落成的公共屋邨推行重鋪電線計劃，減少電力故障；其他的小型改良工程包括興建新垃圾收集站、檢查電梯、進行山坡護土工程等。除了硬件改良之外，屋邨環境及保養是另一種改良，包括改善環境工程如設計園林、種植花草、增置休憩地方及定期粉飾樓宇外牆工程為大廈添置「新衣」。

（2）重建

重建計劃是「十年建屋計劃」另一個重點項目之一，計劃將分階段重建 1954-64 年建的第一及第二型舊式屋邨。這批屋邨主要是政府為安置災民或受清拆影響的居民而建成的臨時性建築，因此不論在居住環境及大廈設備，也缺乏嚴謹的規劃。隨着港人生活水平提高，該等舊式屋邨居住環境及設備已不符合現代需求。

根據 1974 年《香港年鑑》載：「房屋署打算在未來 10 至 15 年間將 250 座早期的徙置樓宇改建、修理或清拆重建。」這個安排不單為了改善居住環境，更重要的是居民安全問題。例如 1971 年發生慈雲山新區的一座大廈斜坡下陷。1972 年《香港年鑑》載：「造成這座大廈下陷原因地底水管爆裂以至大量的水積聚在斜坡的三合土表層，而排口活門因腐蝕及其他原因而閉塞，結果造成坡堤塌陷。」就此，房委會籌備一項龐大的、長達 15 年的重建及改建計劃，工程費用高達 18 億。這項計劃涉及樓宇達 240 多座並分佈在 12 個屋邨包括石硤尾邨、大坑東

石硤尾邨重建

邨、大窩口邨、柴灣邨西區等，預計涉及 50 多萬名居民。

石硤尾邨是第一個重建計劃的舊邨，並在 1972 年 10 月分階段展開。石硤尾邨原有 29 座大廈，重建計劃將其中 19 座改建為現代化的樓宇，即單位設有獨立型式的設備包括廁所、廚房及露台，並拆卸其餘的大廈並興建社區設施、商場等。由於重建後的屋邨只可容納 3 萬多人，另一半的居民則需要遷入鄰近的白田邨，整個重建計劃於 1981 年完成，涉及費用超過 2 億。

表 4.4：重建舊邨簡表（節錄）

重建年份	屋邨	費用	完成年份	重建後的情況
1974 年	大坑東邨	2,600 萬	1977 年	大廈重建後可供 2 萬 9 千人居住另設有商場大廈及多層停車場
1976 年	柴灣西邨	7,200 萬	1986 年	重建 6 座 12-28 層高的住宅大廈。另外亦興建商場大廈，商場內設有商店、市場攤位、酒樓及銀行等

資料來源：1975 年 10 月 13 日《華僑日報》、1977 年《香港年鑑》

（3）改建

除了進行大型的重建項目外，房屋署陸續在部分第一及第二型屋邨展開天台改建工程。昔日有不少的福利機構及學校進駐這些大廈天台，其中一個原因是當時它們只需要每月繳交象徵式一元租金。可是，自 1976 年 4 月 1 日起，房委會規定這些福利機構及辦學團體均須繳交差餉，以致租金暴增至一百多元，不少天台學校因而解散。後來，房委會先在東頭邨及黃大仙上邨進行天台改建，將其改建為獨立式的居住單位，計劃成功後便再推廣到其他樓宇。另一方面，房委會亦在八十年代展開「廁所及水喉」計劃，目的是為一些短期內不會進行大規模重建的樓宇的住戶安裝獨立廁所及水喉以提供基本的改善，涉及 8 個屋邨，31 座樓宇，所需的費用逾 5,000 萬。

已清拆的美東邨美東樓

這階段的重建計劃在由 1972 年推行至 1991 年完成，歷時 19 年，比原定計劃 15 年長些。回顧這項計劃，有人認為是一項德政，皆因能改善居民居住環境惡劣又擠迫的情況，亦有居民不滿重建計劃時間長，新居租金昂貴等。如 1976 年 3 月 23 日《大公報》報道訪問了原住在柴灣西邨單位的住戶，該住戶表示：「我一家 5 口住在柴灣西邨單位，租金是 38 元。遷入興華邨後的租金月租是 200 元，租金負擔將使我們感到相當吃力。另一位受訪的吳先生亦表示付不起新樓的租金，他是一名五金工人，以件頭計工資，收入有限，亦是家庭主要的經濟支柱。他共育有 5 個子女，4 個讀書、一個年輕較大的做工幫補家用。雖然說搬新屋後住的地方大了，可是新租金卻令人頭痛。」報道亦指出柴灣西邨大部分的居民是工人、白領、小商人，一般入息較低。以該邨一個 3 人單位為例，月租是 18 元、9 人單位月租是 50 元。興華新邨的租金分別是 190 至 310 元不等。面對大幅度提升的租金，的確並非每一個家庭都能承擔。

重建工程需時長是另一個使居民不滿的原因。當時擔任房屋署助理署長（重建事務）布萊博士在 1977 年 6 月 27 日受訪時指出重建進度受各方面的因素影響。根據《華僑日報》報道轉述其見解：「重建計劃除受可用資源及經濟影響外，另一個主要限制是需要安置居民的數目及可供安置的空間少。他希望受影響的居民可以與當局合作及忍耐。」

進行重建工程，除了前期的研究和規劃，亦需要考慮安置居民等事宜。例如：與民政署、教育司署、社會福利署等跨部門合作以協助處理受影響的居民的就業、升學及交通等問題。為方便原有住戶在原區安置，重建計劃需要分階段進行，例如先安置部分樓宇的住戶後才能展開工程。後來又發生「26 座問題公屋」事件。雖然房委會職員指這些「問題公屋」早在重建名單中，只是比原定計劃提早進行，這或多或少對重建計劃有影響。

明白到重建工程並非一聲令下便可以馬上進行，重建的過程中又可能受各方面因素影響，以致所需的年期較長。然而，站在住戶的角度看，同一座屋邨的重建劃均分數期進行，工程涉及數年。眼見同邨其他座數的居民可以先獲安置，亦難以一句希望居民合作和忍耐便可以解決。雖然當年房委會設立安居計劃諮詢處及舉行座談會等，以增加居民對重建及安居計劃了解，可是市民仍不清楚整體重建時間表，當時房委會計劃的透明度仍有點不足。

4. 清拆寮屋與「另類寮屋」？

香港自五十年代以來已經歷多次入口移民潮，在房屋供不應求下，他們大多在山邊僭建寮屋，亦有一些歹徒集團大量搭建非法寮屋轉售，更欺騙他們住在這些寮屋便有機會獲配公共房屋。麥理浩爵士揚言要在 1973-1983 年 10 年內使香港不再出現寮屋區，因此處理寮屋問題成為「十年建屋計劃」其中一個重要任務。

房委會在 1976 年進行全港寮屋調查，登記寮屋住戶人數、用途等。獲登記的寮屋將可暫存至政府收地才清拆。職員會用紅色油漆在已登記的寮屋上寫編號作為記認。

首先，大部分的寮屋是僭建而成，建築結構不穩固，遇上暴雨時很容易出現水浸、山泥傾斜情況。另外，寮屋區設備簡陋，未有電力、燃氣設備，居民煮食時大多用柴火，寮屋建屋材料更大多為易燃，容易發生意外，造成人命傷亡。有見及此，政府推行不少措施或加以改善。例如：政府在 1976 年推行合法電力供應的實驗計劃，目的在寮屋區內提供合規格的電力供應設備，減少意外發生。改良工程最先在獅子山下的寮屋區如獅子山上村、下村、仁義村及仁愛村等推行，後來再擴展到其他寮屋區包括：大埔元洲仔木屋區、深水埗東坑里、九龍城模範村等；房委會亦在 1982 年新增改善寮屋區事務科，主要工作負責處理及改建寮屋的設備如開設隔火區，設置滅火龍頭、建淋浴室、公廁及安排垃圾收集服務及供水系統、排水管及污水渠等，以減低事故的發生。

對 1976 年全港寮屋調查中未經登記或 1976 年新建成的寮屋，房委會主張「即見即拆」並展開新安置區計劃，以安置受影響的寮屋居民。安置區計劃早在 1964 年已推行。政府在 1964 年根據《管制權宜住所居民、徙置及政府廉租屋宇政策之檢討》白皮書中提議設立特許地區供人們搭屋。而這一些特許地區便稱為安置區。安置區可分為甲、乙、丙三大級別，各級收容對象不一，詳見如下：

表 4.5：各級安置區

安置區級別	收容對象
甲級安置區	符合入住公屋條件而暫時未能分配居住單位
乙級安置區	不符合資格直接入住公共屋邨而又無家可歸的人，包括未獲登記的寮屋、受私人樓宇拆卸重建、新移民及公共屋邨遂出的非認可居民等
丙級安置區	受收地影響的工廠且不適合遷入公並用途的工廠大廈

資料來源：1973-1974 年度《香港房屋委員會年報》

就甲級安置區，根據 1973-1974 年度《香港房屋委員會年報》記載，因為大部分符合資格入住公並屋邨的人士均能獲配居住單位，基本上不再需要為他們提供安置。因此，房委會比較着重處理及管理乙級安置區。

1964 年至 1973 年期間建成的可劃分為舊式安置區且細分為三大類型：第一型是沒有電力及獨立食水供應，住戶需要共享設備；第二型則是具有電力供應，但沒有獨立食水設備；第三型安置區具有電力及獨立食水至每住戶屋前。根據 1975 年《香港年鑑》載舊式安置區的情況：「據了解較早期的安置區平均每 100 人共用一格廁所，最近若干安置區才增加到每 50 人共用一格；平均 100 人共用一條公共水喉，每條水喉又只有 2-3 個水龍頭，因此在制水期間居民為免輪水之苦，唯有各搭水喉入屋；由於早期安置區沒有電力供應，晚上是漆黑一片。因此一些居民會使用私電，除了電費昂貴外，亦存在漏電的情況。」可見，早期安置區的設備並不比寮屋好。

直至在 1973 年房委會成立後，向政府申請經費涉及 1,600 多萬發展安置區。房委會一方面建議改善舊式安置區包括：公廁由木製改為磚砌、加設電力供應、以石棉瓦蓋頂等，另一方面興建新型的安置區（即第四型）。新式安置區以排列式的半建成房屋，有木製的框架及石棉瓦上蓋並設有防風設備，獲編入住的市民只需要自行安裝內外牆壁。新式安置區已設有電力和個別供水設備。在提升設備後，安置區的租金也相應的提高，由早期每月 3 元增加到 10 元；新型安置區計算方法是每平方呎 5 角，即 100 呎的租金為 50 元。根據 1975 年《香港年鑑》載，新型安置區的租金比以往屬新區樓宇更貴：「以老虎巖新區一百呎單位只是 25 元。」改善安置區、寮屋環境等只是治標不治本，解決非法寮屋的長遠辦法是解決屋荒問題，因此房委會成立後，積極在市區及新市鎮興建新樓宇。

茶果嶺村是香港碩果僅存的寮屋之一。2019 年《施政報告》提出重建三個市區寮屋區，包括茶果嶺村、牛池灣村和竹園聯合村

5. 大量興建公共房屋

「十年建屋計劃」目標在10年內建可容納180萬人的公共房屋及讓居民獲得永久性、環境理想的獨立居住單位。若要在10年內達成這個龐大的目標，必須妥善規劃和興建公共屋邨。有關興建公共屋邨重要的任務由房委會轄下的建築處負責。該處屬下有2個建築組，各設一名總建築師，負責規劃及監督建築工程；另設結構工程組，該組設有總結構工程師主管、負責力學計算等結構上的工作；屋宇設備組由一名高級屋宇設備工程師主管，負責設計屋宇的機械等設備及相關的監督工程。

曾擔任房署建築師，現任香港大學建築學院客席副教授衞翠芷博士在其著作《一型徙置的設計基因——香港公屋的類型》一書簡單總結1973年前的公共房屋的設計：「第一型徙置大廈的特點，包括一層共64個單位，64戶共用6個洗手間，沖涼格內沒有自來水供應，每層只有兩個水喉。居住環境狹窄，只有一種大小的單位，每個單位都會住5個人，不論住客是否來自同一個家庭。第二型徙置大廈的單位增至兩款，第三、四型徙置大廈更已演變出三種戶型，標準單位約有12平方米，大型單位是標準單位的兩倍，小型單位則為標準單位的一半。戶型增加之餘，每名住客所擁有的居住面積同時增加，每位居於第一型徙置大廈的住客所享有的人均空間為2.2至2.3平方米，第三、四型徙置大廈則增加至2.4到3平方米。第四型徙置大廈最大的里程碑，是設有電梯。於是大廈可以開始向高空發展，並興建至十六層。這些徙置區電梯的特色，就是不是每一層也停，而是只停於地下、3樓、6樓、9樓、12樓和15樓。」可見居住環境慢慢改善。

1973年後落成的公共屋邨的設計概念參考華富邨。華富邨位於香港仔，於1968年落成。由於大部分樓宇都可以瞭望海景，亦具有「平

觀塘順利邨雙塔式大廈

塔式大廈中庭有一個留空的天井設計，有助通風

民豪宅」的稱號。華富邨是首個以「市鎮」的概念建成的屋邨，總設計師是廖本懷博士。廖本懷博士 2019 年接受訪問時表示：「第一次去到華富邨地盤時，雖然四周荒蕪又四野無人，但背山面海，陽光普照。因此希望盡量保留這個美好的形象。為了將環境與建築融合，而特別設計特『雙塔式大廈』。『雙塔式』是高低相嵌，就像補牙一樣，因此不用剷平山，亦可盡量令更多人盡量令更多人可以觀看到海景。」

「雙塔式大廈」指以兩個天井作為中庭，陽光經天井照射到各個樓層，有助空氣流通。由於走廊包圍着天井，居民的單位又能互相對望，大大加強鄰里關係。尤其到了吃飯時間，不時聽見媽媽大叫小朋友回家吃飯的聲音，是昔日的屋邨情懷。另外，由於該屋邨預計容納 5 萬多人居住，為了可讓居民自給自足，他循着以小市鎮的概念及根據持分者的需要而設計整個屋邨。例如小孩需要上學，因此預留地方建學校；主婦需要照顧家庭，因此預留地方建街市、商店，讓他們可以購買日常所需。

廖本懷博士 ,CBE,JP

廖博士畢業於香港大學新開辦的建築系，後來到英國進修讀園林建築，因此主張環境與建議互相融合。他在 1960 年加入政府工作，先後擔任屋宇建設處建築師及署長。房屋委員會成立後，成為房屋署首任署長。他在 1980 年升任為房屋司，5 年後更晉升為政務司，是首位華人出任政務司一職。廖博士是華富邨及愛民邨的建築師。「居者有其屋計劃」亦是源自他的概念，可說是香港公共房屋發展主導及靈魂人物之一，具有「公屋居屋之父」稱號。

華富邨這個自給自足的小市鎮設計概念對 1973 年後落成的公共屋邨影響很大。日後的屋邨亦參考這種設計概念，除了每一個單位都設有獨立的設備如廁所、廚房等，屋邨附近設有各類的公共及社區設備

香港仔華富邨

華富邨內設有各式各樣的商店，滿足居民生活所需

包括：學校、超市、診所及商店等。此外，建築組亦會不時檢視及研究屋邨設計，包括加入園林設計、休憩用地，希望可以提升和改善屋邨的居住環境及水平。

由此，1973 年後落成的公共房屋作出幾項新的嘗試，包括設計兩間睡房一客廳的單位（總面積有 420 方呎），在大廈安裝電視天線系統，以改善天線外露的問題；在露台上加裝防盜鐵枝及在大門安裝鐵閘。另一新穎設計是在屋邨內興建經特別設計的商業大廈，大廈內均設有商業設備，目的不單只供邨內居民使用更希望為服務整個區域；到後來，為了配合和方便殘疾人士出入公共屋邨及建築物，建築處在新屋邨的升降機加建扶手、按鈕及閃亮燈號等。

首個「十年建屋計劃」下的公共屋邨便是於 1975 年落成的何文田愛民邨，共有 12 座樓宇，可容納 4 萬 7 千人，規模僅次於華富邨。每座樓宇樓高 7-24 層不等，每個單位面積以每名成人 35 方呎計算，另設有獨立的設備如廚房、廁所、淋浴室及露台等，適合人數 8 名或以上的家庭居住。屋邨具三大特色，第一個是部分單位設有兩房設計，

愛民邨

將安排 12 人家庭居住；另一個創新設計便是設立電視公共天線系統，改善天線外露的情況，愛民邨是第一個設有電視公共系統的屋邨，這個設計亦擴展到其他屋邨。第三個便是設有冷氣的購物商場供居民使用。

6. 提升建屋技術配合「十年建屋計劃」

為 180 萬港人提供獨立居所是「十年建屋計劃」的目標，龐大目標促使房委會顧問及建築處不時研究更有效及更經濟的建築方法以提升及加快建築效率。例如：為了加快建築時間，承建商開始使用現代化的建築技術如新式的灌模建屋方法、裝嵌建築法取代昔日以木板及釘興建房屋等。根據 1975 年《香港年鑑》記載：「專家利用裝嵌建築法取代昔日以木板及釘興建房屋，利用舊方法需要 10 天時間才建成一層樓，反之新的方法只需 3-4 日便可以建成，使整個樓宇興建時間提早 4-5 個月。利用這種新的建議方法有葵涌公共屋邨。」此外，建築處在 1984-1985 年度與電腦事務組合作推行電腦輔助的繪圖及軟件系統以加強建築處轄下各小組工作效率及技術交流，從而加快房屋計劃的發展。後來，在建築上普遍採用預製組件形式。外牆、梯級、間隔牆、地面水箱、樓梯及立體預製浴室等均為預製組件，組件到後在工地上進行組裝，這個方式可增加建築進度效率及品質控制。

表 4.6：「十年建屋計劃」建屋數量

年度	數量（個）	可容納人數
1973-1974	N/A	40,050
1974-1975	5,500	39,000
1975-1976	14,900	96,750
1976-1977	9,620	68,630
1977-1978	13,020	91,540

（續上表）

年度	數量（個）	可容納人數
1978-1979	14,130	94,580
1979-1980	出租屋邨：29,759 居屋：2,439 合共：32,198	N/A 注：在此年報開始未有公佈可容納人數
1980-1981	出租屋邨：27,763 居屋：7,351 合共：35,114	N/A
1981-1982	出租屋邨：31,346 居屋：4,399 合共：35,745	N/A
1982-1983	出租屋邨：27,879 居屋：7,508 合共：35,387	N/A
1983-1984	出租屋邨：27,570 居屋：7,877 合共：35,447	N/A
合共	231,061	

註：1974-1975 年經濟衰退，使建屋數量受影響。

資料來源：1973-1974 至 1983-1984 年度《香港房屋委員會工作報告》

7. 致力改善居住環境設計

除了提升建屋技術外，還不斷修訂及改良單位屋邨環境的設計。例如在屋邨增加園林設計包括種植各式各樣的植物、石椅、石桌等硬物園境；加建康樂休憩設備。蝴蝶邨是其中一個進行空地園景工程的例子。根據 1984-1985 年度《香港房屋委員會工作報告》載：「蝴蝶邨空地園景工程在 1984 年 9 月完成，耗資 1,882 萬元。康樂設施應有盡有，如 5 人足球場、設有看台的露天劇場及各遊玩地方。另外，加入利用水池、松竹及棕櫚樹等不同素材，設計多個不同格調的花園」。

不少樓宇更曾獲得香港建築學會頒發的建築設計獎。例如沙田穗禾苑於 1981 年獲銀章獎。穗禾苑是香港屋者有其屋計劃第一期第一個

屯門蝴蝶邨的六座樓宇屬梯級型大廈

屋苑，位於沙田火炭並在 1980 年落成。這座屋邨由巴馬丹拿建築及工程師有限公司負責，並由木下一先生建築師負責設計。根據 2017 年 6 月 30 日《晴報》刊登由陳翠兒建築師撰寫的《穗禾苑與木下一》載：「木下一先生當時設計概念希望創造一個具有生命及鄰舍關係的社區。在屋苑設計上，9 幢屋苑劃分為 3 個區，各區具有自己的顏色及名稱。穗禾苑外形着重比例的配合，有強烈的線條感。它最大的特色是每 3 層樓才有電梯到達，以電梯大堂代替了一般又長又暗的公屋走廊。木下一建築師的意圖是想增加住宅的安全度，讓光能到達電梯大堂，沒有黑暗的角落，亦增加了居民的溝通。穗禾苑一層 8 戶，每 24 戶便共享這公共電梯大堂；因為每 3 層才有電梯到，這不但增加人的交流，亦是為了省錢。」這獨特的設計使其獲獎。

建於山坡上的沙田穗禾苑

表 4.7：不同年代建築計劃特點

年代	建築設計	特點	屋邨例子
1970	雙塔式大廈（井字型）	● 樓高 20 層以上，設有升降機直達。單位內設有獨立廚房、廁所及露台 ● 大廈呈正方形，中央設天井，因此又稱為天井型大廈	華富（二）邨、愛民邨
	雙工字型	● 樓高 27 層，設有升降機直達各層 ● 單人內獨立露台／廚房和廁所	友愛邨、禾輋邨
1980	Y 型	● 樓高 35 層，由 3 翼大樓中間升降機大堂相連，形成 Y 型形狀 ● 單位內使用多房設計，形成廳及房隔格，廳和房均設有窗戶。單位內也設有冷氣機安裝的位置	竹園北邨、德田邨
	相連長型	● 設計概念是「多房間的概念」 ● 基本上面積最細的單位都可以住戶均能自行間隔，形成廳或房	小西灣邨、樂富邨
1990	和階式	● 樓高 40 層，外型呈十字型 ● 單位內使用多房設計，為使室內更通風及天光猛，窗戶設計比 Y 型大	秀茂坪邨、廣田邨
	非標準型	● 採取「因地制而」及「構件式單位」，善用土地資源。如例子提及的葵聯邨是建於斜坡上；沙田坳邨則是依山而建 ● 屋邨設計融入「通用設計」概念，使其設計及環境適合同不同的人士	葵聯邨、沙田坳邨等

資料來源：香港房屋委員會網站，香港公共房屋發展

除此之外，在規劃房屋及公共設施時加入無障礙設計，顧及長者和殘疾人士等需要。例如：房屋署在 1982 年開始改裝殘疾人士的居住單位，將蹲廁改為坐廁、在廁所加裝扶手及加高露台地板使高度與客廳的地板看齊等，方便輪椅進出等；按「傷殘人士通道建築守則」興建公共設施，如在升降機加裝凸字按鈕等，希望能建造一個無障礙的居住環境。為了照顧長者，房屋署除了撥出適合的單位設置老人院舍外，亦推行「壯建老人安庇所」計劃。此計劃指在超過 3,000 個單位的新建的屋邨內建立一間安庇所，首間安庇所設在馬鞍山恆安邨。根據 1978-1988 年《香港房屋委員會工作報告》載：「安庇所設在一幢標準住宅大廈內並設有多間獨立房間，每間供 3-4 名老人合住。」有別於與老人院舍，入住安庇所的長者需自我照顧起居，只是由於安庇院設有舍監服務，因此若遇上突發事故，可盡快安排醫院等服務。

7. 編配房屋政策

根據房屋條例第四條（一）款的規定，公共房屋按以下優先次序編配下列 3 類人士入住公共房屋，包括：

1. 受「緊急事故」而影響；
2. 受「土地發展」致無家可歸；
3. 「居住環境欠佳」人士。

由於公共房屋的租金低廉，居住環境亦不錯，所以一直以來很多港人希望能申請入住。為避免出現雙重租賃的情況，即港人擁有一個以上的房屋或商業單位，編定「一冊統一索引」，將所有租客和申請人列入名單內。若非屬於上述 3 類，則須要符合下列條件的香港居民才可申請公共房屋。申請入住公共房屋條件如下：

1. 申請人年滿 21 歲，包括其在內必須最少有 3 名家庭成員；

2. 申請人及家庭成員必須是香港居民；

3. 符合每月入息限額。

申請及審查申請人的資格由房屋署轄下的申請組負責處理。根據1975/76年度《香港房屋委員會工作報告》指出：「自1967年以來，已有30萬戶登記公屋房屋。」由於需要處理大量的申請，房屋署在1977年年底改以電腦系統處理大量的申請。根據1977/78年度《香港房屋委員會工作報告》：「公共房屋申請及租務管理資料系統」的電腦化工作由管理專業顧問、房屋署代表及政府資料處工作員負責。第一期設計詳細系統的工作於1977年7月完成並在年底裝置電腦系統。」以電腦系統處理工作既可以保存住戶資料如人口、租務等，又可以協助審查有沒有申請人重複遞交申請書，更可以提升編纂統計資料從而協助訂定長遠性的政策和計劃的準確性。

此外，房委會亦定期檢討和修訂申請公共房屋的條件。例如隨着愈來愈多人申請，房委會在1975-1976年度取消申請人需每年重新申請，改為申請人只需登記一次即可；最初房委會規定申請人的家庭成員（包括申請人）在內最少3名，其中2名必須是夫妻，若子女結婚也規定要遷出公共屋邨。不少人不滿這項條款。後來，隨着家庭結構逐漸縮小及社會需要，房委會才逐步放寬，如：照顧家中長者為由可准許子女婚後加入戶籍。直到1984年9月開始單身及兩人家庭也能申請公共房屋、提供設有舍監服務的安庇所供年滿60歲而身體強壯的老人居住。

8. 租金調整

房屋委員會的財政來自公共屋邨的租金收入、政府津貼、貸款和得到港督批准的非政府貸款。房屋條列規定房委會收支平衡，即屋邨收入足夠支付經常性開支。然而，在房委會接管屋邨時，甲類屋邨的收支平衡，乙類屋邨的財政狀況卻入不敷支。出現差異的主因是在 1973 年前該兩類屋邨由不同部門管理，釐訂租金政策不一，如前屋宇建設委員會管理的甲類屋邨租金釐定方法是以年利息周息 5 釐，以 40 年攤還地價、興建費用、管理、差餉等開支。每兩年進行租金調整，加幅為租金連差餉的百分之十。徙置事務處管理的乙類屋邨租金計算方法是以屋邨落成時的實際建築費用及固定地價，利息周息 3.5 釐，分 40 年攤還。不過徙置事務處在 1965 年進行過租金調整後便多年沒有進行租金調整。由此，房委會成立後便制定統一的租金調整政策，採用每 2 年調整屋宇租金以維持持續增加的經常開支。

然而，房委會明白難以一下子便將乙類屋邨租金提升至甲類屋邨的水平，需要時間整頓。政府也明白這點，故同意暫撥津貼讓房委會支付改建、改善工程的開支。雖然有政府提供的津貼幫補及甲類屋邨有盈餘，然而在日益龐大的維修費及管理費等開支，房委會帳目仍持續出現赤字。

表 4.8：房委會盈虧數據

	甲類屋邨			乙類屋邨			合共		
	收入 $百萬元	支出 $百萬元	盈/（虧）$百萬元	收入 $百萬元	支出 $百萬元	盈/（虧）$百萬元	收入 $百萬元	支出 $百萬元	盈/（虧）$百萬元
1973-1974	119.5	69.3	50.2	99.1	123.1	（24.0）	218.6	192.4	26.2
1974-1975	144.8	93.4	51.4	111	193.3	（82.3）	255.8	286.7	（30.9）
1975-1976	194.4	156.1	38.3	130.5	213.7	（83.2）	324.9	369.8	（44.9）

（續上表）

	甲類屋邨			乙類屋邨			合共		
1976-1977	244.5	144	100.5	159.3	205.4	（46.1）	403.8	349.4	54.4
1977-1978	314	191.5	122.5	192.6	235.7	（43.1）	506.6	426.7	79.9
1978-1979	317.4	237.7	79.7	152.7	204.8	（52.1）	470.1	442.5	27.6
1979-1980	393.9	327.6	66.3	177.6	247.5	（69.3）	571.5	575.1	（3.6）
1980-1981	495.3	426.1	69.2	186.7	282.6	（95.9）	682	708.7	（26.7）
1981-1982	620.3	562.9	57.4	217.2	325.2	（108）	837.5	889.1	（50.6）
1982-1983	790.2	772.7	17.5	237.3	390.8	（153.5）	1027.5	1163.5	（136）

資料來源：1974-1983 年度《香港房屋委員會工作報告》

根據 1975 年《香港年鑑》載：「房屋司黎保德指出房委會並沒有意將公共屋邨的租金上升至私人樓宇的水平。不過考慮到若持續出現赤字會影響十年建屋計劃的推行，經過審慎的考慮後決定在 12 月 1 日起小額加租，涉及 42 個屋邨包括 17 個甲類房屋如長沙灣、梨木樹邨等及 25 個乙類屋邨如藍田、田灣及石籬等。」1977 年《香港年鑑》載時任房屋署署長廖本懷發表的文章，提及「要達至成為 150 萬人提供公共房屋，需要 60 億元。這個龐大的數目並不能單靠房委會現時自給自足的財政計劃可負擔。大部分都是依賴政府貸款及撥出土地才可達到建屋目標。為免增加社會負擔，房委會希望公屋住戶在租金方面盡一分力來分擔公共房屋開支。」房委會亦在 1978 年將屋邨分等級，如按住戶的支付能力分配到不同質屋的樓宇；設計「地區性指數」以計算租金，包括地區的交通、設備、設計。可見，定期檢討及租金調整是房委會恆常的工作。

9.「十年建屋計劃」成效

十年建屋計劃希望在 1973-1983 年間解決香港房屋問題，為 180 萬港人提供居住環境良好且具獨立設備的住所，希望寮屋區從此消失。然而，1980-1981 年度《香港房屋委員會工作報告》亦指出：「在房屋供求檢討討論中，1980 年缺少永久居所約 25 萬間。」這距離十年建屋計劃只餘下 3 年時間，以房委會每年建 3 萬 5 千個單位的建屋目標，不足以在 3 年內提供 20 多萬房屋。

其次，政府低估其他因素的影響力，尤是人口增加問題。除了自然增長外，還有外來人口的湧入。據 1984 年《香港年報》記載：「香港人口由 1973 年的 4,219,300 人增至 1983 年 5,344,400 人，整理增幅達 26.67%。1973-77 年間，每年平均人口增加率為 1.8%；1978-80 年間增至 3.9%。」人口持續增加自然對社會資源包括房屋構成各項壓力，但政府直至 1980 年才取消「抵壘政策」藉以控制難民數目。此外，八十年代被揭發的公屋醜聞也使政府浪費很多資源予維修、安排受影響的居民調遷或安排清拆重建等。因此，若從數據評論，十年建屋計劃是未能達成目標。

縱然目標未達成，卻成就多個突破。此計劃是政府首個並非只着重建屋數量而是「既重質又重量」的房屋計劃。房委會從單位設計、大廈設施、周邊配套、屋邨設備、管理等各層面也盡力推行不同的政策，希望可以提升港人生活質素，有別以往只想有瓦遮頭及容身之所。此計劃亦帶動香港整體基建發展，加入社區規劃的概念。為配合目標，政府開闢土地、進行填海增加土地及發展新市鎮，同時為吸引港人遷入新市鎮居住，同時加緊進行各項的基建工程包括建鐵路、隧道及其他規劃等。可見，雖然在數據上最終未能完成其目標，不過仍然能為部分港人提供舒適的家及帶動香港整體發展。

三、後十年建屋計劃：長遠房屋策略

十年建屋計劃完結後並不代表房委會便停止興建、重建、出售房屋及發展新市鎮，政府按房屋狀況進行檢討，並以 1987 年房屋狀況至 2001 年的預期狀況制定「長遠房屋策略」。

表 4.9:「長遠房屋策略」的目標

1. 確保以港人能負擔的樓價或租，為所有住戶提供適當的房屋；
2. 鼓勵港人自置居所並滿足他們在這方面對日益增加的需求；
3. 確保按照既定的優先次序，盡快滿足居民對各類型房屋的需求；
4. 重建不合現今標準的較舊型公共屋邨，並鼓勵重建較舊型私人樓宇，藉以改善居住環境；
5. 盡量有效地運用公營及私人機構的建屋資源；
6. 確保每個住戶所享有的房屋資助是根據其需要而給予，使撥作房屋經費的公並資源得到最有效的運用。

資料來源：1987 年《「長遠房屋策略」政策說明書》

房委會組織架構配合房屋策略發展而作出重整。不過其基本工作方針不變如管理公共房屋、居者有其屋屋苑、中轉房屋、平房區、商業設施、執行私人機構參建居屋計劃等。政府在 1986 年進行公屋戶調查發現約四成五的租戶家庭收入多於輪候公屋登記冊入息限額，並不符合上述第 6 點的原則。因此，鼓勵及增加港人自置居所便成為此計劃最大特點，房委會相應作出多個不同的計劃以達成這個目標。

1.「26座問題公屋」醜聞

混凝土（俗稱石屎）是常見的建築物料之一。香港對混凝土強度設有嚴謹的規格，五十至六十年代規定混凝土強度最少要有 20.7MPA。MPA（兆帕斯卡）是量度混凝土強度的單位。建築物的低層要承受更大的壓力，標準強度最少 31MPA。每份建築合約會根據建築物的樓層數目等清晰列明混凝土的強度。

八十年代多座香港公共屋邨被揭發存在結構問題，當中涉及混凝土剝落和牆壁滲水等，後被稱為「26 座問題公屋」醜聞。葵芳邨及慈雲山公屋相繼出現石屎剝落問題，揭露問題公屋醜聞。以葵芳邨為例，1971 年 11 月至 1973 年 3 月落成的葵芳邨共 11 座，由工務局建築科負責設計及監督。住在第 6 座的居民在入伙後，便投訴大廈出現石屎剝落及滴水問題；嚴重的石屎剝落問題同樣發生在慈雲山的公屋，大廈出現裂痕外，單位與單位之間裂痕亦愈來愈大，後擴闊至可讓手伸進去。由記者黃華輝撰寫的《公屋醜聞》一書，詳細記載他追查「26 座問題公屋」事件的來龍去脈。

事件引起公眾關注。根據 1985 年 12 月 1 日《大公報》報道：「秀茂坪邨 300 名居民要求房屋署公佈香港公屋樓宇結構的真實情況並設立獨立調查委員會公開聆訊及追究責任。根據居民反映，秀茂坪邨第 27 座與其中一幢 26 座問題樓宇相連，較早前出現屋頂剝落及露出鋼筋的情況，可是此座並非列為拆卸之列。因此他們對所住公屋安全問題並不了解，認為房屋署有責任檢驗及公佈全部公屋樓的安全性。」

最終，政府在輿論壓力下答允就全港 800 多座 5 年樓齡以上的公屋進行 2 次的結構的勘探。唯房屋署第一次公佈結果時，只完成 600 多幢勘探，並只簡單地公佈這 600 多幢公屋大概的石屎強度，當中六成的樓宇混凝土強度低於 20MPA、17 幢樓宇低於 10MPA。從勘探結果可見，該些樓宇的混凝土強度並不合格。房屋署按勘探結果劃分四個等級。

表 4.10：房屋署勘探的樓宇

類型		涉及大廈數目（座）	涉及大廈
第一類	樓宇結構不合理地低於安全標準，必須盡可能清拆。	4	葵芳邨第 9、10、11 座及葵興邨第 5 座
第二類	樓宇結構可以重修但修補及引起的不便問題，將之清拆重建更為化算	22	葵芳邨第 8 座、葵興邨第 3-4 座、秀茂坪邨第 26 座、藍田二邨第 17 座、藍田邨第 12-13 座、黃竹坑邨第 9 座、石排灣邨第 2 座、石籬一邨第 4 及 6 座、慈愛邨愛寧樓、慈民邨民健樓、民泰樓、民裕樓、民智樓、民欣樓、白田邨第 14-16 座及葵盛東邨第 18 及 20 座
第三類	樓宇結構稍低於標準，重修可解決	85	未有提及
第四類	一般維修可以解決問題	466	未有提及

資料來源：1986 年《香港年鑑》

仔細分析官方等級分類，官方認為只有屬於第一及第二類的 26 幢公屋是「問題公屋」，需要進行清拆重建。其他百多幢公屋只需要進行重修或一般維修。記者黃華輝訪問時任房屋署副署長孟志凌及房屋司彭玉陵得出勘探結果後的言論：「孟志凌稱在考慮樓宇結構是否穩建時不應過分強調混凝土的強度，還要考慮樓宇高度、結構形式等其他因素。房屋司彭玉陵在 1985 年 12 月向立法會議員交代 26 座『問題公屋』

時指混凝土強度低於標準但非不安全，若不安全房委會已決定將居民疏散重置。他亦指公屋結構通常在設計時已預留 2-3 倍的承托力，以應付突如其來的事故。」

然而，混凝土強度對大廈有多大的重要？在記者黃華輝在調查後指出：「建築師在設計建築物時已定出牆、柱等主要結構的石屎強度亦會預留較多強度，即高出實際負荷所需，一般是正常的兩倍。雖然大廈石屎強度不足，大廈不一定會塌下，但會使該大廈的安全系數下降及出現石屎剝落的情況。當日子一久，石屎強度不足的大廈便需要用鋼架支撐整座樓宇，將大廈上層的重量卸到鋼架上，減少下層的壓力。若果不使用鋼架支撐，這些大廈便有機會倒塌。」可見，若果大廈的混凝土強度不足仍存在一定的潛在風險。下表列出房屋署在 1986 年完成全港 800 多幢公屋進行勘探後，第二次公佈的大廈混凝土強度結果及屬於第一及第二類的 26 幢問題公屋的混凝土強度。

表 4.11：房屋署在 1986 年完成全港 800 多幢公屋進行勘探後，第二次公佈的大廈混凝土強度結果

混凝土強度（MPA）	數目（座）
低於 10MPA	15
10-15MPA	152
15-20MPA	244
高於 20MPA	417
沒有分析	15
勘探總數	843

資料來源：黃華輝《公屋醜聞》

表 4.12：26 座問題公屋的混凝土強度指數及樓齡

	26 座問題公屋	混凝土強度（MPA）	樓齡（1986 年宣布清拆時計算的樓齡）
1	白田邨第 14 座	5.30	15 年
2	白田邨第 15 座	5.00	15 年
3	白田邨第 16 座	5.78	15 年
4	黃竹坑邨第 9 座	5.77	15 年
5	葵芳邨第 8 座	4.67	16 年
6	葵芳邨第 9	4.36	16 年
7	葵芳邨第 10 座	2.40	16 年
8	葵芳邨第 11 座	4.07	16 年
9	葵興邨第 3 座	4.30	16 年
10	葵興邨第 4 座	3.90	16 年
11	葵興邨第 5 座	4.34	16 年
12	葵盛東邨第 18 座	5.71	16 年
13	葵盛東邨第 20 座	5.73	16 年
14	藍田邨第 12 座	6.22	16-22 年
15	藍田邨第 13 座	5.29	16-22 年
16	藍田二邨第 17 座	6.20	16-22 年
17	秀茂坪邨第 26 座	6.24	20 年
18	慈愛邨愛寧樓	5.80	20-22 年
19	慈民邨民健樓	6.17	20-22 年
20	慈民邨民泰樓	5.72	20-22 年
21	慈民邨民裕樓	5.34	20-22 年
22	慈民邨民智樓	6.16	20-22 年
23	慈民邨民欣樓	8.32	20-22 年
24	石排灣邨第 2 座	7.10	21 年
25	石籬一邨第 4 座	6.58	22 年
26	石籬一邨第 6 座	6.26	22 年

資料來源：黃華輝《公屋醜聞》

從表 4.11 看到，在 843 多幢樓宇中，接近一半的樓宇（411 幢）的混凝土強度低於 20MPA。再細看表 4.12，這 26 座「問題公屋」全部的樓齡只是 10-20 多年，其混凝土強度與標準強度（20.7MPA 或 31MPA）差距甚大。「問題公屋」事件到底責任誰屬？當中有沒有涉及官員、承辦商貪污問題或收受利益事件等至今仍存在不少的疑問。

（1）疑問一：其他百多幢樓宇是否如官方所言安全？

從上述數據反映，這些「問題公屋」的混凝土強度的數據比起標準規定低，即使官方指出屬於第三及第四類的樓宇只需要進行重修或一般維修，看似不用擔心安全問題。然而，根據記者黃華輝調查屬於第四類、位於華富邨華樂樓的樓宇情況卻與官方描述相反。首先，華樂樓被列為第四類即屬一般維修可以解決問題的樓宇。不過，其維修工程由 1990 年展開至 1994 年才完成，歷時 4 年，維修費用達 1 千 8 百萬元。其二，房屋署於 1989-1990 年度為華樂樓進行混凝土強度測試結果，詳見下表。

表 4.13：華樂樓混凝土強度測試結果（單位：MPA）

17	24.5	17.5	11.5	26	9.5	11	14	12.5
12.5	15.5	12.5	20	17.5	11.5	18.5	12.5	13.5
13	14.5	22	23	27.5	16	15.5	12	16.5
14	17.5	22.5	20.5	23.5	10.5	6.5	9.5	13.5
10.5	19.5	23	18.5	15.5	17	16	13.5	13.5
14	19.5	14	24	11.5	16.5	13	15.5	21.5
21.5	17	30						

資料來源：黃華輝《公屋醜聞》

從上表的 50 多個樣本中，只有 10 個樣本的 MPA 是合乎標準（20MPA 或 30MPA），其他都是低於標準規定。記者黃華輝在調查華樂樓在 1993 年向房屋署查詢上述的測試結果，房屋署在 1993 年 8 月 24 日回覆黃氏指：「華樂樓的平均石屎強度有 18MPA」，房屋署沒有詳細地指出混凝土強度有分 20MPA 和 30MPA，以平均數來回覆亦有轉移視線和誤導的成份。從黃氏深入調查所得的數據及華樂樓進行 4 年的「一般維修」的實況反映，實況並非如官方所言。

（2）疑問二：政府處理手法有待商榷

由於有 26 幢的樓宇須要進行清拆，房屋署安排受影響的居民調遷。根據 1986 年《香港年鑑》載：「第一及二類的樓宇共 26 幢，分佈在 10 個屋邨內，全部建於 1970-1974 年間。房委會在 1985 年 11 月 21 日公佈清拆計劃，原因是混凝土試驗不合格的『中齡樓宇』，涉及 7 萬 8 千多名居民並分別安排受影響居民在 1985 年 12 月至 1989 年 7 月的 4 年內分批調遷，涉及的費用達 8 億元。另外，房委會亦制定搬遷津貼，金額與正常重建計劃一樣。」

問題公屋事件被揭發後，雖然當時立法局議員李柱銘擔任召集人與其他成員包括：鄭漢鈞、鍾沛林、周梁淑怡、何錦輝等成立特別委員會跟進事件，目的希望追究政府公務員及承建商失責問題及考慮能否循民事訴訟方式追索賠償。不過，政府及房委會就「問題公屋」事件的處理手法和態度仍是被動，不但沒有馬上進行交代，亦未有主動調查事件。在 1986 年就全港 800 多幢樓宇進行勘察都是社會輿論壓力下才安排，後來也以因涉及法律問題，而沒有詳細向公眾公佈仔細檢驗結果。

表 4.14：受影響人士的搬遷細則

家庭人數（人）	搬遷津貼（港幣）	備註
1-2	800	每個家庭可獲 1,000 元特別津貼
3-5	1000	
6 以上	1200	
商戶 （按每平方米計算）	搬遷津貼（港幣）	
甲級	6,727 元	● 商戶退還商業單位時，每戶可得相等於現時 15 個月租金的特惠津貼 ● 房委會安排他們在其他屋邨參加商舖或攤檔的局限性的投標。若放棄可以獲一筆訂金津貼，金額為新單位的 2 個月租金或 8,000 取其較低者，以協助商戶重新經營
乙級	5,857 元	
丙級	4,929 元	
丁級	4,214 元	
小販	特惠津貼（港幣）	
	每人獲 3,000 元	

資料來源：1986 年《香港年鑑》

另外，政府亦非進行徹底調查，根據記者黃華輝的翻查：「興建這些不合規格的公屋由 25 間承建商建造，除了有 3 間承建商受法律起訴外，政府用各種不同的理由而未有對其他的承建商採取法律行動，只要求其中 6 間承建商賠償損失。其中一個理由便是這批問題房屋已過 12 年追溯期。12 年追溯期指由建築合約批出起計 12 年內，若果樓宇出現問題，政府有權向承建商追討責任。「問題公屋」事件被揭發時，雖然有部分的樓宇已過 12 年追溯期，不過其實仍有一批樓宇仍未過 12 年的。然而，時任房屋署助理署長貝德思指他們首要的工作是修補結構不足的公屋而非追究責任。另外，政府又向 4 間承建商達成「私人協議」解決問題。對有關情況，政府也未有對外公佈。」黃氏有嘗試追問「私人協議」的內容，唯時任副房屋司華賢仕指「須要雙方同意下才可披露協議內容」為由而拒絕披露。另一項更值得留意的是，發生問題公屋事件後，政府仍然批出建築合約給這 25 間中的承建商。從處理手法看，政府似乎想「大事化小」。

（3）廉政公署介入

由於「問題公屋」事件持續受社會大眾關注才使時任港督尤德爵士授權廉政公署組成 9 人小組展開調查工作。經過廉署多次深入搜證後，發現案件與建築承建商偷工減料、公職人員貪污有關。律政署在 1987 年落案控告多名涉案人士，包括 7 名前名及現職政府人員及建築商東主等。

《公屋醜聞》亦有記載共中一位污點證人工務監督何寶康的作供，他指出：「承建商給『茶錢』的情況普遍，每月承建商循例會派人把錢放進地盤辦公室抽屜內，直至整個屋邨落成為止。」另一位污點證人前工務監督林柯森又指：「當時水泥的價格並不便宜，承建商為了減低建築成本而偷工減料，便給予工務監督茶錢，期望我們可隻眼開隻眼閉。每年大約有 30-40 萬的茶錢收入。」值得留意的是，在 1972 年擔任工務監督月薪為 4,500 元，年薪為 5 萬 4 千元。茶錢的收入竟達 30-40 萬元，可見收入「極為可觀」。這筆「收入」對當時而言已足以購入一所千呎豪宅。

（4）反思「26 座問題公屋」醜聞

「問題公屋」事件反映當時房屋署的監管工程存在問題。房屋署為此實施新措施，例如新增承建商名冊，要求承建商取得國際標準化組織指引第 9002 條（ISO9002）的品質保證檢定資格；又將測試工作交由獨立的實驗室進行；另外，1990-1991 年度《香港房屋委員會工作報告》也有記載房委會為提高工程質素而聘請顧問公司，就質素保證制度進行研究並提供意見。

事件也反映香港七十年代貪污問題嚴重，廉署只就「26 座問題公屋」進行搜證，至於其餘百多座樓宇為何混凝土強度不足？至今亦未詳細調查。未知問題因由，房屋署需為這百多幢不合格的公屋付上大量的「代價」便是每年均付出大量的金錢予維修。記者黃華輝抽絲剝繭，發現「問題公屋」的細節。書中指出：「（港英）政府每年用於維修問題公屋的費用高達 20-30 億。在 1996-1997 年度更動用 40 億用於維

26座問題公屋居民
房署呼籲儘早遷出
發言人表示此舉方便進行重建工程

【本報訊】房屋署昨日呼籲廿六座受擴展重建計劃影響的住戶，特別是居住在三座屬於第一類樓宇的居民儘早遷出。

房屋署發言人昨日說，根據公屋樓宇結構勘查簡報，該三座樓宇的安全度低至不合理水平，應儘快清拆。三座樓宇分別是葵芳邨第十及十一座，以及葵興邨第五座。

發言人表示：目前已有足夠的單位去安置該三座樓宇的住戶。他們越快搬出，樓宇便能越快清拆，而新樓宇及其他有關設施亦會越快落成。而房屋署亦會對那些居民作出優先處理。

截至一月廿七日為止，在該三座樓宇居住的一千八百三十九個家庭，其中五百九十一個已遷出。

1986 年 1 月 29 日《大公報》26 座問題公屋新聞

修及修葺屋邨和翻新空置單位。」若沒有出現貪污、偷工減料等問題，省下的維修費用或可興建更多的公共屋邨供港人入住，改善大眾生活。

（5）着重公關以提升形象

「26 座問題公屋醜聞」發生在八十年代中，事件受廣泛港人及傳媒關注，房屋署在事件發生後開始着重公共關係及籌備不同的對外宣傳工作，維持良好形象。

從 1986-1997 年度《香港房屋委員會工作報告》可窺見，開始有一定篇幅記錄房委會及房屋署的公共關係工作，該工作報告載：「過去一年，傳播媒介對公營房屋事務關注日濃，並且不斷要求提供更多有關的資料。房委會和房屋署由首長級層人員至初級職員都不時與各界人士會晤。房委會轄下各小組委員會主席參加香港電台中文台的『新聞天地』

葵盛西邨，經政府勘探後，被列為結構存問題，但屬於不需即時拆卸類別。

節目，解釋各小組的職責，並討論大眾關注的事項及政策。」1988-1989 年《香港房屋委員會工作報告》亦載：「一般而言，房委會在年內都能保持良好的形象，但與此同時，難免會有一些具爭議性的事項，令公眾對人士及傳播媒介表示關注，其中較令人矚目的是柴灣第 15 座的修葺工程及公屋大廈含石棉物料的拆卸及清除工作。公關組直接透過大眾傳播媒介向受影響的住戶、港人及關注團體解釋這些問題的背景及房委會採取的相應措施。其中包括召開記者簡報會、為報界及區議員安排實地參觀活動及印發通訊和說明書供住戶及關注團體參閱。」

此外，房屋署亦組織不同的康樂活動和比賽，如電台校際問答比賽、與電視台合作拍攝與屋邨生活有關的短片等，希望大眾了解機構及建立正面、良好的關係。

2. 居者有其屋計劃

房委會在政府資助、租金收入下，在 1973-74 年度赤字仍達約 8,870 萬。縱使房委會每兩年進行租金檢討，仍未能解決資金緊絀的問題，此舉將影響房委會的建屋計劃。另一方面，前文提及政府在六十年代中已為了鼓勵市民置業，以建立對地方的歸屬感，並推行低息長期貸款購樓計劃。只是計劃推出不久後，便遇上政治及經濟不穩局面，計劃推展並不理想。反之，七十年代起香港面對利好因素，市民對在港置業的信心大增。這也是再次推出「出售樓宇」計劃的目的，這一方面能加快建築資金回流，提升建屋數量，另一方面又能滿足到市民置業的希望。

早在 1974 年，時任房屋司黎保德表示對「出售樓宇」持歡迎態度，只是鑑於 1974 年經濟不景，希望待經濟好轉後再重長計議。直到 1978 年，房委會才正式推出「居者有其屋計劃」，出售房屋給合資格的港人，這批房屋稱為「居屋」。政府為此成立共 3 億元的周轉基金供房委會建屋。

推行「居者有其屋計劃」主要目的有二：

（a）加快建築資金回流

香港經濟在六十年代起飛，之後亦持續增長，不少港人的經濟狀況漸漸得到改善，部分港人也開始累積到些積蓄。「居者有其屋計劃」的推出正正以既已超過申請公共屋邨的資格，又未能付擔到購買私人樓宇的港人入手，鼓勵他們置業。房屋署可利用出售樓宇後所獲的資金可用於建屋，加快資金回流。

1980 年落成的大埔汀雅苑

（b）加快公共房屋的流轉率

房委會成立的其中一個目的，是為有需要的港人提供獨立式房屋，希望解決低收入港人的房屋問題。以往房委會鼓勵乙類屋邨過擠住戶遷去新邨，年輕一代為了提升居住環境，基本上都願意遷去新邨。「居者有其屋計劃」亦可視為另一個途經加快公共房屋的流轉率，皆因此計劃希望一些較家境較佳的住戶置業，騰出的公共房屋便能再編配給有需要的人。

居屋鼓勵置業有助社會穩定？

首先，根據立法會秘書處資料研究組在 2021 年 3 月發表〈自置居所對香港社會經濟的影響〉一文指出自置居所對港人、社會及經濟發展均有着重要及正面的影響，文中載：「當市民成為業主後會更有動力維持與社區的長期連繫包括：更熱衷於維持居所的周邊環境狀況良好，締造安全和舒適環境。這有助培養市民對社會歸屬感，從而促進社會政治穩定。」

根據香港房屋委員會編撰的《香港公屋 45 年紀念特刊》載構思「居者有其屋」計劃的廖本懷先生指出：「此計劃是香港公共房屋政策追上時代的標誌。香港人經過二十多年的努力，使社會經濟進步，個人的事業有成，早就應該有更好的居所。政府幫助他們置業安居，使他們有足以自豪、屬於自己的家。」當中最後這句「使他們有足以自豪、屬於自己的家」反映另一個推行「居者有其屋計劃」的目的，便是希望透過幫忙港人置業後，使他們視香港為「家」，願意「留下來」繼續為香港拼搏。回顧導致六十年代兩次社會事件的其中一個共通點—當時港人生活環境擁擠、環境惡劣等問題衍生，政府推出自置計劃，不但回應訴求外，還可達致促進社會政治及經濟穩定發展的作用。因此，房委會推出「居者有其屋計劃」後也代表，房委會不單只再出租公共房屋，而會出租及出售並行。

第一期居者有其屋屋苑順緻苑

(1)「居者有其屋計劃」計劃細則

「居者有其屋計劃」推行前，政府成立由財政司領導的工作小組負責相關的籌備工作並定下計劃的框架和細則，包括申請規則、入息限額的規定、購買的方式等。在購買樓宇上，樓宇首期除來自購買者的儲備外，他們可以向銀行進行貸款。根據 1975 年《香港年鑑》載，時任房屋署署長廖本懷曾提出希望各大機構的僱進貸款給員工作為首期，員工以低於百分之十周息長期攤還。不過，未有得到僱主響應。

或許是因為這個原因，工作小組研究「居者有其屋計劃」推行時提出除由商業銀行及其他財務機構直接貸款購買者外，也計劃成立一個屬於政府的抵押借款機構。為了不至與商業銀行競爭，這個由政府成立的抵押借款機構以輔助形式運行。

「居者有其屋計劃」預計在 1978-1979 年度至 1985-1986 年度提供 4 萬多個居屋單位供符合資格的港人置業。每個單位具備 2-3 個睡房、客廳、廚房、浴室等。港人需要提交管理費用以支付公共服務如維修、清潔等費用。房委會在愛民邨商場大廈設立「居者有其屋」中心，陳刊居屋的圖則、照片及模型，讓有意購樓人士參觀及詳細了解計劃。麥理浩爵士更是首位前往中心參觀的嘉賓。此外，房委會亦構思不同宣傳策略，包括舉行流動展覽、在地鐵站等張貼宣傳海報、媒體宣傳等。除了希望讓港人了解更居屋的詳情外，亦希望更多港人願意搬到剛發展的新市鎮如將軍澳、馬鞍山。

房委會按年並推出 2-3 期的「居者有其屋計劃」，每期推出的屋邨遍佈各個地區。首期計劃在 1978 年 2 月 15 日開始接受申請，至截止報名收到 3 萬 6 千多份申請。該其共出售約 8,300 個單位，分別位於何文田俊民苑、葵涌悅麗苑、清水灣道順緻苑、沙田穗禾苑、香港仔漁暉苑及柴灣山翠苑。隨後亦愈來愈多港人申請購買居屋，以 1982-83 年度為例，第 3 期乙出售有 1,548 單位，並收到 37,277 份申請；第 4 期甲出售 5,064 個單位，收到 34,306 份申請。可見，「居者有其屋計劃」深受港人歡迎。

有意申請的港人只需要到指定的政府辦事處如屋邨、民政署等索取申請表，入紙申請。然而，由於此計劃希望加快公屋流轉率及讓「夾心階層」人士置業，因此房委會亦定下各項條件。

圖中左至右依次為大澳鄉郊屋苑龍軒苑、龍田邨、天利苑

表 4.15：居屋計劃推行之初的申請資格

類別	公屋住戶	非公屋住戶
申請表格	淺綠色的申請書 （簡稱：綠表）	白色的申請書 （簡稱：白表）
申請條件	申請人必須最少在香港居住最少 5 年 符合入息條件 符合家庭最低人數	
注意事項	● 每位申請人只可提交一份申請並提交 30 元登記費； ● 一對夫婦的名字不可分別列名在同一份申請書內； ● 若綠表申請人的家庭成員希望分開申請，須以白表重新遞交表格。在入住居屋後，其名字將在原有的住戶租住證或租約中刪去，其他家庭成員有機會需要遷到面積較小的單位	

資料來源：1978 年《香港年鑑》

每期居屋申請以電腦抽籤決定申請人的選樓次序，中籤人士須要自通過房委會審查後，才按編定的順序選擇單位。中籤人士選擇單位後，需繳交相當於單位樓價的最少一成作為首期及印花稅及土地註冊費等。

在供款上，對比購買私人樓宇，購買居屋可獲較佳的按揭貸款條件。根據 1977 年《香港年鑑》載：「對比購買私人樓宇者通常要付樓價 13-30% 的首期後才向銀行按揭，每月還款額約 800-1,000（元）或以上，佔家庭收入五成。」相反，政府牽頭向各大銀行及貸款機構洽談按揭貸款細則。政府承諾會償還拖欠按揭款項，成為背後的「擔保人」，因此由房委會選出的購樓人士向參與居屋有其屋計劃內的銀行或財務公司辦理按揭，最高額是樓價九成，其餘的款項可分 15 年攤還，5 年內的利息則以固定利率年息 9 厘計算。

成功購樓人士需要除了簽定買賣合約外，亦要額外簽署大廈其共同契約，以確保樓宇的管理標準，包括提供已受訓的管理人員管理屋邨、負責邨內的維修工作等。另一方面，房委會訂立嚴謹的轉售限制，居屋業主在置業後 10 年內不可轉售樓宇，房委會亦只會以原價回購；10 年後才能不受轉售限制。

房委會從每年落成約 3.5 萬個公共房屋中抽單位，其中 5,000 個單位經居者有其屋計劃出售，因此每期的可出售的單位數量並不多。為增加單位數量，房委會也尋求「外援」——私人發展商協助，計劃名為「私人機構參與計劃」。計劃目的是希望借助私人發展商的輔助提升建屋數量及供應，協助「居者有其屋計劃」推行。該計劃的工作模式是以招標方式合作，當私人發展商成功投標後，需要按照標書上的規定興建房屋。房屋的質素及售價等受房委會監管，購樓人士亦需要符合購買居屋的資格，經私人發展興建的房屋如油塘興建的油塘中心及屯門置樂花園等。

在「居者有其屋計劃」推出，有評論對此計劃存疑。根據 1977 年《香港年鑑》載的社會評論文章，認為此計劃會造成與私人發展商競爭及用房屋協會出售樓宇為例，指出並非很多公屋單位居民願意置業。內文提及：「以房協推銷西區『美新樓』的實際反應觀察，全部單位有 198 個，由現居房協下的居民認購的只有 70 個，其餘的 128 個均售與不限資格的其他人士。」然而，當計劃推行一段時間後，從數據可反映事實上有不少的港人希望以一個低於市價的價錢置業。根據 1984-1985 年度《香港房屋委員會工作報告》載：「自 1978 年推行計劃，已出售 51,739 個單位給符合資格的市民。即使在 1984 年的地產市道呆滯不前，仍創下新的買賣紀錄，共出售 19,536 個單位。」反映計劃受港人歡迎。簡單總結，「居者有其屋計劃」為有意置業又未能負擔到私人樓宇的港人提供一個選擇。

3. 自置居所貸款計劃

自置居所貸款計劃是供有意購買居屋或私人參建居屋的港人，申請免息首期貸款，房委會希望提供多一個途徑，鼓勵符合申請居屋的公屋住戶置業，從而增加公屋的流轉率及減低對居屋需求的壓力。房委會在 1988 年推出，並在每年 4-5 月開放申請，申請人須要合乎下列資格，便可在每期遞交一份申請。

表 4.16：自置居所貸款計劃詳情

申請資格	● 凡有資格申請「綠表」人士，包括房委會及房屋協會轄下屋邨的現有住戶、臨時房屋、平房屋 ■ 申請人年滿 21 歲及至少一名家庭成員是在香港住滿 7 年的永久性居民 ■ 家庭成員須最少 2 位具親屬關係 ● 凡經確認有資格申請入住公共房屋包括輪候公屋登記冊上申請人、低薪公務員及清拆區居民。他們必須放棄其獲配的公屋權行 ● 家庭入息高於輪候公屋登記冊，卻低過屋者有其屋入息限時的公屋者，擁有物業者或不符合有關滿 50 歲規定的二人家庭
可購的房屋類別	● 新落成或落成不超過 5 年的樓宇
申請名賽	● 2,500 名
最高貸款額	● 7 萬元
其他注意事項	● 曾按此計劃申請貸款置業人士或已購得居屋、私人建屋居屋或中等入息家庭屋邨等均無資格申請

資料來源：1988 年 6 月 15 日《華僑日報》

每次截止申請後，房委會便會以公開抽籤列出入選次序，約見申請人以審核其資格。他們需要在會面時提交證據並需要簽署聲明書及承諾書並前往參與自置居所貸款計劃的銀行處理按揭手續便可，申請人再分 20 年攤還或在按揭契約所列的時間內償還。若申請人未有在指定期內償還，參與自置居所貸款計劃的銀行將會按契約上的條款收取利息。另外，獲批貸款的公屋住戶需要在兩個月內歸還公屋單位，而準公屋的申請則會暫停公屋編配額。房委會定期檢討計劃如在 1988 年及 1989 年提高申請名額至 3,000 及 6,000 名；鑑於樓價上升，將貸款額調升至 11 萬等；可購的房屋類別由最初規定樓宇須新落成或落成不超過 5 年的樓宇，改為可選擇樓齡不多於 15 年的私人單位。

根據 1989 年《香港年鑑》亦以「樓價節節上升攀新高峰」形容香港的樓價：「中小型樓價在 88 年初為每平方 1,250 元至年尾 1,450 元，全年升幅達六成。」面對樓價持續上升，有評論認為此計劃除了或會吸引受「富戶政策」影響、抽不到居屋的居民、正居住在私人樓宇且家庭總收入不超過 8,500 元的港人外，難以吸引到其他公屋住戶。雖然政府提供免息貸款，可是日後再支付每月的供款、管理費、維修費等等，或會是公屋租金的數倍。因此計劃的吸引度並不高。雖然如此，直至 1997 年已批出貸款 20,048 宗申請及收回租住公屋單位 11,914 個。

4. 首次置業貸款計劃

另一方面，房屋協會也在 1997 年推出首次置業貸款計劃。計劃目的是幫助低入息及中等入息家庭自置居所，合資格的人士可獲得低息貸款，貸款額最高是樓價三成或最高 60 萬。後來，由於此計劃與自置居所貸款計劃的目的和性質相似，因此立法會房屋事務委員會在 2002 年提出將兩個計劃合併，新計劃的標準大致採用自置居所貸款計劃的標準。然而，九十年代末香港遇上金融風暴，物業價格大受波動，不少物業變成「負資產」。房委會指為減少對市場干預而停止出售居屋及私人參建居屋計劃。因此，這個置業貸款計劃也在合併兩年後即 2004 年 7 月 14 日結束。

5. 公屋出售計劃

另一個構思是公屋出售。計劃推出前已有不同界別的人士關注。根據 1990 年 3 月 24 日《華僑日報》報道：「黃大仙區議員就房委會出售公屋及富戶政策進行一項『公屋出售計劃及公屋住戶租金政策』調查報告書，發出 4 萬多份並收回一萬多份回覆，是當前較大型的調查書。結果反映，大部分區內居民贊成出售公屋計劃，但要視乎售價能否負擔。」

除售價外，由於出售的公屋距離落成已有一段時間，因此樓宇維修如防水及去水等問題亦是另一個港人關注的地方。根據 1991 年 9 月 26 日《華僑日報》報道：「房委會主席鍾逸傑爵士強調不會改變出售公屋的條件包括降低價錢。他表示希望公屋居民考慮清楚珍惜機會，假若計劃失敗，便取消計劃。」可見，房委會的立場強硬。

屬於租者置其屋計劃第一期的青衣長安邨

公屋出售計劃正式在 1991 年 9 月獲批。根據 1991 年 10 月 19 日《大公報》報道：「根據消息透露，房委會在訂定其 91/92 至 95/96 年度的 5 年財政預算時，預計每期出售公屋計劃所推出的單位均能全數售出。首期計劃推出 6,921 個單位，分別位於 7 個公共屋邨 11 座大廈，單位的平均售價為 341,200 元。房委會在本年 8 月發信邀請住戶購買其現居單位，住戶須在 2 個月前作出決定。首期截止申請日期前 4 天仍只收到 276 多份申請書，與出售單位總數比較，尚不足百分之四。」有關公屋的售價，同份報章報道：「以購買實用面積 39.65 平方米的單位為例，根據房委會估計，若按揭貸款為樓價 9 成、利率 10 厘、還款期 20 年計算，住戶平均每月需還款 2,960 元、管理費及差餉約為 470 元，即住戶平均每月需支出 3,430 元，與這 6,000 多個單位的平均租 864 元比較，住戶購買其單位與繼續租住的每月費用比率，平均為 3.97。」可是，這個公屋出售計劃推出後住戶反應冷淡，其中一個最大原因與出售的價格有關。

然而，房委會未有放棄有關公屋出售的概念。根據 1991 年 12 月 22 日《華僑日報》報道：「房委會將在 1992 年年中推出試驗計劃，讓獲批入住公屋的輪候登記冊人士包括受重建清人士考慮決定租住或購買，售價是居屋的七成。」這個計劃是改良版的出售公屋計劃——「選擇租住或購買居所計劃」，被視為居者有其屋計劃的一部分，讓如受重建清拆計劃影響、輪候公屋登記冊上的申請人、低薪公務員等申請，單位按照「屋者有其屋計劃」條款出售給合資格的住戶。申請人並不能同時申請房委會其他資助或售樓計劃如「自置居所計劃」、「屋者有其屋計劃」等。以上的計劃可視為租者置其屋計劃雛型。

租者置其屋計劃在 1997 年 12 月通過並推行。政府目標在未來 10 年內，為最少 25 萬公屋家庭以合理價錢購買現居的單位，提供自置的機會，希望從提升全港七成家庭擁有自置居所的目標。

馬鞍山雅景臺屬於夾心階層住屋屋苑

在這個計劃下，除了租給長者的單位、供福利用途的單位及其他共用設施等，房委會劃下 39 個屋邨單位可出售，亦沒有定下購買人的家庭入息、成員人數及自置物業狀況設定限制。購買者只要是房委會認可的租客及沒有違反到公屋租約的條款便可以購買。單位的出售率為市值七折出售，因此受港人歡迎。然而，同樣受到九十年代末經濟影響，計劃在 2002 年停止。

另一個購買公屋計劃是在 1999-2003 年推行的「可租可買計劃」。這個計劃讓公屋租戶選擇租住或購買指定大廈的單位。與租者置其屋計劃有少許分別的是，「租者置其屋計劃」的購買者已是公屋住戶；在「可租可買計劃」下，購買者是準公屋住戶不需要先入住公屋，他們可以透過這個計劃直接購買。

6.「夾心階層」房屋計劃

除了房委會推出一系列的可租可買計劃、自置貸款資助計劃等，政府在 1993 年委派房屋協會推出「夾心」階層房屋計劃，這個方案與房委會的自置居所貸款計劃相似。「夾心階層」指一些沒有資格入住公屋且未有能力購買私人樓宇的家庭。

此計劃分別設有短期及長期計劃。政府從公帑注資 33.8 億元在短期計劃，該計劃會按優惠利率向合資格的家庭提供一次過的貸款，購買樓齡不超過 20 及樓價不過 330 萬的私人房屋，獲批申請最多可獲樓價兩成半或 55 萬（以價少者為準）。有意申請的人士需要在香港住滿最少 7 年及每月家庭總收入 20,001 元至 40,000 元。（入息規定會按社會及經濟情況而修改，此數據參考 1994 年《香港年報》）受助人在獲批貸款的第 4 年後才開始償還款項。計劃推行至 1997 年為止已有批准 4,500 宗申請，貸款額達 21 億。長期計劃指政府以優惠價批土地給房協建屋再出售給合資格的人士，目標希望在 2005 年前建 5 萬個單位，因此政府會不斷物色合適的土地供建屋之用，第一批其建 10,466 個單位，合資格的人士購樓後 5 年內不能轉售。

7. 外判文化

房委會亦陸續在八十年代末、九十年代初開始將管理工作外判給其他管理公司或其他經營者負責。根據 1989 年《香港年報》指出：「房委會推行物業管理計劃，委託私營公司代管理物業計劃推廣至居屋。按這個計劃，房委會仍須負責監察這些公司的管理水平及釐定管理費水平；房委會與一間私營公司簽訂為期 3 年的合約，將 28 個選定的公共屋邨停車場批給該公司管理。」

不單是屋邨或停車場管理外判給私人公司，商業單位同樣受影響。房委會在九十年代開始推行「不資助商戶政策」及以「協商方式」出租商業單位，前者是指以市場水平釐定商業單位的租金；後者指與將商業單位出租給有名氣的商店如超市、餐廳。或是將整個街市或商場租給單一的經營者管理及租賃等事宜，外判風氣也在房屋界蔓延。

對房委會而言，這樣無疑可以減低其財政壓力和節省成本，因房委會不再需要為這些設施負擔管理或維修的費用。當由商業機構以「商業」、「盈利」當前，接手管理商場、街市等後，雖在多方面作出嘗試如翻新工程、引入連鎖商店等，希望改進舊有的設施、包括加裝冷氣及通風設備，希望將環境變得摩登、現化及多元化，卻又延伸至其他問題如租金追上市值、小店的生存空間愈來愈小，甚至近年來出現「判上判」的問題。這些已由房屋層面再引至其他民生問題，對基層港人的影響甚大。

在外判文化影響下，收窄屋邨小店的生存空間

總結

根據 1997 年《香港年報》載：「在過去 20 多年已建公營及私營房屋單位超過 130 萬個。時至今日，已有 250 萬人居住在公屋，佔全港人口的 39%。另外，房委會在 1978 年起也建超過 24 萬的出售資助單位，自置居所凡整體比率也由 10 年前的 42% 提高至 52%。」房委會及房屋署在十年建屋計劃至後十年建屋計劃扮演重要的指揮及執行的角色，才能達到以上的成果。

然而，比較十年建屋計劃至後十年建屋計劃，房委會在香港房屋政策上方向有所改變。前一階段比較着重建屋再租給有需要的市民，後一階段房委會雖仍會建公屋租賃給市民，同時開始推行多個出售或貸款計劃及鼓勵市民自置單位，房委會開始租與賣並重，並開始傾向商業化及私有化，如：開始將不同的工作外判給私人公司處理或經營。

第五章

房屋政策的蛻變

新市鎮是「十年建屋計劃」另一個重點項目，見證着房屋政策的蛻變。本章主要敘述香港整體的城市規劃及新市鎮發展，從不同階段推出的試驗計劃可了解新市鎮的發展脈絡，在迅速發展下，維持新市鎮「自給自足」及「均衡發展」是規劃的主要原則。

隨人口持續增長，社會及經濟進步，政府需要繼續覓地發展。政府鋭意將新市鎮打造成一個自給自足、發展均衡及公共設備齊全的社區，區內公私營樓宇並存，具備就業、社區設施包括教育、醫療、休憩康樂等。同時，公共交通基建亦是缺一不可，具備完善交通網絡才能鼓勵市民願意到新市鎮居住。新市鎮是「十年建屋計劃」另一個重點項目，本章主要簡述香港的城市規劃及新市鎮的發展。

一、香港城市規劃

開埠前的香港只是一個具有約 20 條村落及數千人聚居的小漁村。由於地理環境上地瘠山多，很多人都認為並不是一個適合安居樂業的地方，莫說城市規劃。直至英國侵領後，一批又一批的商人到香港經商、聚居，人口增加對土地和房屋的需求日增，藉此推動香港早期的城市開發，最先被開發的地方是「維多利亞城」(即現時中西區及灣仔區一帶)。首任港督璞鼎查將維多利亞城劃分為西方人專屬聚居及商業區以保障利益，東西兩側為華人區等。

1851 年發生太平天國運動，大量內地居民為避開戰火而逃到香港，使香港人口在短短時間內倍增。有見及此，第四任港督寶靈上任後便提出進行填海工程增加土地，擴展維多利亞城。然而，計劃提出後受到各持份者如擁有海上業權的人士反對而遭擱置。填海工程一直拖到 1857

年，在得到英國指示可試行後才展開。工程涉及銅鑼灣黃泥涌入海處（即現時鵝頸橋）、石塘咀以西地區（即現時堅尼地城）。新拓展的維多利亞城又被華人稱為「四環九約」。「四環」分別指西環、上環、中環及下環，「九約」指的是地段起迄。

四環	九約
1. 西環：堅尼地城至西營盤國家醫院（即現時西營盤賽馬會分科診所）	第一約：堅尼地城至石塘咀
	第二約：石塘咀至西營盤
2. 上環：西營盤國家醫院至威靈頓街與皇后大道中交匯處	第三約：西營盤
	第四約：干諾道西東半段
3. 中環：威靈頓街與皇后大道中交匯處至美利操場（即現時中銀大廈）	第五約：上環街市至中環街市
	第六約：中環街市至軍器廠街
4. 下環：美利操場至銅鑼灣	第七約：軍器廠街至灣仔道
	第八約：灣仔道至鵝頸橋街市
	第九約：鵝頸橋街市至銅鑼灣

拓展後的維多利亞城，仍以中環為當時的政治及經濟中心，大部分重要的政商機構如港督府、立法局、渣打銀行、寶順洋行等均建在中環；金融及商業區集中在皇后大道中；商住區集中在皇后大道以南；上環及西環是華人的聚居地。

至於九龍及新界方面，在香港開埠後未有像港島區般迅速發展，尤其是新界一帶。九龍在 1860 年代仍是以農業為主，後來為了緩和港島土地不足才逐漸開展。旺角及油麻地便是最先發展的地方，主要發展為工業及商住地方。政府在 1898 年接管新界後讓新界維持原有鄉村的風貌，並未有在此進行大規模的拓展。從上述可見，在面對土地不足、人口上升等壓力下，政府主要擴展現有可發展土地及以填海方式增加土地面積。每個地區有其發展的重心如中環是政商核心、上環及西環是聚居地、旺角和油麻地劃規為工業及商住區。可見，在這個階段並未有一個全面和詳細的規劃，亦談不上城市規劃。

第一階段：二十年代的新市鎮前身

踏入二十年代，香港開始出現城市規劃的概念。這是緣於參考由英國侯偉德爵士（Ebenezer Howard）在1898年提出的「花園城市」理論。侯爵士主張結合城市及鄉村的優點，以「自給自足」及「均衡發展」為原則，希望透過規劃建造包含社區休憩設施、綠化，又具備基礎建設及就業機會，讓人們有如生活在「花園城市」的地方，藉此改善城市擠迫、鄉村缺乏基礎建設等問題。

香港最先引用這個概念便是九龍塘，1922年九龍塘及新界發展公司負責「九龍塘城市花園計劃」，可說是第一代「新市鎮」。根據馮邦彥撰寫《香港地產史1841-2020》一書載：「這個計劃涉及在80畝土地上建250幢獨立或半獨立、附有小花園的兩層平房別墅，並建有學校、遊樂場等設施。」計劃後來雖受1925年省港大罷工及九龍塘及新界發展公司面臨清盤的危機而停頓，幸在怡和買辦協助下，整個計劃最終於1929年完成。九龍塘發展計劃可說是政府最早參考「花園城市」的概念規劃，建築模式亦是亦接近「花園城市」理論。

二十世紀初至中期，香港人口隨內地政局變化而急增，因土地資源有限，政府開始意識到需要好好規劃和運用土地以配合香港各地區的發展及需要如：公共房屋、交通基建、工商業發展及休憩地方等，最早提出開發新市鎮的概念，可追溯至當時時任房屋專員奧雲在1938年提出「拓展新市鎮」構想。根據《葵青：舊貌新顏．傳承與突破》一書記載：「奧雲建議在沙田、荃灣、元朗、大埔、粉嶺設立『安置地』，安置當時因清拆市區舊樓的居民。」政府在1939年通過《城市規劃條例》，著手進行研究及執行各規劃。1939年7月2日《工商晚報》報道，《城市規劃條例》的工作目標是：「有系統地準備和改良現在之市區、規劃新市區地點和區內的建築的圖樣及條例草案等，從而為香港居民提供一個健康、安全、順利及具一切福利事業的地方。」該條例亦授權成立「城市設計委員會」(即現時「城市規劃委員會」前身簡稱「城規會」)執行上述工作，包括：草擬大綱草圖、公眾展示草圖、按公眾意見調整草圖後呈交給港督，草圖獲批後再推進計劃。不過，上述計劃因 1941 年日本侵略而擱置。

直到 1945 年香港重光後，政府着重戰後重建工作。再者，受內地政局動盪影響，香港人口急增，對土地及房屋需求激增，城市規劃變得更為重要。因此，政府委任英國建築師柏德 ・ 阿拔高比就香港城市規劃進行研究。他在 1948 年公佈《亞拔高比報告》亦視為《初步規劃報告書》。然而，《亞拔高比報告》計劃受 1950 年韓戰爆發、政府缺乏財政資源等因素而暫緩。雖然如此，該報告對於香港城市規劃意義重大，它確立香港城市規劃的長遠策略，不論是後來衛星城市試行，或是七十年代新市鎮興建，亦是參照這份報告提出的原則作出規劃。《亞拔高比報告》報告書三大重點摘錄：

1. 改善城市的交通配套，包括建海底隧道；
2 發展郊區，增加土地供應，如填海；
3 完善城市規劃的法例和機制。

第二階段：(1) 五十年代試行觀塘衛星城市

正如前文提及，香港在四十年代起已面對人口、土地及房屋壓力，土地長期供不應求。五十年代香港工業發展蓬勃，廠家面對工業用地不足，需要尋覓土地。各項因素疊加之下，政府考慮發展新市鎮的意識逐漸提升。

1954 年香港成立專責委員會，研究及調查可供發展工業的地方。委員會經研究、根據當區及鄰近地理和環境等因素，最後向政府建議以觀塘作為試點。1954 年 9 月 21 日《華僑日報》報道：「為了解決當時香港工業發展需求及維多利亞港內的垃圾問題而決定進行觀塘填海工程。」此源頭在九龍灣東岸的垃圾池，每當遇上強風時，都會刮起很多垃圾，使其漂流在維多利亞港內，影響市容。經考慮後，政府最終接納委員會建議，決定在觀塘推行填海工程並遷移垃圾池至荃灣與青洲之間的堤壩。

另一方面，根據《觀塘風物志》一書載：「日佔時期結束後，不少香港原居民陸續回港。加上國共內戰使不少內地居民逃到香港，並在觀塘築寮屋定居。一些小型山寨廠在鯉魚門及茶果嶺等地相繼出現。」土地及勞動力均是發展工業的重要要素之一，觀塘具有這些條件因而被選為衛星城市試點。填海工程也隨即展開。第一及第二期工程在 1956 年展開，為期 4 年。填海所得的土地包括：現時的觀塘道、創業街及駿業街等；第三期的填海工程亦在 1967 年完成，集中在觀塘工業區一帶。填海得來的土地主要劃為工業用地，亦會設有工人住宅區。填海為觀塘帶來不少可發展土地，使觀塘成為當時的工業市鎮的中心。

「官塘」與「觀塘」

觀塘，古稱「官富」或「官塘」，原本只是一個荒蕪的海灣。在宋代時，朝廷在此設立鹽田，名為「官富場」並由鹽官主理。此地亦是當時東莞縣內四大鹽場之一。除了產鹽外，打石業亦曾是觀塘另一個重要的行業。早在十九世紀初打石業活躍於觀塘東部包括：牛頭角、鯉魚門、茶果嶺等，直至六十年代末逐漸式微。「官塘」的「官」字有官府的意思，據說因當年在「官塘」有很多石頭等物料築成一個個堤壆鹽田，不少人稱為鹽塘，而且這些鹽田由官府主理，人們漸漸以「官塘」稱之。根據《觀塘風物志》載：「由於居民不太喜歡與官府打交道，不想以官字做名稱，遂變成「觀塘」。」政府在 1953 年為配合城市發展，將「官塘」易名為「觀塘」。

當時觀塘、牛頭角一帶有不少的寮屋區，政府為妥善規劃觀塘土地清拆非法寮屋，配合衛星城市和工業發展，推出數個建屋計劃如廉租屋、徙置區，其中包括於在 1950 年批出牛頭角地段給房協建工人宿舍（即現時玉蓮臺及花園大廈）；1958 年通過建合共 24 座的觀塘徙置區（俗稱雞寮）；在 1963 年着手建共 44 座秀茂坪徙置區等，為工業區提供勞動力。

然而，由於當時缺乏覓善規劃，過份着重工業發展，忽略交通及其他社區設施發展。以交通為例：觀塘在六十年代初以渡輪為主要的交通工具，來往鯉魚門、茶果嶺等地。六十年代初雖有觀塘道幹線為主要道路網，但陸上交通道路發展未建全，主要靠 1961-1962 年建成的觀塘道幹線。連接東區海底隧道、將軍澳隧道與鯉魚門道的觀塘交匯處、大老山隧道等亦待九十年代才通車；觀塘區的地鐵發展直到 1975 年才開始動工。交通不便、區內較少社會設施如學校、醫院等難以吸引市民遷至

設有空中走廊的葵盛西邨

此區居。由於區內基建追不上實際急速發展，觀塘衛星城市難以達到自給自足、均衡發展的目的。不過，觀塘經驗成為日後發展「新市鎮」一個重要的參考，讓政府了解到發展區內配套設施的重要性。

第二階段：（2）新界的發展

較常見的增加發展用土地的方法有收地填海，而這兩種方法各有利弊。前者涉及徵詢業主意見、安排清拆、處理賠償和安置受影響的居民等一連串繁瑣的工作。後者則破壞自然地理環境及天然海岸線，亦對水質造成、海洋生物等構成威脅，但成本會較前者低。香港土地資源有限，在面對人口增加、土地短缺、基礎建設不足等壓力，政府必須設法增加土地供應。除了發展觀塘，政府亦逐步開發新界地區。

荃灣紡織工廈

荃灣及葵涌是新界首個發展的地方。根據《葵青：舊貌新顏．傳承與突破》一書記載：「政府在五十年代邀請顧問公司就香港 6 個地方進行有關填海工程的研究。因受資金所限，最後決定只優先發展荃灣及葵涌。」優先發展這兩個地方主因有二：在地理上，這兩個地方較鄰近九龍，方便進出市區且位於海邊，便於進行移山填海工程；其次，荃灣在五十年代末已成為香港紡織工業的重心、後來又有不少輕工業廠家在此設廠，更已累積 8 萬居住人口，具備建造新市鎮的優先條件。此外，六十年代政府已開展分階段推行移山填海工程，涉及範圍包括：醉酒灣、葵涌谷等。增闢的土地分別在七十年代開始興建大量公共房屋如荔景邨、麗瑤邨及葵芳邨、葵興邨用作工業用地，工程為發展新市鎮作充分準備。

荔景邨

第三階段：「十年建屋計劃」發展新市鎮

港督麥理浩上任後推行「十年建屋計劃」以解決香港房屋短缺問題。除了加快建屋速度和數量外，開拓新市鎮是另一個重點工作，「自給自足」及「均衡發展」仍是發展新市鎮的主要原則。根據 1975-1976 年度《香港房屋委員會工作報告》載：「香港日後的發展重點均放在市區以外的地方，計劃日後會成為發展均衡和公共設備齊全的社會。公私營均會參與在區內發展，區內設有工業、住宅用地，學校、診所、遊樂場、消防局等一應俱全。」

踏入七十年代的新市鎮，政府吸取觀塘衛星城市經驗。根據 1976-1977 年度《香港房屋委員會工作報告》載：「房屋署的目標是在新市鎮的範圍內找到合適的土地建屋，同時需要善用土地將人口密度達到最高限度，同時又能提供其他必須的社區設備。」

為了更妥善規劃新市鎮，政府在 1973 年成立「新界拓展署」專責處理。這部門一方面制定各個發展計劃，另一方面亦與其他政府及非政府部門如新界民政署、理民府、工務司署、公私營機構等緊密合作和協調，以了解每個地區特點、行政或土地問題、民情等，從而制定各項如興建公私營房屋計劃、工商業和康樂設施等。政府更在 1984 年制定「全港發展策略」，目的是希望將房屋、交通及工業等發揮到最大的效能，亦為九十年代的城市發展提供大綱。

為了吸引住在市區的港人遷入新市鎮，必須規劃好「住宅、生活、就業及交通等配套」，從而達到「自給自足」、「均衡發展」。簡單而言，即要解決好「衣、食、住、行」的需要，使入住當區居民覺得方便快捷。「衣」與「食」方面，各新市鎮均須具備社區設施而且需要鄰近民居，例如運動場、康樂及休憩設施、圖書館、購物中心、學校、社福設施如安老院、醫院等，為各年齡階層提供相應的場地供使用。

「住」一直都是港人長期關注的事情。由早期的徙置房屋到後來的和諧式等房屋，房屋署一直改善房屋質素。在新市鎮的早期房屋發展中，大多數的新市鎮均先以「公屋」帶動發展，再陸續興建居屋以至後來再有私人地產商興建私營樓宇。另一方面，若要發展地區為一個「自給自足」、「均衡發展」新市鎮，公共設備的規劃亦是重要的一環，包括食水、電力供應、污水處理、排水系統等。有關當局亦因地制宜，如一些新市鎮位於低窪地方，需要建設好排水系統及執行防洪工作，否則遇上暴雨便容易造成水浸，嚴重或會導致人命傷亡。因此，政府需要與其他公共事業機構保緊密合作和溝通，妥善規劃。

「行」方面，交通便利亦是另一個港人考慮會否搬到當區局住的因素之一。為配合新市鎮發展，政府與負責的部門不斷規劃和修建高速公路、隧道、鐵路，政府亦需要與巴士、小巴公司商討有關增加巴士路線以進出市區。例如修建將軍澳隧道、城門隧道及大老山隧道等，

將軍澳地鐵寶琳站

以縮短新市鎮和市區的距離和行車時間。鐵路快捷方便又可推動人口流動，對新市鎮發展十分重要。2016 年 10 月 20 日《星島教育報刊》報道：「八十年代杏花邨本無一物，不過當港島線往港島東延伸並在杏花邨站上蓋興建同名屋苑後，開始累積及吸引更多人到來居住。另一例子是，當鐵路未覆蓋至將軍澳時，港人若要由將軍澳出市區就只可以巴士、小巴經寶林北路或將軍澳隧道進出。當將軍澳線在 2002 年開通後，將軍澳所屬的西貢區人口從 2001 年的 32 萬增長至 2011 年的 43 萬。」足見交通對新市鎮發展的重要性。

與市區不同的地方是，新市鎮包括：沙田、大埔、將軍澳、屯門及東涌等均有單車徑。設立目的是讓居民在臨近地區以單車代步。後來，開始有不少住在市區的港人亦喜歡在假日租借單車，享受踏單車的樂趣或親子家庭樂。因此，在單車徑附近亦不難找到單車租借店的

將軍澳單車徑

蹤影。當樣樣設施各項齊全、交通四通八達便是最有效宣傳及吸引港人到新市鎮居住的引子。

二、細說每個新市鎮

荃灣、屯門及沙田是首三個推行的新市鎮，其後在八十至九十年代發展的新市鎮包括：大埔、將軍澳、天水圍及東涌等。以下將細說每個新市鎮之不同。

1. 荃灣新市鎮

位於香港新界西南的荃灣，是新界區內首個發展的新市鎮。四十年代中後期，內地政局交替，當時部分來自上海的紡織商帶同資金來到荃灣的德士古道、楊屋道及柴灣角等設廠，使荃灣逐漸變成工業集中地，

荃灣梨木樹邨

荃灣滿樂大廈

資金與勞動力均有利發展工業，荃灣工業愈來愈蓬勃，政府看中荃灣「經濟上已有穩定發展，又有一定的人口聚居」，選址荃灣為新界第一個發展的衛星城市。隨人口及城市急速發展，政府需要新增房屋、公共設施等基建，如為實施大型屋邨計劃如 1963 年落成福來邨、1964 年落成滿樂大廈及在 1975 至 1976 年徵用城門路和老圍村外的農地建象山村等。

七十年代以前荃灣以工業發展為主。自內地改革開放及香港租金及人工等持續上升，使不少廠戶搬往內地，香港隨即邁入經濟轉型，如建商廈、工廈改建為工作室再出租等。現在荃灣另一個特色是「天橋林立」，坊間不少港人更以「堅離地城」稱之。

南豐紗廠

1954 年由南豐集團創辦人陳廷驊先生於荃灣白田壩街所建的南豐紗廠，可說是見證當區工業發展。南豐紗廠一共設有 6 間廠房，廠房在最高峰時期每年生產 3 千萬磅棉紗，是香港棉紡業的龍頭。直到八十年代末，香港經濟轉型，第一至第三廠遷往內地，第四至六廠於 2008 年停止運作，改為倉庫用途。南豐集團亦隨香港經濟轉型作出多元化發展，加入房地產市場。原為第一至第三廠的位置後來改建成私人屋苑翠豐臺；現時得以保留的第四至六廠則活化為「南豐作坊」、「CHAT 六廠」、「南豐店堂」，這逐漸成為現時荃灣社區內的文創空間的新地標。

荃灣福來邨

天橋林立的荃灣市中心

2. 葵涌新市鎮

葵涌昔日遍布耕地和草地，當地居民以務農為主。隨區內發展，葵涌自六十年代起出現變化。由於荃灣的工業用地供不應求，部分廠家開始在葵涌設廠。然而，來往荃灣和葵涌的交通不便，所以廠家並不多，亦因為這個原因，一些廠商為方便工友上下班或者中午用膳，更設有飯堂或安排廠車接送工友。

在 1966 年為了配合歐美貨運發展，政府急需在港覓地發展。根據《葵青：舊貌新顏．傳承與突破》一書載：「政府在 1966 年成立貨箱委員會研究貨運發展的趨勢。港島、尖沙咀及離島等也是政府考慮的地方。不過因為港島以政商發展地、尖沙咀已有舊式碼頭，難以發展。因此，經考慮後認為水深、人煙稀少的醉酒灣即現時葵涌是最合適發展貨櫃碼頭。」1963 至 1967 年醉酒灣填海工程完成後，新增土地將作為工業用地及發展成貨櫃碼頭。由於地價較九龍便宜，因此愈來愈多

葵涌貨櫃碼頭

葵涌石籬邨

工廠陸續進駐，如紡織、漂染廠、貨倉物流等，由此，葵涌是繼觀塘和荃灣，另一個以工業發展為主的地區。

葵涌可細分為上葵涌、中葵涌及下葵涌。理民府在 1980 年舉行康樂活動並將葵涌分成 6 個區域，以東、南、西、北、中葵涌及葵盛，因此現在不少港人慣以東葵涌、南葵涌等稱之，亦有不少建築物以此為命名。上葵涌和下葵涌主要為住宅區，工廠集中在中葵涌。為了穩定勞動力的供應，政府分階段在上下葵涌興建公屋，後來也有建居者有期屋亦有地產商在此建私營樓宇，下表列出部分的屋苑例子。

表 5.1：部分屋苑例子

公營房屋		居者有其屋		私營樓宇		
入伙日期	樓宇名稱	入伙日期	樓宇名稱	入伙日期	樓宇名稱	發展商
1961 年	大窩口邨	1981 年	清麗苑	1981 年	葵星中心	新鴻基地產
1964 年	葵涌邨	1999 年	怡峰苑	1984 年	寶星中心	新鴻基地產
1972-73 年	葵盛東及西邨	2001 年	寧峰苑	2007 年	雍雅軒	長實集團

香港工業式微後，葵涌區也漸漸發生變化，商業大廈陸續進駐、亦有大廈改建成商廈。位於葵興地鐵站旁的九龍貿易中心（Life@KCC）是其中一個例子。九龍貿易中心前身是九龍巴士的車廠，主要用作維修巴士之或者文職後勤的辦公室。後來，新鴻基地產公司收回發展，將工廠大廈改建為甲級商廈並在 2008 年開幕。現時有不少商業機構及香港都會大學——李嘉誠專業進修學院進駐。

葵青葵涌邨

3. 青衣新市鎮

未發展前的青衣原本是一個小島，居民大多是水上人，他們以捕漁為生。由於青衣位置偏遠且交通不便，此地未被列為發展的重點之一。到六十年代，在現時青衣邨及青怡花園一帶昔日是青衣舊墟，舊墟十分熱鬧，吸引很多人甚至是來自深井的人也會到此進行買賣。到了八十年代，因為葵涌區發展逐漸飽和，因此開始發展青衣一帶，青衣舊墟被清拆。

海灣及農地隨政府決定在青衣進行收地、填海、建橋等工程而逐漸收窄和消失，取而代之的是各基礎建設如 1974 年落成青衣大橋、1987 年落成青荃橋等。大橋建成後，巴士、小巴陸續提供服務，有別以往居民只能靠步行或乘坐小艇來往葵涌等地。公共屋邨亦先後在七十至九十年代先後落成入伙如 1977 年長青邨、1988 年入伙長安邨等。

隨青衣的交通樞紐趨成熟，如三號幹線（青衣及葵涌段、九號幹線（青馬大橋、馬灣高架道等）、地鐵通車等均令交通更方便，商廈及大型商場和康樂設施等落成，亦吸引不少的港人搬到此居住。現在青衣已搖身一變成為現在一個康體設施、大型購物商場齊全的大型住宅區。

青衣

青衣工業區

4. 沙田新市鎮

沙田區位於新界東部包括火炭以南、大圍以北的城門河兩岸，以沙田為主要部分，是香港最早發展為新市鎮之一。沙田的原稱是瀝源，第一條公共屋邨亦以其命名。與荃灣、葵涌及青衣一樣，沙田原本也是農地，內有 40 多條村落。沙田位於香港的中心，四通八達，這亦是挑選沙田為第一代發展的新市鎮原因之一。根據曾擔任拓展署署長及沙田拓展處處長周子京先生在接受《沙田平行時空半世紀》一書表示：「沙田距離九龍和新界不遠，在香港開埠時已又有一條鐵路，所以便選擇沙田為起步點。」當年，政府目標是將沙田打造成一個適合 80 萬人居住的新市鎮。時至今天，根據政府統計處在 2021 年《按區議會分區劃分的人口特徵統計數字》反映，沙田區已發展成一個已容納約 68.8 萬人的地區，亦是全港人口最多的行政區。

沙田瀝源邨

沙田新市鎮主要以城門河一帶為發展重心，其中，城門河旁的沙田市中心建設的目的是方便區內居民，內設有不同的文娛康樂設施包括：圖書館、劇院、酒樓、公園等。在沙田市中心旁、由私人發展商新鴻基地產在 1984 年建的新城市廣場至今也是沙田的地標之一，它連接地鐵沙田站、商場地下又是巴士總匯處，十分方便。假日時吸引區內以至其他地區的居民前來購物一番。

沿着城門河兩岸便建有不同的建築群，包括多座公私營房屋。早期的房屋主要以公營房屋為主，如 1975 年落成、是沙田第一座落成的公共屋邨 —— 瀝源邨、1977 年落成的禾輋邨、1980 年落成的沙角邨等。隨區內發展日趨完善及成熟，開始帶動私人發展商在沙田建樓如由四大地產商恆基兆業牽頭，新世界發展、新鴻基地產及長江實業聯合營辦的「百得置業」公司在八十年代建設的沙田第一城、華懋集團在1985年發展的希爾頓中心等。建築群大部分建在5條橫跨城門河的橋旁，2條供行人行走，方便出入，3條供車輛行駛。「瀝源橋」橫跨城門河中游之上，東面連表沙角邨和乙明邨、西面連接沙田公園；以香港第一支少年棒球隊「沙燕隊」命名的「沙燕橋」連接沙田市中心及沙田圍；「錦龍橋」設有4線雙程車道供車輛行駛，另一旁是連接另一條行車橋——「翠榕橋」；最後一條是位於香港文化博物館一帶並連接獅子山隧道公路的「獅子橋」。隨區內的交通網絡亦不斷擴展，鐵路及隧道等的建成和發展，也更進一步使沙田成發展更趨完善。

5. 馬鞍山新市鎮

1979年馬鞍山作為沙田新市鎮的延伸發展，昔日的田園鄉村便演變為現在以住宅為主的新市鎮。由於馬鞍山位處於沿海岸一帶，不少的村民以捕魚為主。不少村民從事採礦及捕魚的工作。當時馬鞍山是一個較為落後及荒蕪的地區，由於欠缺足夠的基建設施，六通不便導致馬鞍山並未成為第一代新市鎮的首選。

及至1980年，政府開始預留土地給馬鞍山發展工業及住宅根據1980年《沙田新市鎮發展計劃》，預留62公頃用作興建房屋、11公頃用作工業用途，同時也會建設不同的社區設施和基建如街市、學校、消防局等。在公共房屋上，1987年入伙的恆安邨，是馬鞍山首批屋邨。1988年入伙耀安邨。在發展期間，村民曾遇到不愉快的經歷，如村民缺乏了解拆遷的資訊、不滿政府通知時間短及安排混亂，亦有些村民搬遷後不適應新的環境等情況。《鞍山歲月：小城今昔》一書記載：「其中一個家庭在搬到沙田美林村後，因某家庭成員因不習慣時常有嘈吵的車聲而睡得不好，需要看精神科醫生及後來需要向房委會更換另一個向公園的單位；又有因為（港英）政府無法以優惠價預留

城門河旁公共屋邨建築群

屋邨商店給受影響的商戶。」政府原預留土地作工業，反映最初政府也曾打算將馬鞍山發展為工業城市。不過，隨着內地改革開放，香港的租金和人工日增，令香港廠家陸續搬往內地，馬鞍山逐漸變為純住宅區。

交通便利是吸引發展商在馬鞍山建樓原因之一。昔日馬鞍山自成一隅，交通不便。經發展後的馬鞍山，在大埔公路、大老山隧道、獅子山隧道和城門隧道連接沙田、九龍和新界；西沙路連接西貢；馬鞍山繞道連接馬鞍山及西貢半島，車輛可以避過繁忙的馬鞍山市中心地段，直通沙田及西貢等。另外，鐵路也是另一個帶動馬鞍山發展，馬鞍山線在 2004 年通車，居民可經大圍轉車到來往馬鞍山；在 2021 年通車的屯門至馬鞍山線；2022 年通車的沙田至中環線，乘客可經大圍站轉車過港島，為居民帶來便利。時至今日，已有愈來愈多公私營房屋建在馬鞍山內。

表 5.2：馬鞍山公私營房屋

公營房屋		居者有其屋		私營樓宇		
入伙日期	樓宇名稱	入伙日期	樓宇名稱	入伙日期	樓宇名稱	發展商
1987 年	恆安邨	1987 年	錦鞍苑	1993 年	新港城	恒基兆業地產
1988 年	耀安邨	1987 年	富安花園	1994 年	雅典居	新鴻基地產
1993 年	利安邨	1991 年	錦英苑	1996 年	海濤居	恒基兆業地產
1996 年	頌安邨	1992 年	福安花園	1998 年	海典居	信和置業

馬鞍山屋苑

屯門大興邨

6. 屯門新市鎮

政府在 1970 年宣布將發展屯門為新市鎮，目標在區內提供公私營房屋、創造就業機會、社區設施等。屯門新市鎮分為「市中心」及「工業區」，屯門市中心容納房屋、商業及其他社區娛樂設施，有如屯門的核心。另外，當年也預留屯門河西岸及青山灣北面的土地為工業用地，以發展工業，為區內提供就業機會。

屯門工廠區

屯門與九龍市區的距離達 32 公里，在開發初期，只有一條屯門公路連接市區，路程遙遠，很多市區居民不太願意遷入當區。第一條屋邨是新發邨，建於 1971 年，後在 2000 年因興建西鐵線（即今屯馬綫）屯門站，後拆毀該邨，之後興建的屋邨有安定邨、友愛邨、三聖邨、湖景邨、山景邨、田景邨、蝴蝶邨、建生邨等。這樣便難以達到當初開發新市鎮的目的。有見及此，房委會推出新政策，若有居民願意搬到新市鎮的地區將可獲較快「上樓」。不過由於區內就業機會不足，不少當區居民直至今天也需要跨區上班，居民普遍叫苦連天。一旦遇上交通意外，往來屯門至市區的車程可高達 2-3 小時。雖然配合新增公路及鐵路發展，不過屯門塞車問題仍困擾至今。有居民為了能更快得知屯門的交通最新情況，在網上社交平台建設「屯門公路塞車關注組」，大家互相更新資訊。區內持續發展，不過交通配套不完善成為其中一

大埔大元邨

個弊處，直到現在跨區上班的屯門人每日有如「大長征」，政府需要檢討及審視有關的情況。

7. 大埔新市鎮

政府在六十年代已開始就大埔發展作出研究，屬於前工務區的城市設計處已準備圖則。區內設有完善的社區服務、康樂設施、保護郊外自然環境，達到均衡發展是基本的目標。最終在十年建屋計劃下，大埔繼沙田、屯門及荃灣發展為新市鎮，與其他新市鎮一樣，政府先在區內建公共房屋，第一個建成及入伙的便是大元邨。後來各公共屋邨如富善邨、廣福邨、太和邨、富蝶邨亦相繼落成入伙。政府在距離大埔新市鎮 1.5 公里預留土地建設一個工業邨，不少工廠設於此地，方便居民區內就業。大埔區內有完善的交通網絡、社區和房屋等設施，根據政府統計處 2021 的數據反映，大埔區已有聚居了約 30.8 萬人。

8. 粉嶺 / 上水及元朗新市鎮

位於新界最北面的粉嶺及上水，以深圳為鄰，兩個地區均設有「墟市」，分別是粉嶺聯和墟和上水石湖墟。石湖墟歷史悠久，不少鄰近地區如粉嶺、沙頭角、打鼓嶺的村民也會到石湖墟購物，它亦逐漸演變為當區的市中心，時至今日，石湖墟仍是上水的中心點。另一個墟便是粉嶺聯和墟，與上水石湖墟可說是競爭對手。

粉嶺和上水被列為第二代的新市鎮。這個新市鎮特別之處經政府進行研究後決定將兩個地區合併並共同發展。上水首個公共屋邨是 1981 年落成的彩園邨，及後也有各類的公營、居屋及私營樓房建成如天平邨、太平邨、安盛苑及奕翠園等。交通方面除了需要建設連接九龍及其他新界地區的公路外，因這兩個地方鄰近深圳，也會建設連接內地的鐵路。

在創造就業機會方面，安樂村被政府重建為工業區，村內的主要街道以安、居、樂、業、命名，如安全街、居達街、業和街、樂鳴街等。隨香港工業北移，大多工廠也改為貨倉用途。此外，上水亦建有商業大廈，提供就業機會給區內居民。

元朗與粉嶺和上水一樣，昔日也有一個舊式墟市——元朗墟（現稱為元朗舊墟），位於西邊圍及南邊圍，在清朝時建立。元朗在 1978 年被劃為新市鎮，其後，政府先後興建朗屏邨及水邊圍邨。根據規劃署《規劃宜居新市鎮元朗》載：「元朗新市鎮發展初期以軸線發展模式，即由青山公路圍繞元朗舊墟和元朗新墟進行樞紐發展，在青山公路旁建有不同的住宅及商業大廈。同時也有劃分兩個工業區 —— 元朗工業區及東頭工業區，以提供就業機會。」在交通方面，政府需要建設不同的公路、鐵路連接市區，區內也設有輕鐵，方便居民在進出。

上水清河邨

交通小知識：鐵市鎮的由來

原來最初新界有機會出現電車，而非現時的輕鐵。輕鐵全名為輕便鐵路。早在七十年代，政府在規劃屯門新市鎮時，由於屯門面積廣闊，政府有意建立一個新的集體運輸網。當年香港電車公司有意在新界建立與電車，不過電車公司在八十年代初宣布退出。所以，政府便請當年九廣鐵路公司參與計劃，最終研究得出現時的輕鐵。有別於地下鐵，輕鐵採用開放式收費車站，沒有設置閘機，乘客先上車，後付款。第一期的輕鐵在 1988 年啟用，後來再不斷擴展，包括連接元朗、天水圍等。港島有電車、新界的屯門、元朗及天水圍則有輕鐵，形成獨樹一格的局面。

第三代新市鎮 —— 都會計劃

城市發展也需要與時並進，配合社會變遷，因此政府每隔約十年便會進行一次大型的檢討過去的城市規劃同時也制定新的方向，為未來的規劃提供藍圖。踏入七十年代末至八十年代，香港經濟轉型、華南地區如珠江三角洲開始發展，政府研究如何在有利的環境下更完善城市規劃，因此規劃署在 1996 年展開《全港發展策略檢討》檢討並在同年 7 月進行為期 6 個月的公眾諮詢。政府亦有吸取五十年代發展的衛星城市及七十年代發展第一代新市鎮的不足之處而列出一些注意事項，包括：採用更具「前瞻性」及廣闊的視野如以「最高」水平的人口增展及發展方案、加強市區重建等作為規劃方法、加快土地、房屋供應及基礎設施、提倡將商業活動、其他工作機會分散到其他交通方便的非都會區，改善居住和就業的不平均，空氣污染等及盡量減低負面的壓力和保護天然資源等。政府在制定發展策略時也劃分四個階段，每個階段也有不同的目的（見表 5.3）。

表 5.3:《全港發展策略檢討》四個階段

階段	時期	目標
第一階段：短期規劃	至 2001 年	盡快落實特別是房屋方面的工程
第二階段：中期規劃	2001 年至 2006 年	加快已規劃土地發展上的基建工程
第三階段：長遠規劃	2006 年至 2011 年	盡快完成新策略性增長地區的發展研究和提供其發展次序大綱
第三階段延伸	2011 年後	就長遠的區域發展情況，所找出新的策略性發展概念，以供不斷進行檢討全港發展策略時

資料來源：《全港發展策略檢討最後摘要報告》

表 5.4: 根據《全港發展策略檢討》四個階段框架作出相應的措施

	目標
房屋發展	每年公私營房屋供應將提高至達 8 萬 5 千個單位，其中公營機構提供 5 萬個；私營機構則提供 3 萬 5 千個。政府將透過預留用地、原地重建或再用現有土地等不同方式以應付預計需求。另外，長遠發展上，政府也要研究新界西北部、新界東北部、港島南部和南丫島的發展潛質。
增加就業機會	香港的租金、人工偏高，以致生產成本上升。隨內地改革開放，在原材料、土地、勞動力供應教為充足下，不少在港的廠家紛紛搬遷到內地。香港面對經濟轉型，政府為了尋求經濟活動多元化的機會，鼓勵發展第三級服務行業及推動高科技和生產高增值產品的新企業，以維持作為商業、服務和金融區域和國際中心的地位。
加強運輸系統	一方面需要增建高速公路和跨區公路如東區走廊連接道路、將軍澳至東南九龍的新連接路、連繫青洲和北大嶼山的公路等，希望將新界當的公路連接都會區。另一方面，鐵路公司也繼續建設不同的鐵路支線包括：將軍澳支線、馬鞍山至大圍鐵路網絡、東九龍線等，以更完善和加強運輸網絡。
環境保護	在發展的同時也需要減少污染，同時保持環境保育以維持生態環境，如郊野公園和海岸公園。

資料來源：《全港發展策略檢討最後摘要報告》

長遠而言，政府需要保護前瞻性及遠瞻性並且在平衡社會、經濟和環境需發展的情況下展開持續發展研究。第三代新市鎮包括：將軍澳、天水圍及東涌。

9. 將軍澳新市鎮

位於香港新界西貢區東南部的將軍澳，三面環山，東面是清水灣半島、西面是東九龍、南面是將軍澳灣、北面連接井欄樹。將軍澳新市鎮分為三個階段，涵蓋寶林、坑口、調景嶺、翠林等，目標希望將將軍澳發展成一個自給自足的社區。第一期的計劃在 1983 年獲批。這個階段先主力發展翠林、坑口及寶林住宅區和擴大交通網絡，如在 1986 年決興建將軍澳隧道以連接九龍東；第二階段發展計劃在 1987 年展開，主力發展將軍澳工業區和深水海旁工業（現時將軍澳工業區更

將軍澳寶林邨

名為將軍澳創新園，主要發展重工業或通訊科技等行業）；在 1988 年推行的第三期發展目標是增加區內的人口，愈來愈多的公共屋邨落成及入伙包括：寶林邨、景林邨、翠林邨、厚德邨、尚德邨、健明邨等。除英明苑及欣明苑等外，也有不少私人發展商興建樓宇如慧安園及東港城等，隨區內交通發展趨完善，如巴士、小巴覆蓋地區漸廣、將軍澳線在 2002 年通車等。不少居民近年都想搬入郊區，認為空氣較新清，居住環境比市區住。再者，當區內配套齊備，更吸引愈來愈多的居民搬入將軍澳。

10. 天水圍新市鎮

天水圍新市鎮位於新界西北面，位處於屯門及元朗之間，原是元朗的其中一條圍村，並擁有一大片魚塘。為應付香港對房屋需求，政

天耀邨休憩設施

天水圍天瑞邨

府開始劃分土地用作興建社區休憩及房屋。1992 年落成的天耀邨是該區首個建成的公共屋邨。隨後數年亦有多座屋邨相繼落成入伙如天瑞邨、天悅邨、天恩邨等。

天水圍新市鎮以住宅為主的地區。區內配套如購物商場、休憩設施、社區設施及交通配套漸趨完善。時至今天，區內已落成 10 個公共屋邨、6 個居屋如天富苑、天盛苑及天麗苑等，另有私人發展商在區內發展大型私人屋苑如嘉湖山莊及 Wetland Season Bay。

天水圍天晴邨休憩設施

11. 東涌新市鎮

位於香港新界大嶼山北部的東涌，配合政府在 1989 年定下「港口及機場發展策略」，興建新機場，成為第三代新市鎮之一。東涌被列入發展為新市鎮後，政府率先建立一個市中心用作住宅及商業用途、興建社區設施。配合新機場發展，首要做的便是完善機場連接新市鎮、市區及新界等道路。另外，房委會亦陸續興建公共房屋如 1997 年落成富東邨、裕東苑、逸東邨、滿東邨等，後來亦陸續有私人發展商在此建樓宇。由於東涌新市鎮鄰近機場，不少的機組人員均喜歡在東涌合租房屋，方便上班。除了住宅區外，東涌定位為零售及旅遊區，如東薈城、昂坪 360、香港迪士尼樂園度假區及亞洲國際博覽館等。再者，東涌及鄰近地區亦有不少行山路線和郊遊熱點包括東澳古道、心經簡林、大澳，吸引不少遊客及居民到此遊覽。

東涌現有基礎設施已於大致在 2003 年基本完成，不過政府計劃繼續擴展東涌新市鎮，如規劃署和土木工程拓展署在 2012 年進行「東涌餘下發展計劃的規劃及工程研究 —— 可行性研究」，計劃希望預留土地作住宅、旅遊。政府預計東涌擴展完成後，總人口將增至 26 萬 9 千 5 百人、建造的策略性交通設施，舒緩新界西北交通壓力、將東涌打造為一個休閒娛樂好去處、可持續發展和保育的宜居城市。願景總是美好的，能否最終達成、如何達成也十分重要根據計劃，總情況均希望政府能妥善處理，否則可能又會延伸其他問題。

總結

香港公共屋邨在新市鎮發展中扮演着重要角色，為市民當時提供平價優質的房屋，紓緩人口增長對房屋需求，有助穩定民心，為經濟注入動力，促進整體社會和經濟發展。

東涌古城

共設有 25 座的東涌大型公共屋邨——逸東邨

然而，劍有兩刃，城市發展如是。新市鎮發展一方面帶動社區革新、但另一方面也影響其他持分者如一些傳統建築物及文化因而消失。香港經歷眾多城市規劃，由衛星城市試行、第一至第三代新市鎮的發展，盼政府可汲取每次的經驗，取長補短，在未來的發展中，確保能平衡社會、經濟、環保的均衡與持續發展。

東涌炮台遙望屋邨

第六章

回歸以來的房屋政策轉變

九七回歸後，香港房屋供應漸趨穩定，但政府仍然視房屋問題為施政重心之一，因應經濟和人口變化，房屋政策作出調整，發展公營房屋、居屋甚至過渡性房屋，以解決市民住屋需求。

本章主要涉及1997年香港回歸後，政府對於房屋政策的構思、推行以及對房屋供應的影響。本章將分四部分講述政府房屋政策的發展歷程，以及公營租住房屋、居者有其屋和過渡性房屋項目政策。

一、房屋供應的整體政策

房屋問題是香港社會長期面對的主要問題，回歸至今多屆政府亦曾推出一系列政策嘗試以不同形式協助改善居民住屋情況，直至今天，有關問題仍未見徹底解決。本部分將按時序講述有關政策。

1. 首屆特區政府着力解決房屋問題（1997年7月-2002年）

香港回歸後第一屆特區政府已十分重視住屋問題，時任行政長官董建華於中華人民共和國香港特別行政區成立慶典大會上致辭時便已提及要解決房屋供不應求的問題。董建華認為港人均期望可安居樂業，住屋問題與港人歸屬感、社會穩定以至對保持香港的經濟活力亦十分重要。董建華表示：「香港有足夠的土地應付香港對房屋的需求，只要我們拿出堅定的決心，必定可以徹底解決香港的房屋問題。我們將擬訂十年房屋發展計劃，包括加速移山填海，開發土地；大規模發展集體運輸系統與基建設施；全面檢討與房屋發展有關部門的組織架構和工作程序，提高工作效率。我們將大量興建居屋，積極落實出售公屋的計劃並照顧夾心階層的需要；我們以每年不少於 8 萬 5 千個單位，為增加整體房屋供應目標，使到 10 年之內，全港百分之七十的家庭可以擁有自置居所。我們也要加速舊區重建，清拆所有臨屋和平房區，安置籠屋居民；致力把輪候公屋的時間縮短至平均 3 年。」其後董建華在其任內首份《施政報告》中亦重提有關言論，並表明將為香港房屋政策訂立 3 大目標，包括「每年興建的公營和私營房屋單位不少於 8 萬 5 千個；在 10 年內，全港七成的家庭可以自置居所；以及把輪候租住公屋的平均時間縮短至 3 年。」

為實現有關目標，董建華於 1997 年《施政報告》中提出在 1999 年 3 月前提供約 120 公頃土地予私人市場興建私人住屋、政府並將提供約 285 公頃土地以興建公共房屋，期望藉以推動 1998 年興建 7 萬、1999 年及以後每年興建 8.5 萬個單位；為增加土地供應效率，房屋用地供應督導委員會訂定措施改善簡化政府在住宅樓宇方面的規劃、土地和建

柴灣翠灣邨

造審批程序；委員會並檢討興建房屋的架構和程序已改善效率，期望幫助房屋委員會以及房屋協會建屋時間分別由 62 個月以及 52 個月縮短至 47 及 46 個月。《施政報告》並提及要改善公屋輪候時間，由 1997 年的平均 6 年半縮短至不超過 5 年、2003 年時縮短至 4 年並於 2005 年起縮短至不多於 3 年。

表 6.1.1：第一屆特區政府的房屋政策工作指標

1. 定期及準確評估房屋需求
2. 供應足夠建屋土地、配套的基礎設施以及縮短建屋程序、舒緩建造業人力資源的限制
3. 制定長遠的建屋計劃，設立有效的機制來監察建屋進度和解決有關問題
4. 創造合適的環境，使私營機構可以在滿足房屋需求方面，發揮最大的作用；同時也監察私人物業市場的情況，於有需要時採取措施遏止物業炒賣活動；
5. 推行資助房屋計劃，協助指定入息範圍內的港人自置居所
6. 為無法負擔其他類別房屋的港人，提供租金合理的公屋
7. 採取措施，照顧特別類別人士的住屋需求。

注 1：___部分未見於 2000 至 02 年
注 2：___2000 至 01 年變更為監察房屋用地和相關基礎設施的供應
資料來源：1997-2000 年《香港年報》

（1）香港長遠房屋策略白皮書

為配合政府對於發展房屋改善居民住屋問題的目標，政府 1998 年 2 月發佈《香港長遠房屋策略白皮書》，制定了政府有關未來房屋政策發展的藍圖。《白皮書》評估香港社會對房屋的需求量（見表 6.1.2）以及建屋需求量，預計 1997 年 4 月至 2007 年 3 月這 10 年間的總房屋需求為 80 萬個新建單位（包括 45.7 萬個公營房屋單位、34.3 萬個私營房屋單位），即預期需平均每年新建 8 萬個單位。政府借有關估算訂立建屋目標，期望在 1999-2000 年度開始每年提供 8.5 萬個新建單位（包括：5 萬個公營房屋單位、3.5 萬個私營房屋單位）以滿足社會需求。

表 6.1.2：房屋需求的推算方式

步驟	內容
第一步：評估整體房屋需求	現有家庭以及新增家庭對於居所的合理需要（新增需要包括：結婚、離婚、由中國內地新來港定居人士等新增需求，以及因重建公屋、清拆臨時房屋和寮屋產生的衍生房屋需要。）
第二步：計算實際房屋需求量	透過將整體房屋需求量乘以「住戶房屋需求衍生率系數」得出實際的房屋需求量（現有家庭及新增家庭中預計會物色獨立居所的住戶數目）
第三步：推算及劃分各家庭對公營或私營房屋的需求量	透過住戶的入息及住屋意願，並將各種類型房屋的需求量乘以「入住公營／私營房屋比率」，從而劃分兩者的實際需求量。
第四步：轉化公營房屋和私營房屋的需求量為建屋需求量	公營房屋：假設建屋需求量與房屋需求量相同 私營房屋：推算房屋需求量，並預計空置、用作第二居所和供外地勞工居住的單位數。

資料來源：1998 年《香港長遠房屋策略白皮書》

a. 土地供應

《白皮書》指出，政府已就 1998 年至 2001 年 3 月期間公私營房屋需求物色／撥出足夠的土地作興建之用，包括在當時城市規劃預留房屋用地以及現有可用作重建公、私營房屋的土地（共可提供約 29 萬個單位，平均每年 5.8 萬個單位）以及透過：「開闢新策略性發展區（如：啟德 —— 九龍灣、將軍澳、西九龍以及東涌 —— 大蠔）；在基建容量許可及符合環保要求下重新規劃現有和已規劃的工業用地、農地和其他合適的土地作建屋用；改善有關的基礎設施和靈活應用規劃指引，增加房屋委員會屋的發展密度；物色其他合適的地區；重建房委會一些合適的舊型分層工廠大廈。」等方式增加可供興建 19 萬個單位（包年平均 3.8 萬個單位）的土地，以應付每年興建 8.5 萬個單位的目標。另一方面，《白皮書》亦指出政府已針對 2001 年 4 月至 2006 年 3 月間的建屋目標，物色足以興建較該時段目標建屋量高出 13% 的土地。

b. 簡化房屋發展程序

房屋發展由計劃興建房屋到單位落成，期間需經歷不同程序，包括：規劃大綱研究；工程可行性研究；規劃、批地、環保、建屋等審批程序等，這些程序的長短影響興建房屋所需的時間，《白皮書》指出當時香港的房屋發展程序較繁鎖，故為提高建屋效率需簡化有關程序。

表 6.1.3:《白皮書》提出簡化的房屋發展程序

簡化的程序	內容
規劃、批地與環保的審批程序	● 規劃署：將於 6 個星期內回覆已獲城市規劃委員會批准的計劃書 ● 地政總署：下放核准次要批地條件的權力至地區層面；簡化核准公契的程序；外判核准工作予承辦；避免需重覆提交總發展圖則 ● 環保署：發出協助認可人士遵守減低交通噪音規定的實務守則
建築圖則	● 建築事務監督須在收到建屋申請書的 6 個星期內，決定基本上可否接納有關申請並通知有關人士 ● 建築事務監督在收到申請人提交所需的修訂圖則後的同一時間發出修訂圖則批准書和同意書，借以節省一個月的時間 ● 需盡快通知申請人是否接納有關的地基工程圖則，如有關圖則不獲接納，則須列明理由 ● 容許同時進行下層結構的地基和挖掘工程
房屋委員會的房屋發展程序	● 提早展開工程的可行性研究工作（與拓展署各項相關的研究工作同步進行） ● 可行情況下合併或取消房委會轄下小組委員會的內部會議和與外間機構舉行的會議 ● 合併打樁合約和建築合約
房屋協會的房屋發展程序	● 簡化批地的籌備工作 ● 簡化房屋委員會房屋發展程序的三項方法

資料來源：1998 年《香港長遠房屋策略白皮書》

c. 長遠建屋計劃

《白皮書》針對每年興建 8.5 萬個單位的目標達立了一項 13 年長遠建屋計劃目標（表 6.1.4），並就實現有關目標提出一系列的相關措施，包括建屋監察清單與問責機制，前者為由政府製備、涉及 1997 年 4 月至 2005 年 3 月期間預計興建約 78 萬公私營單位的每年房屋用地資料以及不同類型房屋預計建屋量的房屋發展計劃目錄；問責機制則由拓展署、房屋署以及地政總署分別負責於不同地方興建的公私營房屋的建屋計劃（見表 6.1.4）。

表 6.1.4：13 年長遠建屋計劃時序

時間	目標
首 3 年	開始進行建屋工程
4-8 年	備妥作房屋發展用途的土地供批地或賣地
9-13 年	物色可供房屋發展的新地以確保能達到每年建屋目標

資料來源：1998 年《香港長遠房屋策略白皮書》

表 6.1.5：政府部門的監督工作

	公營房屋（新市鎮、策略性發展區和主要發展地區）	公營房屋（其他地區）	私營房屋（新市鎮、策略性發展區和主要發展地區）	私營房屋（其他地區）
平整地盤	拓展署	房屋署	拓展署	地政總署
完成建屋	房屋署	房屋署	地政總署	地政總署

資料來源：1998 年《香港長遠房屋策略白皮書》

d. 私人機構

政府亦於《白皮書》中列明私人發展商參與房屋發展的重要性，如房屋計劃目標中平均每年 3.5 萬個私營房屋單位。《白皮書》指出，為促使私人發展商為社會整體利益有更多的承擔與貢獻，政府推出一系列措施推動私人發展商的參與包括在市區重建工作中為私人發展商提供協助、確保私人物業市場的競爭公平性，以及推動私人發展商參與公營房屋計劃等。在私人發展商參與公營房屋計劃上，政府透過推動「混合發展」以鼓勵私人發展商參與。混合發展計劃由 1998 年年初起推行，由政府透過招標出售住宅用地，而中標發展商需興建指定數量的單位作為資助自置居所單位，並交由政府以指定價格出售。

大埔運頭塘邨

e. 市區重建

《白皮書》指出，重建工作對於應付社會房屋需求而言有一定的重要性，且受成本等因素影響，無法透過依賴私人發展商的形式進行具規模的市區重建工作，故政府一方面土地發展公司與房協合作進行市區重建計劃，並計劃於 1999 年成立市區重建局以取代土地發展公司進行更大規模、更全面的市區重建工作。市區重建局最終於 2001 年 5 月根據《市區重建局條例》成立，為一個採取「以人為先，地區為本，與民共議」方針進行市區重建工作的法定機構，主要負責重建發展及樓宇復修等工作。

表 6.1.6：市建局對房屋需求的工作成效（2001 年 5 月至 2022 年 6 月）

工作項目	成效
推行項目	75 個
重建發展項目的新建住宅單位	約 3 萬個
受惠於市建局樓宇復修計劃，以及五個政府資助計劃的住宅單位	58.8 萬個
提供「首置」單位	493 個

資料來源：市區重建局

將軍澳彩明苑

f. 鼓勵市民自置居所

為改善香港社會置業情況，提高居民自置居所的比率，政府在維持當時已有的資助自置居所計劃（包括：居者有其屋計劃、私人機構參建居屋計劃及住宅發售計劃、自置居所貸款計劃、夾心階層住屋計劃以及居屋第二市場計劃）下，推行了租者置其屋計劃、首次置業貸款計劃，期望有助改善居民住屋需要。

- **租者置其屋計劃**

政府於 1997 年通過推行租者置其屋計劃的決定，由房屋委員會以公屋家庭能負擔的價格向租戶出售他們正租住的單位，並期望在 1997 至 2007 年的 10 年間可合共售出最少 25 萬戶公屋單位予租戶。唯由於 2002 年政府檢討房屋政策後改變方針，有關計劃亦因而終止，不過已推行計劃屋邨的合資格住戶仍可繼續參與計劃。有關計劃合共推出 6 期（見表 6.1.7），合共提供約 18.4 萬個單位供合資格居民購買。

屯門建生邨

表 6.1.7：租者置其屋計劃涉及屋邨

計劃期數	屋邨名稱（地區）	涉及單位數目（個）
第一期	華貴邨＊（香港仔）、鳳德邨（黃大仙）、恒安邨（馬鞍山）、長安邨（青衣）、運頭塘邨（大埔）、建生邨（屯門）	27,080
第二期	耀安邨（馬鞍山）、華明邨（粉嶺）、翠灣邨（柴灣）、田景邨（屯門）、竹園北邨（黃大仙）、德田邨＊（藍田）	27,463
第三期	彩霞邨（觀塘）、顯徑邨（沙田）、峰華邨（柴灣）、太和邨（大埔）、富亨邨（大埔）、天平邨（上水）	27,565
第四期	廣源邨（沙田）、景林邨（將軍澳）、黃大仙下邨(I)（黃大仙）、興田邨（藍田）、良景邨（屯門）、青衣邨（青衣）	26,593
第五期	葵興邨（葵涌）、太平邨（粉嶺）、李鄭屋邨（深水埗）、東頭(II)邨（九龍中）、翠屏（北）邨＊（觀塘）、博康邨（沙田）	25,996
第六期（甲）	祥華邨（粉嶺）、利東邨（鴨脷洲）、山景邨（屯門）、寶林邨＊（將軍澳）	26,011
第六期（乙）	長發邨（青衣）、富善邨（大埔）、朗屏邨（元朗）、南昌邨（深水埗）、翠林邨（將軍澳）	23,328

＊非出售所有單位，如小單位大廈、長者住屋等

資料來源：房屋署

青衣長安邨

此外，房屋委員會亦於 1999 年 7 月推出可租可買計劃，涉及的租戶可在獲配公屋後選擇購買有關單位，唯有關計劃亦於 2003 年政府檢討房屋政策後宣告終止，有別於租者置期屋計劃，可租可買計劃涉及單位在計劃終結後不再出售。

首次置業貸款

除去公營房屋以外，政府亦有為居民提供置業貸款資助。政府 1998 年 4 月推行由房屋協會負責的首次置業貸款計劃，為合資格的首次置業家庭或個人（1999 年新增）提供低息貸款，有關計劃於 2002 年被新推行的置業資助貸款計劃取代。截止 2001 年 12 月，合共批出約 2.6 萬宗（單身人士佔約 5,400 宗）。

表 6.1.8：首次置業貸款資格（截止 2002 年 2 月）

相關內容	個人申請人	家庭申請人
月入限額	2 萬	5 萬
資產限額	35 萬	100 萬
擁有物業限制	過去十年未曾在香港擁有住宅	過去十年未曾在香港擁有住宅

（續上表）

相關內容	個人申請人	家庭申請人
貸款額	30 萬 / 樓價三成 #	60 萬 / 樓價三成 #
貸款利息	2% 利息	月入不超過 2.5 萬港元：2% 利息 月入高於 2.5 萬港元：3.5% 利息
還款年期	分 10 年攤還，由發出貸款後第 4 年開始還款	分 10 年攤還，由發出貸款後第 4 年開始還款

以較少者為準

資料來源：立法會文件

香港仔華貴邨

● 夾心階層

夾心階層是指入息高於低入息家庭標準、不符合資格申請有關房屋計劃，但經濟能力未能負擔私人樓宇單位的家庭。《白皮書》指出這些家庭無法自置居所的主因為未有能力支付私人樓宇的首期，故政府推行夾心階層住屋計劃為每月入息 3 萬港元以上、6 萬港元以下的私人樓宇租戶提供一項主體及一項貸款計劃，前者為由政府計劃 2005 年年底前透過以優惠條件批地予房協興建 5 萬個夾心階層住屋單位供合資格人士購買，有關樓宇單位設有 5 年樓宇轉售限制；後者則為夾心階層家庭提供貸款以購買私人樓宇單位。然而，受物業市場價格以及政府檢討政策等因素影響，兩項計項均已暫停推行。其中主體計劃於 1998 年 10 月起暫停推行，有 3 個「夾心階層住屋計劃」的屋苑，包括：堅尼地城加惠臺、馬鞍山曉峰灣畔及將軍澳怡心園，改作私人樓宇以市值價格出售；最終共有 10 個「夾心階層住屋計劃」項目推出（見表 6.1.9），合共提供 8,920 個單位。而貸款計劃則於 1999 年 4 月起取消，計劃期間共批出 5,701 宗貸款申請，涉及金額約 27 億港元。

表 6.1.9：夾心階層住屋計劃屋苑

項目屋苑	興建地區	落成年份
宏福花園	青衣	1995
疊翠軒	將軍澳	1998
晴碧花園	沙田	1998
旭輝臺	將軍澳	1998
雅景臺	馬鞍山	1998
悅海華庭	鴨脷洲	1998
浩景臺	葵涌	1998
芊紅居	葵芳	1998
欣圖軒	何文田	1998
悅庭軒	鑽石山	1999

資料來源：香港房屋協會

鴨脷洲悅海華庭

2. 香港 2030 規劃遠景與策略

長遠規劃對於包括房屋政策在內的社會發展而言十分重要，政府回歸以前於 1984 年始擬定的《全港發展策略》為香港土地開拓、發展以及規劃的主要報告。《全港發展策略》已於 1996 年年底完成檢討修訂。社會發展與國際形勢瞬息萬變，為規劃日後香港發展，政府在 2000 年 11 月展開《香港 2030：規劃遠景與策略》研究，透過四階段研究工作（包括：一、擬訂工作程序並檢討基線情況；二、探討主要規劃課題與設定評審大綱；三、制定假設情況和方案；四、草擬發展策略與應變計劃），並分別於 2001-2003 年期間分 3 階段的進行公眾諮詢活動，最終於 2007 年 10 月發表《香港 2030：規劃遠景與策略最後報告》，為回歸後第一份發展規劃研究。

《最後報告》中提出落實新發展區的規劃建議，新發展區將作為小型新市鎮發展，提供包括住屋用途在內的土地供應作發展之用。新發展區建議地點包括：古洞北、粉嶺北、坪輋和打鼓嶺以及洪水橋新發展區，並由第三屆政府於 2007/08 年度起恢復有關規劃及工程研究。

小結

首屆政府上任之初期望落力解決香港房屋問題，從公私營房屋、市區重建、土地規劃、資助居民置業等各種不同途徑期望加強香港的房屋供應，首屆政府對於增加房屋供應的決心從公共開支可見一斑，從圖表 6.1.10 可見，政府首個年度（1997-1998 年度）用於公共房屋的開支為 246.51 億港元，佔該年度公共開支總額的約 10.5%，兩者均與 1996-1997 年度的 242.5 億港元及約 11.5% 相若。及後政府在 1998/99、1999/00、2000/01 三個年度的房屋公共開支分別為 388.5 億港元、458.72 億港元、以及 426.06 億港元，佔該年度的公共開支總額約 14.6%、約 17.0% 以及約 16%，均較 1997-1998 年度數字有明顯增長，

黃大仙鳳德邨

其中1999-2000年度政府用於房屋方面的實際開支更較政府上任的首個年度（1997-1998年度）增加約86.1%，明顯反映政府對於增加房屋需求的重視。成效方面，從表6.1.11a及11b可見，香港整體單位與興建單位數量均呈上升趨勢，2000、2001年落成單位數量均達到政府每年興建8.5萬個單位的目標，其中2001年落成的公、私營單位數量更達10萬個，較政府目標高出1.5萬個，當中逾半為公營房屋及資助出售房屋，為社會供應了不少可負擔房屋單位。政府2001年年底時成功令輪候公屋時間從上任之初的逾6年減少至3.7年，亦側面反映有關房屋政策的成效。

表6.1.10：房屋方面的公共開支

年度	實際開支（億港元）	該年度的公共開支總額（億港元）	房屋公共開支佔整體百分比（%）
1996-1997	242.50	2112.48	11.48
1997-1998	246.51	2347.80	10.50
1998-1999	388.50	2664.48	14.58
1999-2000	458.72	2694.84	17.02
2000-2001	426.06	2675.07	15.93
2001-2002	320.55	2693.59	11.90

注：數字經四捨五入

注2：統計處年報記載政府公共開支數字會按該年度預算採用的定義及政策組別分類作出調整，而此表格所採用數字採用的數字則為較早公佈、未經調整數字，故顯示數字或會與最新報告所顯示數字有出入。

資料來源：1998及1999年《香港年報》、統計處

表6.1.11：1999至2001年的興建單位量

	1999年	2000年	2001年
公共租住房屋（萬個）	3	4.25	5.1
資助自置居所（萬個）	1.8	1.74	2.3
私營房屋（萬個）	3.5	2.58	2.6
合計（萬個）	8.3	8.57	10.0

注：數字經四捨五入

表 6.1.12：1998 至 2001 年香港房屋單位

年份（年）	公營租住房屋（萬個單位）	資助自置居所（萬個單位）	私營房屋（萬個單位）
1998	72.3	26.7	106.6
1999	68.4	31.1	99.7
2000	68.3	36.4	102.6
2001	68.5	40.3	105.2

注：數字經四捨五入
資料來源：1998 至 2000《香港年報》

表 6.1.13：香港人口數字（1997 至 2001）

年份	該年年底人口數字（萬人）
1997	651.67
1998	658.34
1999	663.76
2000	671.15
2001	673.03

資料來源：政府統計處

然而，首屆政府亦因低樓價等經濟因素影響下，曾於 2001 年 9 月宣布暫停銷售所有資助自置居所單位（包括：居屋、夾心階層住屋單位等），及至 2002 年 6 月底，並指出恢復銷售報後將限制每年推售單位不高於 9,000 個至 2005/06 年度，反映當時政府並非單方面盲目加強房屋供應。然而，好景不常，受經濟因素影響，第二屆政府任期之初便以重新檢視有關房屋政策，並於 2002 年公佈一系列俗稱「孫九招」的政策，令政府的房屋政策迎來了明顯改變。

3. 特區政府改變房屋策略（2002 年 -2011 年）

第二屆政府行政長官由第一任行政長官董建華連任，房屋及規劃地政局局長則由上屆政府任職政制事務局局長的孫明揚接任。第二屆政府行政長官雖然未有出現更替，然而第二屆政府對於房屋政策的取態相比於首屆政府出現了明顯變化。

2002 年 11 月 13 日，時任房屋及規劃地政局局長孫明揚出席立法會會議時表示香港存在經濟轉型、失業率高企等現象，亦有通縮持續、內部消費疲弱、外圍因素不明朗及房屋供過於求等問題，令香港物業市場受壓，2002 年香港整體樓價出現明顯下跌至 1997 年的逾六成，亦有不少置業人士因而成為負資產；然而，房地產是香港經濟重要支柱之一、亦是港人理財的重要工具，故政府就房屋政策（包括：整體房屋、規劃和土地政策）進行了全面檢討，並諮詢不同界別人士意見，期望可令港人與投資者重拾對房地產市場的信心。

表 6.1.14：各類私人住宅單位租金指數（1999 年 =100）

年份（年）	A 類	B 類	C 類	D 類	E 類	整體
1995	114.6	119.6	128.0	128.8	127.5	120.7
1996	114.8	119.4	124.7	121.9	121.1	119.0
1997	128.1	135.7	140.9	139.3	138.7	134.5
1998	112.8	110.3	113.6	116.2	116.9	112.6
1999	100.0	100.0	100.0	100.0	100.0	100.0
2000	97.2	97.4	99.3	100.7	101.8	98.1
2001	93.0	93.9	97.4	101.9	104.5	95.4
2002	81.3	81.8	85.0	89.8	94.3	83.4
2003	72.8	72.7	72.5	77.2	81.1	73.6

資料來源：香港物業報告，差餉物業估價署

表 6.1.15：各類私人住宅單位售價指數（1999 年 =100）

年份（年）	A 類	B 類	C 類	D 類	E 類	整體
1995	109.2	106.1	106.5	104.1	103.4	107.3
1996	116.8	117.1	116.5	116.1	117.6	116.9
1997	161.4	162.7	168.8	168.5	172.9	163.1
1998	118.5	116.0	117.3	116.1	114.0	117.1
1999	100.0	100.0	100.0	100.0	100.0	100.0
2000	88.3	89.5	91.2	94.2	98.7	89.6

（續上表）

年份（年）	A 類	B 類	C 類	D 類	E 類	整體
2001	77.2	78.8	80.8	83.2	87.8	78.7
2002	68.1	70.2	71.9	76.6	81.8	69.9
2003	59.7	61.1	65.3	70.2	76.2	61.6

資料來源：香港物業報告，差餉物業估價署

表 6.1.16：各類私人住宅單位定義

單位類別	實用面積（平方米）
A 類	少於 40
B 類	40 至 69.9
C 類	70 至 99.9
D 類	100 至 159.9
E 類	160 或以上

資料來源：立法會文件

孫明揚 11 月 13 日在立法會會議上發表政府對於房屋政策的三大方向（見表 6.1.17），表示政府將在維持向有需要人士提供公屋前提下，暫停興建及出售資助公營房屋，並大幅減少香港房地產市場中政府所佔的供應比例。租住公屋方面，孫明揚表示，政府目標將致力維持公屋輪候時間處於 3 年水平；自置居所比率方面，孫明揚指出，政府自 1997 年至今已資助 26 萬個家庭成為業主，助香港自置居所比率提升 6% 至 56%（當中包括 75% 的私人自置物業比率以及 36% 的資助自置物業比率），與其他先進國家和地區相比而言並不遜色。孫明揚表示去屆政府訂立的目標（整體自置居所於 2007 年達到 70%）已毋須保留，置業與否應交由港人根據自身情況決定；資助房屋機會方面，以往政府按長遠房屋需求預測承諾每年提供 5 萬個房屋資助機會（包括：新的租住公屋、租金津貼、資助自置居所或置業貸款），他繼續表示日後政府毋須再特別訂定一個提供資助的目標數目，而是根據港人的需求調整有關供應。

上水清河邨

表 6.1.17：第二屆特區政府房屋政策的三大原則

1. 資助房屋政策應着重幫助沒有能力租住私人樓宇的低收入家庭，為他們提供租住公屋。
2. 政府主要角色應集中於供應土地及提供租住房屋資助兩方面，並應盡量退出其他房屋資助計劃，把干預市場的程度減至最低。
3. 政府必須維持一個公平和穩定的環境，讓房地產市場能夠持續健康發展。政府應根據市場需求供應土地，並提供有優良配套的基建設施。至於私人樓宇的建成量，則應由市場按需求決定。

資料來源：發展局

表 6.1.18：「孫九招」的政策內容

政策範疇	內容
土地供應	政府將停止定期拍賣土地，並暫停「勾地表」制度至 2003 年底，日後僅以勾地方式提供新土地
鐵路土地	2002 年 11 月至 2003 年底期間暫停鐵路沿線物業發展項目的土地招標
興建租住公屋	預計未來數年每年需興建約 2 萬多個租住公屋單位，唯需視乎低收入家庭的住屋需求、公屋住戶的流通量，以及租金津貼計劃是否獲得港人普遍接受等因素決定實際的建屋量；政府並將制定逐年延展的建屋計劃，每年作出調整
居者有其屋	除了出售少量剩餘及回購的單位給綠表申請者之外，2003 年起無限期停售、停建居屋；已落成和興建中的單位，則需在不與私人市場直接競爭的原則下，改作其他居住用途
資助置業貸款	房委會將繼續推行有關計劃，並按每年的實際需求調整資助名額，日後將檢討有關計劃
混合發展等計劃	全面停止推行混合發展計劃和房協的資助自置居所計劃，並向房委會建議終止私人參建計劃
租者置其屋計劃	終止租者置其屋計劃
租住權管制	全面檢討《業主與租客（綜合）條例》，盡量全面放寬私人樓宇的租住權管制，減少干預私人合約的情況
控制樓宇炒賣	取消當時僅餘兩項、由政府九十年代實行以打擊炒賣樓宇的措施，包括內部認購限制以及每名買家只限購買一個住宅單位和兩個停車位的限制

資料來源：發展局

黃大仙竹園邨

竹
園
邨

(1) 置業資助貸款計劃

置業資助貸款計劃由房屋委員會於 2002 年 12 月 16 日通過、2003 年 1 月 2 日起接受申請。置業資助貸款計劃取代了由房委會推行的自置居所貸款計劃以及房屋協會的首次置業貸款計劃。據房委會網站，獲批出貸款的家庭申請人可選擇 39 萬（分 20 年攤還）或 53 萬（分 13 年攤還）港元的免息貸款或可領取共 48 期、3,800 港元的每月按揭還款補助金，而單身人士申請者則可獲取一半款額。房委會網站表示，房屋委員會及房屋協會可透過該計劃收回租住公屋單位以重新編配。然而，有關計劃在房委會完成檢討工作後於 2004 年 7 月 14 日已宣告終止。

表 6.1.19：置業資助貸款計劃的入息限額（白表人士）

	單身人士	2 至 8 人家庭	9 人家庭	10 人或以上
每月入息限額	1.15 萬港元	2.3 萬港元	2.34 萬港元	2.5 萬港元

資料來源：政府新聞公報

表 6.1.20：置業資助貸款計劃的資產限額

	資產限額（萬港元）
單身人士	24
2 至 5 人家庭	48
6 人家庭	50
7 人家庭	54
8 人家庭	56
9 人家庭	62
10 人或以上	68

資料來源：政府新聞公報

表 6.1.21：置業資助貸款計劃的資助金額與還款方法（三選一）

	免息貸款（13 年攤還）	免息貸款（20 年攤還）	每月按揭還款補助金（48 個月）
單身人士	26.5 萬港元	19.5 萬港元	1,900 港元
家庭（兩人或以上）	53 萬港元	39 萬港元	3,800 港元
還款方式	每月等額攤還	每月等額攤還	毋須償還

資料來源：房委會

停售居屋屋苑俊宏軒已改為租住房屋

（2）暫停居屋計劃後　房委會暫停出售轄下物業

政府停建及停止出售居屋後，房屋委員會 2003 年宣布，為舒緩停售居屋所帶來的財政壓力、專注為有需要人士提供租借公屋，計劃於 2004/05 年度分拆出售房委會轄下零售及停車場設施以減低房委會的財政壓力。領匯房地產投資信託基金因此而於 2004 年 12 月成立並進行招股，唯行動引起社會爭議，有聲音質疑公共資產私有化的行徑，並有港人就領匯基金上市提司法覆核，有關案件最終經終審法院裁定房委會勝訴，指《房屋條例》規定下，房委會只需確保提供措施，毋須擁有有關措施，故可出售有關措施。最終領匯房地產投資信託基金（現更名為領展房地產投資信託基金）於 2005 年成功上市，並完全由私人和機構投資者擁有，政府並無股份。

4. 2010/11 年度施政報告房屋政策回暖

2010 年 10 月，第三屆政府發布 2010-2011 年度《施政報告》，事隔多年首次以較長篇幅談及房屋政策。時任特首曾蔭權表示，「過去數年，私人房屋的供應量相對較少；政府應因應市場需求，增加土地供應，從根本去處理問題。」包括透過勾地表制度及政府主動賣地安排確保社會不會存在住宅土地短缺、透過主動拍賣適合發展指定類型的住宅土地，以維持樓價穩定等。曾蔭權指出，過去十年一手私人住宅吸納量的平均數約為 1.85 萬個單位，故政府為確保樓市穩定發展，承諾於未來十年提供可平均每年可興建 2 萬個私人住宅單位的土地；另一方面，政府亦將確保有足夠土地供興建每年平均 1.5 萬個公屋單位。兩項工作均將由「房屋用地供應督導小組」負責處理。

政府並於《施政報告》內並提出將與房屋協會合作推出《置安心資助房屋計劃》，透過供應土地予房協興建「實而不華」的中小型單位，合資格參與計劃的居民可以訂立租約時的市值租金參與租約期最

青衣綠悠雅苑

長為5年的計劃，最後可選擇以市價／封頂價（以較低者為準）購入他們承租的單位或計劃下的其他單位；或可選擇獲取租住期間繳納的一半淨租金作購買私營單位繳付首期的資助。政府並已在青衣、鑽石山、沙田、大埔、屯門等地區預留土地，預計可供應約5,000個單位。唯有關計劃最終被腰斬，第4屆政府行政長官上任後2013年於《施政報告》上表示不會推行有關計劃，計劃內大埔、鑽石山、彩虹及馬鞍山4幅預留用地將用於發展新居屋；而建於青衣、提供988個單位的項目「綠悠雅苑」則轉為資助出售房屋項目，並以折扣價出售。

小結

第一屆政府積極介入房屋供應，推動政策興建或協助興建公私營房屋。然而，在社會環境、經濟等不同因素影響，第二屆政府於房屋政策取態上出現轉變，改變了往後數年政府對於房屋政策的態度、減少對房屋供應的參與及干預。以《施政報告》為例，橫跨第二及第三屆政府、2003年《施政報告》至2009-2010年度《施政報告》8份《施政報告》均較少談及房屋供應政策；從表6.1.22可見，政府投放於房屋方面的公共開支有明顯下降的趨勢，孫九招發布前後的2002-2003年度政府用於房屋的公共開支仍有331.19億港元，佔該年度的公共開支總額約12.7%，有關數字於往後一年已下降至252.77億港元及約9.3%，分別下降了約23.7%及3.4個百分點。其後有關開支亦持續下降，至2007/08年度的最低點143.36億港元，較2002-2003年度減少約56.7%；而佔公共開支總額的百分比亦進一步減少至約5.68%。及後3個年度雖然房屋支出有輕微回升，唯均只佔該年度的公共開支總額約5%，財政數據亦明顯反映政府對於房屋政策的取態變化。

大埔太和邨

表 6.1.22：房屋方面的公共開支

年度	實際開支（億港元）	該年度的公共開支總額（億港元）	房屋公共開支佔整體百分比（%）
2001/02	320.55	2693.59	11.90
2002/03	240.31	2635.20	9.12
2003/04	252.77	2710.98	9.32
2004/05	179.69	2571.37	6.99
2005/06	154.09	2449.82	6.29
2006/07	146.71	2417.44	6.07
2007/08	143.36	2523.95	5.68
2008/09	174.03	3309.68	5.26
2009/10	162.58	3071.92	5.29
2010/11	169.38	3205.70	5.28

注 1：數字經四捨五入

注 2：統計處年報記載政府公共開支數字會按該年度預算採用的定義及政策組別分類作出調整，而此表格所採用數字採用的數字則為較早公佈、未經調整數字，故顯示數字或會與最新報告所顯示數字有出入

資料來源：政府統計處

政府減低對房屋供應的介入，最直觀變化為建成房屋單位量。2001 年香港落成單位量約為 10 萬個，其中公營租住房屋及資助自置居所佔逾七成比率。2002 年「孫九招」公佈後，由於政府決定減少對房屋供應的干預，以及停建資助自置居所等措施影響下，房屋單位建成量出現「斷層式」下降，2003 至 11 年 9 年間僅 4 年整體落成單位量高於 3 萬；公營租住房屋以及私營房屋單位建成量亦分別於 2006 年及 2009 年下降之低為 4,400 個以及 7,200 個；公營租住房屋單位更有 2003 至 2011 年 9 年間更有 3 年的建成量不足一萬，與第一屆政府時期出現明顯差異。

時任行政長官董建華曾於《2001 年施政報告》中提及當年居住在公營或政府資助自置居所的居民已佔香港人口的一半，唯有關數字自此已未有進一步增加。根據立法會 2021 年 3 月發布〈自置居所對香港社會經濟的影響〉中反映港人自置居所比率於 2004 年上升至最高位 54.3%

後，至 2011 年均約維持在 53%，及後更呈下跌趨勢至 2019 年的 50%。樓價方面，香港 2003 年私人住宅物業估算市值為 1.7 萬億港元，相對本地生產總值的倍數為 1.4 倍，為 1997 年以來最低。其後樓市一直呈上升趨勢，至 2019 年時達到 12 萬億港元，相對本地生產總值的倍數 4.2 倍。

表 6.1.23：2001 至 2011 年建成的單位量

年份（年）	公營租住房屋（萬個單位）	資助自置居所（萬個單位）	私營房屋（萬個單位）	總計（萬個單位）
2001	5.1	2.3	2.6	10.0
2002	2.02	1.28	3.4	6.7
2003	1.16	0.45	2.64	4.25
2004	2.1	n/a	2.6	4.7
2005	2.5	n/a	1.7	4.2
2006	0.44	n/a	1.66	2.1
2007	0.74	n/a	1.05	1.79
2008	2.64	n/a	0.88	3.52
2009	1.9	n/a	0.72	2.62
2010	0.64	n/a	1.34	1.98
2011*	1.5	n/a	1.2	2.7

* 數字為 2010-2011 年度建成量

表 6.1.24：2001 至 2011 年的香港房屋單位量

年份（年）	公營租住房屋（萬個單位）	資助自置居所（萬個單位）	私營房屋（萬個單位）
2001	68.5	40.3	105.2
2002	68.45	37.54	124.58
2003	68.95	39.46	127.93
2004	70.76	38.46	130.55
2005	72.03	39.05	134.06
2006	71.57	39.78	136.03
2007	71.13	39.79	137.45
2008	73.35	39.57	138.08
2009	74.54	39.32	139.59
2010	74.68	39.1	143.12
2011	76.12	39.04	144.48

注：數字經四捨五入

資料來源：2001-2011 年《香港年報》

表 6.1.25：香港人口數字（2001 至 2011）

年份	該年年底人口（萬人）
2001	673.03
2002	672.58
2003	676.42
2004	679.77
2005	683.78
2006	690.43
2007	693.84
2008	696.39
2009	699.64
2010	705.21
2011	710.95

資料來源：政府統計處

第一屆政府原以使港人安居樂業、重視房屋市場為目標，然而第二屆政府上任後「孫九招」推行，以及第三屆的政府沿用有關政策方針，亦對本港日後房屋政策及房屋相關問題帶來變化，如停售居屋後間接成為房委會出售其轄下零售及停車場設施的誘因，領匯（後更名為領展）上市亦於往後多年帶來爭議；政府減少投放房屋資源、而香港人口持續上升等因素影響下，亦成為高樓價問題、公屋輪候時間過長等問題的成因。

大埔富亨邨

5. 特區政府正視房屋問題（2011 至 2023 年）

香港回歸早年面對樓市下滑問題，促使政府改變對房屋政策的方針，推行「孫九招」政策措施，減少政府對房屋供應的干預。有關政策協助香港樓市回暖，於 2005 年時已回到接近 1999 年水平。後由於政府仍一直維持有關政策方針、停售資助房屋、公屋興建量維持較低水平、取消了以往防炒賣樓市的政策措施等因素影響下，樓價指數至今仍一路呈上升趨勢，至 2011 年時已接近 1999 年水平的兩倍及後至 2021 年時更一度上升至 4 倍。

香港樓價問題嚴重，國際公共政策顧問機構 Demographia 2005 年起開始一項涉及 8 個國家或地區（包括：香港、美國、英國、澳洲、加拿大、愛爾蘭、新西蘭、新加坡）的年度全球城市樓價負擔能力報告，香港自 2011 年第 7 次年度報告中納入有關調查，並由年度起一直為 92 個主要城市中樓價最難負擔城市，樓價中位數相等於港人年收入中位數的 11.4 倍，相較於該年最易負擔城市（美國亞特蘭大）的 2.3 倍而言，高出約 395.7%；同時香港樓價亦是研究調查涉及的國家或地區內 325 個城市中最難負擔，較最易負擔城市（美國薩吉諾）的 1.6 倍高出約 612.5%，側面反映了以往政府較消極的房屋政策對香港住屋問題帶來的影響。

上水寶石湖邨

表 6.1.26：各類私人住宅單位租金指數（1999=100）

年份	A 類	B 類	C 類	D 類	E 類	整體
2003	72.8	72.7	72.5	77.2	81.1	73.6
2004	75.5	76.5	79.1	84.0	86.1	77.7
2005	83.3	84.9	90.4	94.7	97.8	86.5
2006	90.1	89.1	93.9	100.5	106.4	91.6
2007	100.5	98.1	103.5	115.3	121.8	101.8
2008	113.2	111.7	119.2	133.4	141.1	115.7
2009	1102.0	97.8	98.1	105.7	114.2	100.4
2010	120.7	118.0	117.1	124.1	130.9	119.7
2011	137.1	132.0	128.0	135.9	145.6	134.0
2012	149.6	140.5	132.0	137.9	148.1	142.6
2013	163.6	153.8	141.0	142.0	143.8	154.5
2014	171.8	158.9	143.3	142.3	141.9	159.5
2015	187.4	172.7	154.0	150.3	145.7	172.8
2016	184.8	165.8	148.4	146.3	141.9	168.2
2017	201.2	181.7	159.4	153.5	143.9	182.6
2018	213.4	192.4	166.7	159.2	148.7	193.0

沙田顯徑邨

（續上表）

年份	A 類	B 類	C 類	D 類	E 類	整體
2019	215.3	193.3	167.1	159.4	148.3	194.4
2020	198.2	181.1	155.4	148.5	136.2	180.3
2021	196.7	180.9	156.1	148.1	136.5	179.8
2022	195.7	177.0	153.0	147.7	137.1	178.3
2023*	201.1	179.1	153.5	147.9	136.3	181.1

*臨時數字

資料來源：香港物業報告，[1] 差餉物業估價署

表 6.1.27：各類私人住宅單位售價指數（1999=100）

年份	A 類	B 類	C 類	D 類	E 類	整體
2003	59.7	61.1	65.3	70.2	76.2	61.6
2004	72.7	77.2	87.8	96.5	106.6	78.0
2005	84.9	91.3	106.6	119.1	131.3	92.0
2006	86.6	91.6	108.0	121.0	137.6	92.7
2007	98.5	100.5	119.6	138.0	161.5	103.5
2008	117.6	116.1	138.5	157.2	183.6	120.5
2009	120.3	117.2	135.1	153.4	177.1	121.3
2010	152.5	144.4	166.2	187.5	215.0	150.9
2011	187.3	173.8	193.8	213.3	241.7	182.1
2012	217.6	195.7	208.4	226.0	260.9	206.2
2013	260.3	230.1	233.5	244.9	267.4	242.4
2014	278.7	243.2	238.2	247.8	264.7	256.9
2015	326.7	282.8	265.4	269.4	283.4	296.8
2016	314.8	272.9	258.8	264.5	275.1	286.1
2017	368.3	318.4	296.9	293.1	306.1	333.9
2018	416.6	359.3	333.0	320.1	325.2	377.3
2019	425.6	363.6	336.6	329.5	310.0	383.0
2020	423.2	364.3	328.2	317.3	309.5	381.2
2021	436.2	378.2	344.0	331.5	319.2	392.7
2022	407.5	357.4	329.8	314.6	301.4	369.7
2023*	366.6	327.8	310.0	299.1	297.6	337.4

*臨時數字

注：各類私人住宅單位定義見表 6.1.16

資料來源：香港物業報告，差餉物業估價署

表 6.1.28：全球主要城市樓價可負擔能力排名

年份（年）	香港排名 *	中位數倍數 #	同年度排名第一的主要城市及其中位數倍數
2011	82 名 / 82 名	11.4 倍	2.3 倍（美國亞特蘭大）
2012	81 名 / 81 名	12.6 倍	1.4 倍（美國底特律）
2013	81 名 / 81 名	13.5 倍	1.5 倍（美國底特律、埃文斯維爾）
2014	85 名 / 85 名	14.9 倍	2.3 倍（美國匹茲堡）
2015	86 名 / 86 名	17 倍	2.1 倍（美國底特律）
2016	87 名 / 87 名	19 倍	2.6 倍（美國水牛城、辛辛那堤、克里夫蘭、羅徹斯特）
2017	92 名 / 92 名	18.1 倍	2.5 倍（美國羅徹斯特）
2018	92 名 / 92 名	19.4 倍	2.6 倍（美國羅徹斯特）
2019	91 名 / 91 名	20.9 倍	2.6 倍（美國匹茲堡、羅徹斯特）
2020	92 名 / 92 名	20.8 倍	2.5 倍（美國羅徹斯特）
2021	92 名 / 92 名	20.7 倍	2.6 倍（美國匹茲堡、羅徹斯特）
2022	92 名 / 92 名	23.2 倍	2.7 倍（美國匹茲堡）
2023	94 名 / 94 名	18.8 倍	3.1 倍（美國匹茲堡）

* 排名愈低反映樓價愈難負擔

中位數倍數（住宅樓價中位數除以家庭入息中位數），即當地樓價相等於一個家庭多少年的年收入，以 2023 年為例，18.8 代表港人需不進行任何消費 18.8 年才有能力置業

資料來源：Demographia International Housing Affordability Report 7th-18th

據《NOW 新聞》2011 年 10 月 8 日報道，第三屆的政府行政長官曾蔭權於發表其任內最後一份施政報告前於一個電台節目中承認政府過往房屋政策存在失誤，令社會出現民怨，並表示其任內最後一份施政報告中，房屋政策將會是重點。曾蔭權於《2011/12 年度施政報告》中表示，香港經濟已於 2009 年第 2 季開始復甦，經濟發展目標之一是要令港人可安居樂業。2011 年香港面對的主要問題之一為房屋問題，包括樓價屢創新高致使港人難以置業，故曾蔭權指出政府將以土地供應、打擊炒樓及重整資助房屋入手以改善有關房屋問題。有關政策包括：保持公屋產量，確保平均每年興建 1 萬 5 千個公屋單位（2011-2012

年度至 2015/16 年度計劃建造約 7.5 萬個公屋單位）；復建居屋新政策；開拓土地資源（見表 6.1.29）以及立法規管住宅銷售等。

表 6.1.29：開拓土地資源政策措施

1. 釋放約 60 公頃工業用地作非工業用途（半數可作房屋發展）
2. 探討在維港以外進行適度填海
3. 積極利用岩洞重置現有公共設施，從而騰出原址作房屋和其他用途
4. 檢討新界沒有植被、荒廢或已平整的「綠化地帶」，把失去其原有功能的土地改作房屋發展用途
5. 檢討作「政府、機構或社區」用途的土地，以避免長期被預留，卻沒有明確發展計劃的土地未被善用；研究減低政府公用設施對周邊土地發展的限制
6. 研究把約 150 公頃位於北區和元朗主要用作工業用途、臨時倉庫或荒廢的農地作房屋發展用途

資料來源：2011-2012 年度《施政報告》

柴灣峰華邨

《一手住宅物業銷售條例》

第三屆政府於《2010/11 年度》中提及將成立「立法規管一手住宅物業銷售督導委員會」討論立法規管一手樓宇銷售。督導委員會並於 2010 年組成，成員包括消費者委員會、地產代理監管局、香港測量師學會、香港律師會、香港地產建設商會的代表等。督導委員會將負責討論法例的涵蓋面、主要規管事項、執法機制及罰則等，並於一年內提出建議。運輸及房屋局 2012 年 3 月 13 日宣布將於同月 21 日提交以督導委員會建議為基礎的《一手住宅物業銷售條例草案》往立法會審議。有關條例已於 2013 年 4 月生效，據一手住宅物業銷售監管局，條例為一手住宅物業的銷售相關事宜（如：售樓說明書、價單、示範單位、披露成交資料、廣告、銷售安排，以及臨時買賣合約和買賣合約須載有的條文等）訂立詳細規定，並禁止一手住宅物業銷售的失實陳述和傳布虛假或具誤導性資料。

復建居屋

《居者有其屋計劃》自「孫九招」公佈後已暫停，政府於 2011-2012 年度《施政報告》中首次提及將提出復建居屋措施，為家庭收入在公屋之上，但未有足夠經濟能力應付樓價上升的家庭提供符合其購買力的自置居所。《施政報告》並提及政府已物色足夠提供逾 1.7 萬個單位土地，每年可提供約 2,500 至 6,500 個居屋單位，日後隨土地供應增加，並將以每年平均 5,000 個居屋單位為供應目標。

復建居屋新政策單位由房委會負責提供，目標家庭為月入低於 3 萬的首次置業家庭，居屋訂價將並與目標家庭的供樓能力掛鉤，以實用面積 400-500 平方呎單位為例，售價約為 150-200 萬港元。新居屋計劃涉及單位將設有轉售限制，合資格用戶購入有關居屋單位後需在

5 年後方可出售單位，業主出售時並需補價。復建居屋新政策並設有稱為「可進可退」機制，政府可按房地產市場現況決定提高最多年均 5,000 個新居屋單位 / 暫停興建及出售新居屋單位。

6. 第四屆特區政府上任推行多項房屋政策

樓價高企、可負擔的房屋供應不足，令房屋問題成為香港最主要面對的社會問題，港人不單需面對無法負擔的樓價，難以置業；不少未能獲配公屋的基層居民亦因無法負擔私人市場高昂租金，只能居住在天台屋、劏房等不適切居所。由於房屋問題嚴重，往後各屆政府均改變對房屋政策的態度，相對較積極推行不同範疇的房屋政策。

(1)《長遠房屋策略》

第四屆政府稱視解決房屋問題為首要任務，上任後不久便於 2012 年 9 月成立長遠房屋策略委員會負責為政府製定新的《長遠房屋策略》提供意見，這是政府自 1998 年後首房有關房屋的長遠策略，最終於 2014 年 12 月公佈，期望可助港人入住適切而可負擔的住所。《長遠房屋策略》設有兩大原則，包括：供應主導，即應及早推算房屋需求、規劃土地供應以籌建公房單位及推出私營房屋用地；靈活變通，即按實際情況變化定期更新長遠房屋需求推算，並按推算結果調整未來的規劃及建屋計劃。

表 6.1.30：《長遠房屋策略》三大策略性方向

1. 提供更多公共租住房屋（公屋）單位，並確保合理運用現有資源
2. 提供更多資助出售單位，進一步豐富資助自置居所的形式，促進現有單位的市場流轉
3. 透過穩定的土地供應及適當的需求管理措施，穩定住宅物業市場，並在私人住宅物業銷售和租務上推動良好做法

資料來源：房屋局

《長遠房屋策略》透過計算住戶數目淨增長、受重建影響的住戶、居住環境欠佳的住戶（如：木屋、寮屋、天台構築物、非住宅大廈、板間房、劏房等）以及其他因素（如：居於香港的非本地學生、於香港置業但未有出租或出售其物業的非本地買家等）推算房屋需求，並按私人住宅單位的空置情況進行調整。首個十年長遠房屋需求推算（2015/16 至 2024/25 年度）介乎 44.8 萬至 51.6 萬個單位，中位數為 48.2 萬個單位。政府按照房屋需求的推算數目，以 48 萬個單為作為十年供應目標；另一方面，政府並決定供應目標內單位的公私營房屋供應比例設為 6:4（公營房屋單位：私營房屋單位）。其後第五屆政府於 2018 年時把有關比例從 6:4 更改為 7:3。

表 6.1.31：十年房屋供應目標推算

年度	總房屋需求（萬個單位）	總房屋供應目標（萬個單位）	年度總房屋供應目標（萬個單位）
2015/16 至 2024/25	上限：49.7 中點：43.0 下限：46.4	上限：51.6 中點：48.2 下限：44.8	48
2016/17 至 2025/26	上限：47.7 中點：43.6 下限：39.6	上限：49.7 中點：45.5 下限：41.3	46
2017/18 至 2026/27	上限：47.9 中點：40.0 下限：44.0	上限：49.7 中點：45.7 下限：41.7	46
2018/19 至 2027/28	上限：46.3 中點：44.1 下限：41.9	上限：47.7 中點：45.5 下限：43.2	46
2019/20 至 2028/29	上限：45.4 中點：43.2 下限：41.1	上限：46.5 中點：44.5 下限：42.5	45
2020/21 至 2029/30	上限：44.7 中點：42.3 下限：40.0	上限：45.0 中點：42.5 下限：40.0	43

（續上表）

年度	總房屋需求（萬個單位）	總房屋供應目標（萬個單位）	年度總房屋供應目標（萬個單位）
2021/22 至 2030/31	上限：44.3 中點：42.0 下限：39.7	上限：45.1 中點：42.8 下限：40.5	40.5
2022/23 至 2031/32	上限：43.8 中點：41.6 下限：39.3	上限：44.5 中點：42.3 下限：40.0	43
2023/24 至 2032/33 年度	上限：43.5 中點：41.4 下限：39.2	上限：44.3 中點：42.1 下限：40.0	43

注：數字經四捨五入

資料來源：《長遠房屋策略》

表 6.1.32：第四屆特區政府的房屋政策工作指標

1. 協助基層港人「上樓」，滿足基本住屋需求
2. 讓港人按自己的負擔能力和條件，選擇安居之所，並鼓勵自置居所
3. 在出租公屋之上，提供有資助的自置居所，搭建置業階梯
4. 維持私人樓市健康平穩發展，在供應緊張的情況下，優先照顧香港永久性居民的需要。

資料來源：施政報告

屯門田景邨

（2）土地供應

建屋需地，梁振英於其任期內第一份施政報告中便以提供多項土地政策，期望借以增加住宅用途土地供應，包括重新檢視「政府、機構或社區」（GIC）用途的土地及其他政府用地並改作住宅用途；改劃沒有植被、荒廢或已平整的「綠化地帶」作住宅用途；檢討工業用地並改作住宅用途等。

長遠土地供應目標，梁振英於《施政報告》內提出數項政策期望可增加長遠的住宅用地供應，包括：「港人港地」、新發展區和新市鎮、維港以外適度填海等。

（3）「港人港地」

梁振英於《2013年施政報告》提出適度實施「港人港地」政策。據政府新聞公報，「港人港地」政策的目的是：「當物業市場出現供求情況緊張時，在運用珍貴的土地資源作住宅發展，優先照顧香港永久

啟德1號

性居民」，計劃下政府將選擇並出售土地，規定有關土地興建的住宅單位在土地批出日期起計 30 年內只能向香港永久性居民出售。有關計劃曾於 2013 年 6 月透過招標形式出售兩幅位於啟德的住宅用地，唯有關計劃並未有再出售土地。據東方日報 2018 年 4 月 20 日報道，時任發展局局長黃偉綸於立法會上表示，在與運房局相討後，無意再推行有關計劃。

（4）新發展區和新市鎮擴展

新發展區和以及擴展新市鎮是第四屆政府應對長遠房屋供應的方針之一。梁振英於其任內最後一份施政報告 2017 年《施政報告》中提出，新發展區和以及擴展新市鎮的重點目標是古洞北和粉嶺北、東涌、洪水橋及元朗南，預期可於 2023 年至 2038 年期間供應接近 20 萬個公私營住宅單位。

表 6.1.33：新發展計劃

發展計劃	預期成果
東涌新市鎮擴展	提供約 62,100 個住宅單位
洪水橋新發展區	提供約 61,000 個住宅單位
古洞北、粉嶺北新發展區	供應約 36,600 個資助房屋單位（包括：公屋、居屋）以及約 23,300 個私營房屋單位
元朗南發展	提供約 27,700 個住宅單位

資料來源：施政報告、政府網站

（5）綠表置居計劃

第五屆政府於 2016 年《施政報告》中提出建議房委會以先導計劃形式選擇合適的興建中公屋項目向「綠表」人士出售已完善房屋階梯，有關計劃並於 2018 年恆常化。綠置居計劃適用於五類型人士，至 2023 年合共推出 6 期計劃，涉及單位約 1.6 萬個。

表 6.1.34：綠表申請人（2022 年）

1. 房委會轄下公屋住戶（不包括：有條件租約住戶；經特快公屋編配計劃獲配公屋、單位租約生效日期起計三年內住戶；以按月暫准租用證形式租住房委會過渡性暫租住屋單位住戶）
2. 房協轄下甲類出租屋邨或年長者居住單位的住戶（不包括：乙類出租屋邨的住戶；經特快甲類屋邨出租單位編配計劃獲配出租單位、單位租約生效日期起計三年內住戶；以按月暫准居住證形式租住房協過渡性暫租住屋單位的住戶）
3. 受房委會石籬中轉房屋第 10 及 11 座清拆計劃影響、已獲核實編配公屋資格、持有由房屋署發出有效《綠表資格證明書 - 祇適用於出售綠表置居計劃單位》的人士
4. 持有由房屋署或市區重建局發出有效《綠表資格證明書一祇適用於出售綠表置居計劃單位》的人士
5. 房委會「長者租金津貼計劃」的受惠者

資料來源：房委會

表 6.1.35：綠置居轉讓限制（2022 年）

由房委會首次將單位售予業主的轉讓契據簽署日期起計年份	轉讓限制
5 年內	業主 * 須在居屋第二市場以不高於列於首次轉讓契據的原來買價出售單位予房委會提名的綠表買家
6 及以上、15 年以內	業主 * 須在居屋第二市場按業主自行議定的價格出售單位予房委會提名的綠表買家
15 年以上	業主可選擇 在居屋第二市場按業主自行議定的價格出售單位予房委會提名的綠表買家 * （繳付補價後）於公開市場出售或出租單位

* 無需繳付補價

資料來源：房委會

表 6.1.36：已推行的綠置居計劃（截止 2022 年）

推出年份	涉及新屋苑*	提供單位（個）
先導計劃（2016 年）	景泰苑	857
2018 年	麗翠苑	2,545
2019 年	蝶翠苑、青富苑	3,696
2020/21 年度	啟鑽苑	2,112
2022 年	清濤苑、高宏苑、錦柏苑	4,693
2023 年	麗玥苑	2,359

注：涉及屋苑部分未包括舊計劃涉及屋苑重售單位以及出售租者置其屋計劃屋邨回收單位，涉及單位數未包入提供單位數內

資料來源：房委會

鑽石山啟鑽苑

（6）《香港 2030+：跨越 2030 年的規劃遠景與策略》

《香港 2030+：跨越 2030 年的規劃遠景與策略》是一項建基於 2007 年所發布的《香港 2030》、由規劃署 2015 年起開始進行的研究，目的同為檢討香港發展策略，包括住屋需要。《香港 2030+》研究橫跨第四、第五屆政府，並於 2021 年 10 月完成並發表最終報告。

《香港 2030+》研究報告推算 2019 年至 2048 年的土地需求，指出截至 2048 年，香港需要約 5,790 至 6,210 公頃土地發展，其中房屋所佔土地約 1,850 至 2,020 公頃，然而根據估算，已推展或處於較成熟規劃階段的土地供應截止 2048 年僅 1,340 公頃，令房屋土地發展存在 510 至 680 公頃的缺口（整體土地缺口估算為約 2580 至 3000 公頃）。房屋需求方面，《香港 2030+》以統計處對於家庭住戶到 2044 年的預計頂峰估算，預計房屋需求約為 100 萬個單位，當中包括需考慮約 37 萬個公私營單位的重建需要。另一方面，居住面積與環境亦是未來房屋發展需考慮的要點。《香港 2030+》並指出，為應對日後房屋與社會發展所需的土地缺口，目前政府已推行、規劃或正研究多個項目，可為香港帶來潛在 4124 公頃的土地供應，數字上可應付發展需要。

表 6.1.37：潛在土地供應

發展項目	涉及土地（潛在土地供應）
明日大嶼願景	交椅洲人工島（1,000 公頃）
北部都會區	1. 牛潭尾土地用途檢討（80 公頃） 2. 新田／落馬洲發展樞紐（340 公頃） 3. 新界北新市鎮（1,180 公頃） 4. 文錦渡（70 公頃） 5. 《北部都會區發展策略》下的額外土地（600 公頃）
其他	1. 馬料水填海（60 公頃） 2. 搬遷沙田污水處理廠後的重建（28 公頃） 3. 將軍澳第 137 區（80 公頃） 4. 龍鼓灘填海（220 公頃） 5. 屯門西（220 公頃） 6. 屯門東（70 公頃） 7. 藍地石礦場日後用途（96 公頃） 8. 欣澳填海（80 公頃）

資料來源：《香港 2030+：跨越 2030 年的規劃遠景與策略》

將軍澳日出康城，右方為將軍澳第 137 區

7. 第五屆特區政府房屋政策

香港房屋問題長年未解，即便第四屆政府推行增加房屋供應等措施仍未能解決香港面對高樓價、不適切居所等問題。第五任行政長官林鄭月娥於其上任後第一份施政報告便指出房屋是香港最嚴峻、棘手以及複雜的民生議題，並就土地供應、房屋政策、以及過渡性措施（詳見本章第四部分）三方面推行新措施。

表 6.1.38：第五屆特區政府的房屋政策方針

1. 房屋並不是簡單的商品，而適切的居所是港人對政府應有的期望，是社會和諧穩定的基礎，因此在尊重自由市場經濟的同時，政府有其不可或缺的角色
2. 以置業為主導，讓港人安居，樂以香港為家，政府會致力建立置業階梯，為不同收入的家庭重燃置業希望
3. 聚焦供應，在「長遠房屋策略」的基礎上，加大增加房屋單位方面的努力
4. 在土地不足，供應未到位前，想方設法善用現有房屋，滿足長時間輪候公屋的家庭需要和協助居住環境惡劣的居民

資料來源：2017 年《施政報告》

即將清拆重建的大坑西新邨

（1）土地供應專責小組

第五屆政府於 2017 年 9 月成立土地供應專責小組，任期為 2017 年 9 月 1 日至 2019 年 2 月 28 日，電話調查訪問、廣泛的公眾參與活動等不同形成收集不同屆別對土地發展的意見，並向政府提交土地供應策略及可發展土地的建議。政府並於 2019 年 9 月 29 日立法會會議上回應小組報告，表示完全同意及接納小組所提供的建議。

表 6.1.39：土地供應專責小組的土地發展用地建議

	項目
短中期發展選項	● 棕地發展 ● 私人的新界農地儲備 ● 私人遊樂場地契約用地作其他用途
中長期發展選項	● 維港以外近岸填海 ● 發展東大嶼都會 ● 利用岩洞及地下空間 ● 於新界發展更多新發展區 ● 發展香港內河碼頭用地

資料來源：土地供應專責小組報告

（2）港人首次置業先導計劃

第五屆政府並提出推行港人首次置業先導計劃，為中產家庭提供可負擔的「港人首置上車盤」，提供居屋以上的置業選擇，助較高收入家庭亦能在樓價高昂問題下仍有機會置業。

表 6.1.40：首置盤參與資格

	一人申請者	家庭申請者
身份	截止申請日期當日已年滿 18 歲並在香港居住滿 7 年；及在香港的居留不受任何附帶逗留條件所限制	截止申請日期當日已年滿 18 歲並在香港居住滿 7 年；及在香港的居留不受任何附帶逗留條件所限制
月入	33,001 港元或以上及 42,900 港元或以下	總收入 66,001 元以上及 85,800 元或以下
資產總值	不超過 110.5 萬港元	不超過 221 萬港元
置業情況	截止申請日期當日或以前及至簽署首置項目單位的臨時買賣合約當日，在香港從未以任何形式，直接或間接擁有任何住宅物業	所有家庭成員均在截止申請日期當日或以前及至簽署首置項目單位的臨時買賣合約當日，在香港從未以任何形式，直接或間接擁有任何住宅物業
政府資助	未曾亦並非正在享用任何政府或相關機構提供的房屋資助	所有家庭成員均未曾亦並非正在享用任何政府或相關機構提供的房屋資助

資料來源：市建局

表 6.1.41：首置盤先導計劃項目

項目名稱	單位數目	市場折扣價
馬頭圍道煥然懿居（市建局重建項目）	450 個面積介乎 24 平方米至 47 平方米的單位	評估市值的 62%
安達臣道發展項目（私營地產商）	隨機選定不少於 1,000 個實用面積須介乎 23 至 46 平方米的單位	市價 20%
大坑西新邨（市建局重建項目）	2,000 個首置單位	N/A*

* 本書完稿時未公佈

8. 2018 年特區政府推行 6 項新房屋政策

時任行政長官林鄭月娥 2018 年 6 月 29 日公佈 6 項房屋政策新措施，期望達到三個目標，包括：「令資助出售單位更可負擔、增加資助房屋單位供應並加強支援過渡性房屋供應，以及鼓勵一手私人住宅單位盡早推出市場。」

林鄭月娥表示：「今日公佈的房屋措施回應了部分市民的訴求，但要大幅增加房屋供應，仍須開拓更多可供發展的土地。特區政府會繼續盡最大努力去扭轉今日房屋供不應求、樓價飆升的局面。」

表 6.1.42：6 項新房屋政策

政策措施	內容
修訂資助出售單位的定價政策	居屋定價機制：負擔能力測試採用非業主住戶的家庭每月入息中位數取代白表家庭入息限額；可負擔單位增至 75% 綠表置居計劃：較前一期居屋出售計劃折扣率多 10%
「港人首次置業」先導項目	邀請市區重建局將位於馬頭圍道的非合作發展項目改作「港人首次置業」先導項目
向空置的一手私人住宅單位徵收「額外差餉」	建議修訂《差餉條例》（第 116 章），就空置的一手私人住宅單位徵收「額外差餉」 「額外差餉」會由差餉物業估價署按年徵收，金額為該單位的應課差餉租值的兩倍
修改地政總署「預售樓花同意方案」	要求發展商不論透過何種方式銷售樓花（包括招標及拍賣），每次推售的住宅單位數目，均不能少於有關預售樓花同意書所涵蓋的住宅單位總數的 20%
過渡性房屋項目	運輸及房屋局（現房屋局）成立專責小組協助民間推行過渡性房屋項目
公營房屋用地	改撥私營房屋用地以發展公營房屋

資料來源：政府新聞網

將軍澳景林邨

(1)「土地共享先導計劃」

林鄭月娥於 2018 年《施政報告》中指出，現時私人發展商合共擁有不少於 1,000 公頃的新界農地，有關土地並未盡其用，如納入政府房屋政策規劃，可用於發展公營房屋。政府並提出土地共享先導計劃，參與計劃發展商涉及的土地將由政府促成基建提升以容許較高發展密度，土地擁有人要交出部分土地供政府興建公屋或首置屋，餘下土地則可發展私營房屋。有關房屋項目所需的基建和其他社區設施將由土地擁有人會負責興建，費用將會在地價中扣除。

表 6.1.43：土地共享先導計劃申請資格

要求	準則
房屋單位	申請人需提供不少於 5 萬平方米的新增住用總樓面面積及最少 1,000 個額外房屋單位（以每單位 50 平方米計）
總樓面面積	新增住用總樓面面積中，不少於七成須撥作政府屬意的公營房屋或「首置」發展的類別及組合
地域限制	申請成為先導計劃的土地不何為： 1. 政府就擬議公共用途已完成、正進行或擬開展的發展研究，並計劃透過法定程序收回的土地範圍；政府就支援公營房屋或「首置」發展所作的研究中涵蓋的私人土地 2. 《郊野公園條例》（第 208 章）下指定及正進行諮詢的郊野公園及特別地區 3. 位於 6 個生態敏感地帶 * 的土地 4. 新自然保育政策下須優先加強保育的 12 個地點 #

* 自然保育區、海岸保護區、其他指定用途（綜合發展及濕地修復區、改善區或保護區）以及具特殊科學價值地點的土地

拉姆薩爾濕地、沙羅洞、大蠔、鳳園、鹿頸沼澤、梅子林及茅坪、烏蛟騰、塱原及河上鄉、拉姆薩爾濕地以外的后海灣濕地、嶂上、榕樹澳及深涌

資料來源：土地共享先導計劃及申請指引

(2) 新發展區

第五屆政府於任內分別提出兩個大型長遠發展規劃，分別為明日大嶼願景以及北部都會區發展計劃，借以開拓足夠土地應付包括房屋政策在內的發展之用。

明日大嶼願景沿於 2011 年對於「優化土地供應策略」內東大嶼填海的構想，計劃在交椅洲中部水域以填海形式興建人工島，提供約 1,000 公頃的土地，25% 在房屋用途，供應約 15-26 萬以公、私營 7：3 比例興建的房屋單位。造價方面，據香港電台 2022 年 12 月 20 日報道，政府向立法會發展事務委員會表示總工程造價預算為 5,800 億港元，土地收益方面則預期介乎於 7,500 億港元至 11,430 億港元。政府目標在 2025 年申請填海工程撥款，並於同年起啟動工程，期望最早 2033 年可有首批住宅入伙。有關人工島填海工程已於 2022 年 12 月 24 日起進行環評工作；公眾參與部分則於 2023 年 3 月底屆滿。

北部都會區發展計劃方面，根據 2021 年《施政報告》，北部都會區包括：「天水圍、元朗及粉嶺／上水等已發展成熟的新市鎮及其相鄰鄉郊地區，並有 6 個處於不同規劃及建設階段的新發展區和發展樞紐，包括古洞北／粉嶺北、洪水橋／厦村、元朗南、新田／落馬洲、

北部都會區發展計劃下的落馬洲地區（相片由爾東先生提供）

文錦渡和新界北新市鎮」，目前北部都會區內已規劃或規劃中的項目預期可提供約 35 萬個住宅單位；北部都會區亦計劃額外發展 600 公頃用地作住宅和產業用途，期望可提供 16.5 萬至 18.6 萬個單位。《施政報告》預計整個北部都會區發展完成後，總共可提供約 90.5 至 92.6 萬個單位供 250 萬人居住。

（3）精簡與土地發展相關的法定程序

據政府新聞公報，為加快造地效率，發展局期望透過精簡與土地發展相關的法定程序以縮短造地時間。發展局 2022 年 12 月 8 日公佈《2022 年發展（城市規劃、土地及工程）（雜項修訂）條例草案》，主要修訂涉及《收回土地條例》（《第 124 章》）、《前濱及海床（填海工程）條例》（《第 127 章》）、《土地徵用（管有業權）條例》（《第 130 章》）、《城市規劃條例》（《第 131 章》）、《道路（工程、使用及補償）條例》（《第 370 章》）及《鐵路條例》（《第 519 章》），期望可達到精簡及縮短法定時限、避免重覆性質相近的程序、明確在法例授權政府可同步進行不同程序、改善不一致或不清晰的安排以及精簡其他雜項程序以更有效運用公共資源的成效。截止 2023 年 1 月，有關草案正於立法會進行審議。

9. 2022 年施政報告：第六屆特區政府首份房屋政策

第六任行政長官李家超於 2022 年 10 月發表其任內首份《施政報告》，第六屆政府的房屋政策理念為「提量、提速、提效、提質」。

（1）公屋

李家超提出推行「簡約公屋」措施，「利用短期內未有發展計劃的政府和私人土地，以標準簡約設計和『組裝合成』快速建成『簡約公

南昌 220 過渡性房屋可說是簡約公屋的前身

屋』。在五年內興建約三萬個單位」。簡約公屋配備傳統公屋的基本設施，租金較低，入住者可繼續輪候傳統公屋以便日後正式遷入傳統公屋。政府並計劃結合公屋申請人輪候傳統公屋和「簡約公屋」的時間，推出「公屋綜合輪候時間」，並期望可於 2026/27 年度前把有關時間由 6 年降至約 4 年半的水平。

政府亦計劃落實「公屋提前上樓計劃」，以分階段建屋方式，預計未來 5 年可加快落成部分公屋單位，並提供 1.2 萬個單位助港人提早 3 至 18 個月上樓。

（2）資助房屋

除現有「居者有其屋計劃」、「綠表置居計劃」和「港人首次置業」等資助出售房屋外，政府計劃推行「私人發展商參與興建資助房屋先導計劃」，由 2023/24 年度起推出三幅土地供私人發展商投標，有關土地將用於興建資助出售單位，以指定市價折扣率售予合資格人。

（3）土地供應

政府計劃進行新一輪「綠化地帶」研究和《農業優先區顧問研究》，期望檢視所有「綠化地帶」的發展潛力；發展 1,600 公頃的新界棕地，轉化逾一半為房屋和其他用途；發展將軍澳第 137 區，根據香港電台 2023 年 2 月 11 日報道，有關計劃預期連同計劃透過填海獲得的 80 公頃土地，預期可提供約 5 萬個房屋單位，包括：3.45 萬個公營房屋單位及 1.55 萬個私營房屋單位。

10. 2023/24 年度進展

2023 年 10 月，第六屆政府公佈任內第二份施政報告，施政報告提及去年措施進展，包括：

- 輪候公屋時間「封頂」回落至 5.3 年；目標 2026/27 年度降至 4.5 年；
- 「公屋提前上樓計劃」下，2024 年上半年預計有逾 2,000 個單位提早落成，供公屋申請者提早上樓；
- 2024/25 年度將落成首批「簡約公屋」單位，涉 2,100 個單位；預計 2027/28 年前完成興建約 3 萬個單位；
- 「私人興建資助出售房屋先導計劃」（「樂建居」）下，2023/24 年度推出三幅用地，首兩幅招標用地預計提供至少 2,000 個單位。

行政長官李家超並於 2023 年施政報告中提出，政府已覓得足夠土地，可興建約 41 萬個公營房屋單位，相較《長遠房屋策略》內，就 2024/25 年度至 2033/34 年度十年公營房屋需求量預期的約 30.8 萬個單位多約 10 萬個單位，當中首 5 年，即 2024/25 年度至 2028/29 年度，連同簡約公屋單位預期將供應約 17.2 萬個公屋單位，施政報告並指，與去年政府的 5 年預期，即 2022/23 至 2026/27 年度比較，受惠住戶預計將增加 6.7 萬戶。

正規劃進行重建的馬頭圍邨

施政報告亦有針對公營房屋措施

- 香港房屋委員會將放寬資助出售單位按揭貸款保證，二手市場最長揭貸款保證期由 30 年延長至 50 年；
- 房委會正規劃和進行十個重建計劃，包括白田邨（較舊部分）、美東邨（較舊部分）、華富邨、西環邨、馬頭圍邨、石籬中轉房屋、業安工廠大廈、穗輝工廠大廈、宏昌工廠大廈及葵安工廠大廈，預計合共可提供約 3.28 萬個單位；
- 2024 年房委會將挑選十條公共屋邨作試點，試行使用物聯網感測器、人工智能等科技協助日常屋邨管理；
- 繼續應用創新建築科技，包括「組裝合成」建築法。

總結

香港回歸以後房地產市場發展一度呈下降趨勢，令回歸之初銳意增加房屋供應，改善港人置業比率的時任行政長官董建華在其成功連任後亦改變了對房屋政策的態度。第二屆政府上任不久便已決定減少對房屋供應及房地產市場的干預，不單房屋方面公共開支大減，亦令香港新建房屋單位數量出現明顯減少，其後第三屆政府任期內大部分時間亦維持房屋政策的方向。政府改變對房屋政策的態度，其主要目的是協助樓市回暖；樓市自第二屆政府任期推行新政策後穩步上升，然而當樓市回到相對早年而言較健康水平後，由於政府房屋政策仍維持較消極干預態度，亦取消了不少早年用以防止炒賣樓市的措施，以及在房屋供應量明顯減少、人口增加令房屋需求不斷上升等因素影響下，令房地產市場失去平衡，出現了病態增長，達到不單止絕大多數港人難以負擔、甚或放眼全球亦是首屈一指地昂貴的房地產價格。

房屋問題成為了主要社會問題。有研究調查發現香港的樓市中位數對應家庭年收入中位數的比率達逾 20 倍，即市民需不吃不喝 20 多年才有望置業，遑論一般收入較低的基層市民，不單在辛勞工作、過生活儉省的生活，扣除生活所需必要支出後所能儲下的積蓄，即使一生

廿一世紀初建成屋邨東匯邨

節儉亦置業無望；樓價過度增長亦使未能輪候到公屋的一般市民，需要面對佔生活開支一大部分的租金支出，亦令不少基層市民只能租住價格昂貴卻又環境惡劣的不適切居所，使惡劣的現況成為了部分基層市民需承受、而又習以為常的病態景象；即便是能負擔首期的中產市民，面對高昂的樓價亦只能成一生「樓奴」。

第三屆政府於任期後段，曾表示明白港人生活困境，以及香港樓價問題的嚴重，自 2011/12 年度起，政府表示將重視房屋政策，期望可解決房屋政策問題，包括復建居屋，日後第四、五以及第六屆政府（完稿時剛上任）均表示視房屋政策為其任內施政需解決的重要問題。從數據上可見，政府於 2011/12 年度及往後對於房屋方面的公共開支整體而言有增加的趨勢，以任期計第五屆政府上任首年度（2012-2013 年度）的房屋政策實際公共開支較前屆最後一年度（2011-2012 年度）增加約 8.4% 至其任期完結（2016-2017 年度）的五年間增長 40.8%；第五屆政府方面，首年度（2017-2018 年度）較前屆政府最後年度（2016-2017 年度）增加約 13.5%，不過及後輕微回跌約 5%，至任期最後兩年度則上升現象，任內最後一年度（2021-2022 年度）房屋公共開支實際支出較首年度（2017-2018 年度）相比增加約 16.7%，儘管最近 11 個年度房屋方面的公開開支數字有上升趨勢，至 2021-2022 年度時亦僅與 1998-1999 年度相若，並較 1999-2000 以及 2000-2021 兩個年度低。另一方面，房屋方面佔公共開支整體開支百分比於回歸早年一直維持 10% 以上，至 2002-2003 年度才跌至低於 10%，並一直維持下跌趨勢，至近年扣除可能因新冠疫情而影響的 2019-2020 至 2021-2022 三個年度數字，近年的房屋開支佔整體開支百分比亦僅僅維持於約 5-6%。計及通脹等因素影響，從房屋方面公共開支數據來看，近年政府針對房屋方面的開支或未及首屆政府積極、進取。

表 6.1.44：房屋方面的公共開支（億港元）

年度	實際開支（億港元）	該年度的公共開支總額（億港元）	房屋公共開支佔整體百分比（%）
1996-1997	242.50	2112.48	11.48
1997-1998	246.51	2347.80	10.50
1998-1999	388.50	2664.48	14.58
1999-2000	458.72	2694.84	17.02
2000-2001	426.06	2675.07	15.93
2001-2002	320.55	2693.59	11.90
2002-2003	240.31	2635.20	9.12
2003-2004	252.77	2710.98	9.32
2004-2005	179.69	2571.37	6.99
2005-2006	154.09	2449.82	6.29
2006-2007	146.71	2417.44	6.07
2007-2008	143.36	2523.95	5.68
2008-2009	174.03	3309.68	5.26
2009-2010	162.58	3071.92	5.29
2010-2011	169.38	3205.70	5.28
2011-2012	189.18	3856.41	4.91
2012-2013	205.01	4001.79	5.12
2013-2014	212.68	4573.46	4.65
2014-2015	243.49	4241.06	5.74
2015-2016	294.05	4680.28	6.28
2016-2017	288.75	4948.16	5.84
2017-2018	327.80	5075.74	6.46
2018-2019	311.59	5675.78	5.49
2019-2020	310.99	6426.82	4.84
2020-2021	351.51	8542.56	4.11
2021-2022	382.57	7399.04	5.17
2022-2023	381.66	8477.72	4.50

注：數字經四捨五入

注 2：統計處年報記載政府公共開支數字會按該年度預算採用的定義及政策組別分類作出調整，而此表格所採用數字採用的數字則為較早公佈、未經調整數字，故顯示數字或會與最新報告所顯示數字有出入

資料來源：政府統計處

深水埗李鄭屋邨

Po On Road
400 保安道 32-18

香港近年落成的公私營單位數目除個別年份低於 2 萬個外，整體而言均維持在年均建成約 2 萬至 4 萬個公私營單位不等。即使多屆政府稱要加強房屋供應，唯除近年復建居屋使資助自置居所有「零的突破」外，整體而言未見單位落成量有明顯增長。有關現象亦能間接反映為何香港房屋問題多年未得以解決，亦是影響香港私人住宅樓宇售價指數以及樓價負擔能力相關指數維持高企的因素之一。儘管受各項因素影響，2023 年樓市一度有下滑情況，亦反映於售價指數上，不過 2024 年 2 月 28 日財政預算案上，財政司司長陳茂波宣布樓市全面「撤辣」，撤銷所有住宅物業需求管理措施，包括「額外印花稅」,「買家印花稅」和第一標準第一部之下 7.5% 的「從價印花稅」，金管局亦於同日宣布將暫停實施物業按揭貸款假設利率上升 200 基點的壓力測試要求，私營樓宇售價與租金變化如何仍有待觀察。香港房屋供應能否「提量、提速、提效、提質」，經歷「頭輕尾重」公屋供應的香港，房屋問題是否能因而得到改善，是香港人下個十年值得關注的議題。

表 6.1.45：1999 至 2021 年香港建成的單位量

年份（年）	公營租住房屋（萬個單位）	資助自置居所（萬個單位）	私營房屋（萬個單位）	總計（萬個單位）
1999	3	1.8	3.5	8.3
2000	4.25	1.74	2.58	8.57
2001	5.1	2.3	2.6	10.0
2002	2.02	1.28	3.4	6.7
2003	1.16	0.45	2.64	4.25
2004	2.1	0	2.6	4.7
2005	2.5	0	1.7	4.2
2006	0.44	0	1.66	2.1
2007	0.74	0	1.05	1.79
2008	2.64	0	0.88	3.52
2009	1.9	0	0.72	2.62
2010	0.64	0	1.34	1.98

（續上表）

年份（年）	公營租住房屋（萬個單位）	資助自置居所（萬個單位）	私營房屋（萬個單位）	總計（萬個單位）
2011#	1.2	0	1.5	2.7
2012	0.98	0	1.01	1.99
2013	2.09	0	0.83	2.92
2014	0.56	0	1.57	2.14
2015	1.01	0.13	1.13	2.28
2016	2.18	0.02	1.46	3.66
2017	1.13	0.28	1.78	3.18
2018	2.01	0.49	2.1	4.6
2019	0.96	0.7	1.36	3.02
2020	0.66	0.76	2.09	3.51
2021	1.31	0.32	1.44	3.07
2022	1.23	0.70	2.12	4.04
2023	0.38	0.57	1.39	2.34

#2010/11 年度

注：數字經四捨五入

資料來源：《香港年報》、政府統計處

表 6.1.46：1998 至 2021 年的香港房屋單位量

年份（年）	公營租住房屋（萬個單位）	資助自置居所（萬個單位）	私營房屋（萬個單位）
1998	72.3	26.7	106.6
1999	68.4	31.1	99.7
2000	68.3	36.4	102.6
2001	68.5	40.3	105.2
2002	68.45	37.54	124.58
2003	68.95	39.46	127.93
2004	70.76	38.46	130.55
2005	72.03	39.05	134.06
2006	71.57	39.78	136.03
2007	71.13	39.79	137.45
2008	73.35	39.57	138.08
2009	74.54	39.32	139.59
2010	74.68	39.1	143.12

（續上表）

年份（年）	公營租住房屋（萬個單位）	資助自置居所（萬個單位）	私營房屋（萬個單位）
2011	76.1	39.0	144.5
2012	76.6	39.1	145.7
2013	78.0	39.3	146.6
2014	78	40	149
2015	79	40	152
2016	80	40	153
2017	80.8	40.5	155.2
2018	82.5	41.1	157.2
2019	83.5	42.0	159.9
2020	84.2	42.8	163.5
2021	84.8	43.6	165.5
2022	85.9	43.9	167.5

*1 至 9 月

注：數字經四捨五入

資料來源：政府統計處

表 6.1.47：香港人口數字（1997 至 2021）

年份	該年年底人口（萬人）
1997	651.67
1998	658.34
1999	663.76
2000	671.15
2001	673.03
2002	672.58
2003	676.42
2004	679.77
2005	683.78
2006	690.43
2007	693.84
2008	696.39
2009	699.64
2010	705.21

（續上表）

年份	該年年底人口（萬人）
2011	710.95
2011	711.0
2012	717.1
2013	721.1
2014	725.3
2015	731.0
2016	737.8
2017	741.5
2018	748.8
2019	752.1
2020	742.7
2021	740.2
2022	747.3
2023#	750.3

臨時數字
資料來源：政府統計處

觀塘安達邨

二、公營租住房屋

公屋是政府主要的房屋措施之一，截至 2023 年 12 月 31 日，房委會公營租住房屋單位（不包括中轉房屋，下同）共 818,800 個，目前正有 803,300 戶家庭正租住公屋，涉及居民 2,097,800 人。

1. 申請資格

根據房委會資料，公屋單位申請人必須年滿 18 歲或以上；申請人及其家庭成員（如有），必須現居香港並擁有香港入境權，不受附帶逗留條件限制（不包括：與逗留期限有關的條件）；若申請人已婚（不包括：已申請離婚、配偶未獲入境權／已離世），則必須連同配偶一同申請；房委會對申請公屋家庭設有家庭月入及總資產限額，一人家庭月入限額不能超過 12,940 港元、資產淨值限額則是 27.8 萬港元；2 人家庭月入限額 19,550 港元、資產淨值限額是 49 萬港元；3 人家庭月入則不能超過 24,410 港元、資產淨值限額 49 萬港元，如此類推；至於非親屬關係長者住戶入息及資產淨值限額，2 人家庭月入限額是 23,460 港元、資產淨值限額 75.2 萬港元，可見高於普通 2 人家庭的限額；3 人家庭則是 29,290 港元、資產淨值限額 98 萬港元，如此類推。申報入息時可扣除收入的強制性公積金或公積金計劃下的法定供款數字，若全部家庭成員均為年滿 60 歲或以上的長者，資產淨值限額將為兩倍；申請表內最少一半成員需在配屋時在港居住滿七年，並現時所有成員在港居住；簽署「公屋申請表」到申請獲配公屋並簽訂新租約為止，申請者及家庭成員在香港沒有（包括與他人共同擁有）香港任何住宅物業或該類物業的任何權益；簽訂任何協議購買香港任何住宅物業；持有任何直接或透過附屬公司擁有香港住宅物業的公司一半以上的股份。如申請人家庭成員中有長者，其輪候和配屋將獲一定程度優先。

公屋申請並設有單人住戶輪候安排及為長者度生訂造一系列計劃。單人住戶方面，分配給非長者一人申請者的租住公屋量每年有張，申請人輪候公屋的優先次序則按「配額及計分制」排位，計分方法包括：按年齡計分，18 歲為 0 分起計，每一年加 9 分，直至 59 歲「封頂」369 分；年屆 45 歲申請者可獲一次性 60 分的額外分數；按時間計分：登記後每一個月加 1 分；若港人現居於公屋單位（包括房協出租單位）將扣 30 分。

公屋為長者特別設有一系列優先配屋計劃年滿 58 歲單身人士申請者可申請「高齡單身人士」優先配屋計劃（獲配屋時必須年滿 60 歲）；兩位或以上、年滿 58 歲人士可申請「共享頤年」優先配屋計劃（獲配屋時必須年滿 60 歲），有關申請者若同意共住一個單位，若非親屬關係仍可申請。家庭成員有公屋長者的人士可申請「天倫樂」優先配屋計劃，申請者有機會可獲共住一單位／分別入住兩個就近的單位。

2023 年全港最多長者住户的屋邨樂華邨

2. 公屋管理

香港的公屋由房屋署、房協及房委會負責管理。房委會為 1973 年成立的法定機構，政府 2000 年 6 月成立公營房屋架構檢討委員會，研究前房屋局、房屋署、香港房屋委員會以及香港房屋協會的角色和職責，並檢討公營房屋架構，促使前房屋局和前房屋署 2002 年 7 月 1 日合併。房委會主要工作為制定和推行公營房屋計劃以及為中低收入家庭提供資助出售單位；房屋署則負責為房委會及其轄下小組委員會提供秘書處和行政支援、以及協助房屋局監察私人住宅物業市場。此外，部分公營租住、資助出售房屋由香港房屋協會管理，房協為 1984 年成立的獨立非牟利機構，職責是在政府支持下供應房屋計劃。

3. 租金制度

公屋租金按有關單位室內樓面面積計算，大多數情況下同一大廈的所有單位的每平方米的租金均為相同。新建成公屋租金由房委會釐定，房委會 2001 年成立專責委員會全面檢討公屋租金政策，經濟公眾諮詢等工作後，有關報告於 2006 年 11 月 21 日提交、同月 27 日通過。立法會 2007 年 6 月通過《2007 年房屋（修訂）條例草案》，引進現行的租金調整機制，並於 2008 年 1 月 1 日起生效。機制規定房委會每兩年需檢討一次公屋租金，變動按檢討期間（第一期間及第二期間）的收入指數調整，若第二期間的收入指數高於第一期間的 0.1% 以上便須加租（收入指數升幅 / 10%，取較少者）；反之若第二期間的收入指數少於第一期間的 0.1% 以上，便須按有關跌幅減租。新屋邨定租方面，新屋邨定租工作一年兩度，由房委會進行。房委會在將香港分為 6 區後，按各區「最佳租金」釐定。

將軍澳健明邨

啟德啟朗苑與德朗邨

表 6.2.1：已實施的租金檢討調整

租金檢討年份（年）	期間收入指數升／跌幅（%）	租金升／跌幅（%）
2010*	+4.68	+4.68
2012	+16.24	+10
2014	+19.27	+10
2016	+16.11	+10
2018	+11.59	+10
2020	+9.66	+9.66
2022	+1.17	+1.17

*2010 年為機制首次調整，委員會 2007 年下調公屋租金 11.6% 以提供起點。
資料來源：房委會

4. 屋邨管理扣分制

房屋署 2003 年 8 月 1 日推行「屋邨清潔扣分制」以改善公屋衞生情況，制度及後 2006 年 10 月 18 日更名為「屋邨管理扣分制」，涉及行為亦擴大至廣泛範疇，扣分制曾修訂，新修訂於 2023 年 12 月 8 日公佈。屋邨管理扣分制共設布 A、B、C、D 合共 4 類，如用戶觸犯有關行為將會被扣分（見表 6.2.2）。相關扣分效期為兩年（實際作出有關行為起計），分數存在其間，租戶將並禁止邨外或邨內調遷（申請更佳／更大或任何另一居所）；落用戶被扣分數累計達十分或累計被扣分次數 3 次，房屋署將向住戶及其所有成年的家庭成員發出警告信提醒住戶已被扣分數以及扣分後果，房屋署亦會派出經理級職員會晤戶主及違例人士；若用戶兩年內累計被扣 16 分或以上，可被房屋署終止租約／暫准證。被終止租約／暫准證的租戶及其成年的家庭成員，兩年內不得申請公屋，兩年後申請公屋房署亦分配相對予其前公屋居所而言質素較佳的單位（考慮因素包括：地理位置、樓齡和樓層等）予有關人士。

表 6.2.2：屋邨管理扣分制

扣分類別	涉及行為
A 類（扣 3 分）	1. 房屋署指定地點外公眾地方晾曬衣物 2. 在窗或露台外掛放地拖 3. 在窗、露台或樓宇外牆放置滴水物件 4. 抽氣扇滴油
B 類（扣 5 分）	5. 未經業主書面同意在出租單位內飼養動物 6. 在公眾地方煲蠟 7. 積存污水導致蚊患 8. 在屋邨公共地方（包括：遊樂場地、行人道、屋邨道路等）吸煙或攜帶燃着的香煙 9. 在公眾地方非法賭博 10. 冷氣機滴水
C 類（扣 7 分）	11. 高空拋擲破壞環境衞生的物件 12. 在公眾地方吐痰 13. 在公眾地方便溺 14. 不讓房委會或獲授權人士於其居住單位或於毗連其單位的任何地方（包括但不限於外牆、氣窗、鐵閘等）就房委會須負責的工程／為符合法定要求／按房委會涵蓋整幢大廈的維修、保養或改善項目，進行檢查或施工 15. 沒有維修由租戶負責保養的喉管或衞生設備 16. 把出租單位用作食物製造工場或倉庫 17. 非法販賣商品或服務；未經房委會批准而提供、推廣、招攬或宣傳具有商業性質的商品或服務 18. 在出租單位內積存大量垃圾或廢物，產生難聞氣味，造成衞生滋擾 19. 棄置雜物阻塞走廊或樓梯通道，妨礙清潔工作 20. 造成噪音滋擾 # 21. 亂拋垃圾 22. 胡亂棄置垃圾 23. 任由攜帶之動物及禽畜隨處便溺，弄污公眾地方
D 類（扣 15 分）	24. 高空拋擲可造成危險或人身傷害的物件 ^ 25. 在垃圾收集站、樓宇範圍內或其他公眾地方胡亂傾倒或棄置裝修廢料 26. 損壞雨水／污水管，導致滲水往下層單位 27. 損毀或盜竊房屋委員會財物 28. 把出租單位作非法用途

____ 扣分前住戶將先獲警告

如因違反噪音管制條例而被定罪而被扣分，警告制度將不適用。

^ 租戶可被房委會引用房屋條例終止租約

資料來源：房委會

曾被視為富户較多的屋邨——蘇屋邨

5. 富戶政策

現時生效的富戶政策，即「公屋住戶資助政策及維護公屋資源的合理分配政策」由資助房屋小組委員會為更好運用公屋資源而在 2016 年 12 月 9 日通過修的一項措施。在公屋居住滿十年住戶 / 透過「批出新租約政策」獲批新租約住戶 / 透過「公屋租約事務管理政策」獲批相關申請住戶須每兩年按「富戶政策」作出申報。如公屋住戶所有成員：一、均年滿 60 歲或以上；二、均領取綜合社會保障援助金；三、合資格申領或正在領取社會福利署發放的傷殘津貼 / 由一、二及三組合而成 / 持合租租約共住一單位，租戶可獲豁免於「富戶政策」。

富戶政策下，若住戶家庭入息超逾現行公屋入息限額五倍 / 家庭總資產淨值超逾現行公屋入息限額 100 倍 / 未有在指定日期或之前交回填妥的申報表 / 選擇不作出申報 / 在香港擁有住宅物業的住戶，必須遷離其公屋單位；若沒有住宅物業且家庭入息和資產淨值未超出規定的租戶，可選擇繼續居住公屋單位，但可能需繳交額外租金及差餉。

表 6.2.3：富户政策規定

住戶情況	富戶政策下規定
家庭月入超出公屋入息限額 2 倍但不足 3 倍	須繳交倍半淨租金 / 暫准證費另加差餉
家庭月入超出公屋入息限額 3 倍但不足 5 倍	須繳交雙倍淨租金 / 暫准證費另加差餉
家庭月入超出公屋入息限額 5 倍	須遷出現居公屋單位
家庭資產淨值超出公屋入息限額 100 倍	須遷出現居公屋單位

資料來源：房屋署

不論富戶政策修訂前後，社會均存在富戶政策成效不足爭議。《東方日報》2021 年 8 月 28 日報道指：「房委會最新數字顯示截止 2021 年 3 月底共因富戶政策而向 1,000 個租戶發出遷出通知書，最終僅 330 戶交回單位，數字較富戶政策修訂前的月均收回 280 個住戶的居住單位低」。據《明報》2022 年 11 月 18 日報道：「房委會資助房屋小組計劃新增兩項目標以助日後改善『合理運用公屋資源』，分別為富戶政策兩年周期間審查不少於 45 萬份審核入息及資產申請表；每年就一萬份公屋個案進行深入調查。」

另一方面，為打擊濫用公屋，房協亦於 2023 年 5 月 24 日推過多項打擊濫用公屋措施，並於同年 10 月 1 日起實施：

- 公屋租戶在入住公屋後，須每兩年申報已持續居於單位，並已遵守與居住情況相關的租約條款。租戶亦須授權房委會可向有關政府部門及公 / 私營機構查核租戶資料。拒絕申報或沒有在指定日期內申報的租戶，其公屋單位的租約可被終止。
- 曾在申請公屋時作出虛假陳述而被取消申請的公屋申請者，不得在五年內再次申請公屋；

- 曾作出虛假陳述、違反租約條款、觸犯「屋邨管理扣分制」等而被終止租約的前公屋租戶，由終止租約當日起計五年內禁止再申請公屋。

資料來源：房委會

《經濟日報》在 2023 年 10 月 5 日曾報道，房署於同年 10 月 3 日起向公屋戶派在港持有住宅物業申報表，首階段涉 8.8 萬個普遍入住 2 至 8 年的公屋戶。《明報》2024 年 1 月 31 日報道，首批 8.8 萬個需提交申報表的公屋住戶中，截至同年 1 月中，已收回 8.7 萬份申報表，以及回收 330 個單位。2024 年 3 月 28 日香港電台報道，房署於同年 4 月 2 日起將向逾 25 萬公屋戶派「富戶政策」申報表及「居住情況申報表」。可見，有關政策有一定成效。

申報資產屋邨之一——梨木樹邨

6. 重建公屋

不少公屋舊屋邨已建有一定時間，其樓宇質素以及對土地運用均可能已不合時宜，重建有關屋邨是重新規劃及善用有關土地、增加更多公共房屋供應的選項之一。

近年亦有公共屋邨正進行重建工作，包括大坑西邨重建計劃，計劃將由平民屋宇有限公司與市建局合作推行，有關重建項目期望可提供較現時多一倍的房屋單位，共 3,300 個，當中 1,300 個用途將供重置現有租戶，另有 2,000 個則將用於「港人首次置業」計劃。進度上，據《明報》2024 年 3 月 7 日報道，2024 年 3 月 15 日為香港平民屋宇有限公司宣布搬遷的最後限期。香港電台 2024 年 3 月 15 日報道，平民屋宇有限公司指已收回 1,430 個住宅單位（約佔總數 9 成）及所有商用單

大坑西新邨

位，未收回單位大部分涉搬遷等酌情處理情況，預計短期內將交回，預期 5 年內可完成重建工程；平民屋宇有限公司亦指截止同日，已於 98% 住戶簽訂接受重建安排的相關法律文件，預計將有 800 戶重建後回遷；此外，截止 3 月 15 日，被平民屋宇有限公司於 2024 年 1 月啟動法律程序住戶個案中，大部分已同意交回 / 交回，尚有十數個單位尚待判決或其他法律程序。

另一方面，香港房屋委員會策劃小組委員會 2023 年 12 月 21 日通過黃大仙彩虹邨展開重建研究，彩虹邨重建前面積約 7.9 公頃，並約有 7,400 個公屋單位；當局選擇彩虹邨原因之一，包括樓齡、鄰近有合適遷置資源等因素，當局指初部步估算可在原址提供約 9,200 個單位（淨

即將展開重建的彩紅邨

增加約 1,800 個單位 / 24%）。根據《明報》2023 年 12 月 22 日報道，當局指整個重建計劃預計需 15 年，或分三期進行。

華富邨重建計劃亦於 2024 年有新推進，房屋委員會 2021 年曾向南區區議會諮詢重建方案及向居民與相關持分者進行簡介；房屋委員會 2024 年 3 月 14 日公佈正為港島南區華富邨分期進行重建，預計將分三期進行，首期涉第 1a 期（華景街）及第 1b 期（華富北、華樂徑）；第二期涉雞籠灣南、北；第三期則為華富邨原址重建。房屋委員會並於同日公佈第 1a 期（包括華安樓及華樂樓）的清拆及遷置安排，900 位受影響住戶將目標 2027 年 7 月前清空，並將以華景街公營房屋項目（1,208 個單位、預計 2026 年底起入伙）作接收。此外，1A 期有 23 個受影響租戶，將獲相等於正式公佈清拆相關安排當日，租約內所訂明每月淨額租金 15 倍的特惠津貼，房委會亦指，商戶亦可獲參與局限性投標的機會租用房委會轄下街市的檔位，如中標可有 3 個月免租期，如放棄有關機會，可獲一筆過替代津貼 12.5 萬元。此外，2021 年《施政報告》亦建議研究重建西環邨及馬頭圍邨兩個約 60 年樓齡的舊屋邨，期望可用以增加公屋單位供應。

7. 部分公屋類型（設計平面圖詳見 p.354-356）

隨時代演變及房屋設計等不同因素影響，公屋亦存在不同類型設計，提供種類、數量、大小均有所不同的房屋單位。本部分將述及部分房屋類型。

1. 和諧一型

特點：呈十字型，升降機位於每層中間部分，每層約 16 個單位，每邊 4 個。例子：慈輝樓。

2. 和諧二型

特點：呈三葉風車形狀，每層約十八個單位，三邊每邊 6 個單位，每邊以 2 個單位和 4 個單位形式排列。例子：平信樓。

3. 新和諧式一型

特點：呈十字型，升降機位於每層中間部分，每層約 16 個單位，每邊 4 個。例子：盈富樓。

4. 新十字型

特點：呈十字型，凸出部分一長一短，短部分設 2 單位、長部分設 3 單位，合共每層 10 個單位。例子：玉鞍閣。

5. 小單位大廈

特點：小單位大廈共有八型，各有不同形狀，包括 W 型、H 型、方向鍵型等。例子：常樂樓。

6. Y 型

特點：每層呈三葉風扇狀，凸出部分為長方型。升降機位於每層中間部分。單位方面，Y 型大廈共有四型，其中 Y 一型單位為統一較細單位，每層共有 36 個單位；Y 二及 Y 三型單位較混雜，每層共 24 個單位；Y 四型大廈每層較小型，單位大小亦較混雜，每層共 18 個單位。例子：德田邨。

7. 雙塔式

特點：每層為兩正方型以角落相連、呈八字型的大廈，中間位置相連部分設升降機及樓梯，另予相連部分的兩邊對角設樓梯。雙塔式大廈每層設 34 個單位，每邊 17 個。例子：華富邨。

雙塔式大廈設計的荔景麗瑤邨

「幸福設計」指引

第六屆行政長官李家超於《2022 年施政報告》內提出為新公營房屋項目制訂「幸福設計」指引，並建議房委會挑選五條現有公屋屋邨作為先導計劃。根據政府新聞公報，先導計劃選中的五個屋邨將進行主題性改善工程，主題包括綠色生活、樂齡安居、跨代共融、活力健康和社區聯繫。文化體育及旅遊局局長楊潤雄並稱，有關研究將「在五年內分階段研究及落實進一步改善屋邨環境、翻新遊樂及健體設施、球場、休憩處等公共設施，締造一個令居民更有幸福感的屋邨環境」。

8. 涉及公屋的問題

a. 鉛水事件

公營房屋以往錯發生食水含鉛量超標事件。根據立法會文件〈2016 年 7 月 11 日內務委員會特別會議有關食水含鉛事件的最新背景資料簡介〉，「2015 年 4 月至 6 月，民主黨於九龍西 13 幢公共及私人樓宇抽取食水樣本，化驗當中的重金屬（包括鉛）含量，民主黨 2015 年 7 月 5 日公佈化驗結果，九龍城啟晴邨抽取的 4 個食水樣本的含鉛量，超出世界衞生組織每公升食水含鉛量不高於 10 微克的暫定準則值。」事件引發公眾關注，政府亦於同年 7 月 9 日至 11 日公佈啟晴邨有 7 個水樣本含鉛量超出世衞標準，及後於 13 日發現由同一持牌水喉匠安裝的 4 個食水水管系統的公屋屋邨抽取水樣本，結果亦有數個樣本含鉛量超標。政府在 2015 年 8 月 24 日的衞生事務委員會特別會議上公佈資訊：「人體若過量吸收鉛，體內多個器官及身體功能均會受到影響。視乎體內的鉛含量，接觸鉛的影響包括神經系統發展受影響、貧血、高血壓、消化系統出現病徵、腎功能受損、神經系統受損、生育能力受損，以及導致不良懷孕結果。」

受鉛水事件影響的啟德啟晴邨

事後，政府為受影響人士提供驗血及醫護跟進服務，並針對事件成立專責小組進行調查，最終報告並於 2016 年 1 月 8 日公佈，報告指出「委員會看到的是所有持份者集體失職，未能防範在供水系統中使用不合規格的焊料」，並建議：「防止使用含鉛錫焊物料及不符合規格的喉管裝置；提升水務工程的工地檢查及測試制度；水務監督研究使用其他喉料，免除水務工程誤用含鉛錫焊物料的風險；房委會研究要求總承建商採用中央採購錫焊物料（及其他水務工程重要部件）；以及水務監督研究檢討相關法例以推行以上的建議。」

b. 2020 年新冠肺炎下的公屋問題

2020 年新冠疫情爆發期間，政府 2020 年 1 月 25 日宣布把未入伙的粉嶺暉明邨用作檢疫設施及有需要的醫護人員的暫時居所，引起爭議，房署會議備忘錄〈暫用公共租住屋邨作為政府檢疫設施〉提及當時因有示威行動導致暉明邨設施受損，故政府放棄有關決定，並於 2 月初決定改以火炭駿洋邨作為檢疫中心選址。

據《香港 01》2020 年 8 月 31 日報道，政府原定 8 月中交還駿洋邨予房委會，後因疫情問題只先歸還 4-5 座、1-3 座需延期交還。時任沙田區議員麥梓健表示，不少準租戶已輪候 7 至 8 年，更有個案於政府宣布交還後未有延長居所租約，政府宣布延期令其生活大受影響。駿洋邨第二座居民陳先生 2020 年 10 月接受《NOW 新聞》訪問時表示，延期使他需搬到酒店暫住，方便小朋友在同區上學，「（火炭駿洋邨第 1-3 座入伙延期至 2021 年 1 月）抽到駿洋邨，所以就轉了這個校網，轉（校網）前政府都不說，明年才可入伙，這樣我失了預算，若我之前知道，我會在長洲讀多一年。若長洲坐船出來要凌晨五時多，出到中環差不多六時，還要坐車進入沙田，若日日這樣，小朋友會捱不住。」

此外，不少公屋設計老舊，設計上的缺陷等因素令部分公屋在疫情期間成公共衛生威脅。房委會在 2022 年 3 月 14 日於政府新聞公報宣布通過為公屋單位推行排水管改善計劃，及修訂「屋邨管理扣分制」一項不當行為的內容（修訂後為表 6.2.2 第 20 項）。有關工程包括：「改善天台排氣管開口的位置、應對在大廈出現擾流現象；加裝分支接駁喉管，收集洗手盆排放的用水，以補充地台去水口的隔氣彎管內的水，藉此防止水封流失；相鄰單位的廁所地台去水口，如經共用廢水管接駁共用 U 型隔氣彎管，再連接糞管，房屋署會為有關單位的地台去水口加裝獨立 U 型隔氣彎管，以防止氣體和異味傳入相鄰單位。」

c. 簡約公屋爭議

公屋輪候時間是香港其中一個主要的房屋問題，近年不單一般申請者還是長者一人申請者的平均輪候時間均有明顯上升，分別由 2010 年 6 月底的 2 年及 1.1 年增加至 2022 年 6 月底的 6 年及 4.1 年，兩日時間均有過長現象。其中，一般申請者公屋輪候時間較政府目標的 3 年內更高出一倍。公屋輪候時間明顯過長。

表 6.2.4：公屋輪候時間

時間	一般申請者的平均輪候時間（年）	長者一人申請者的平均輪候時間（年）
截至 2010 年 6 月底	2.0	1.1
截至 2011 年 6 月底	2.2	1.1
截至 2012 年 6 月底	2.7	1.4
截至 2013 年 6 月底	2.7	1.5
截至 2014 年 6 月底	3.0	1.7
截至 2015 年 6 月底	3.4	1.9
截至 2016 年 6 月底	4.1	2.4
截至 2017 年 6 月底	4.7	2.6
截至 2018 年 6 月底	5.3	2.9
截至 2019 年 6 月底	5.4	2.9
截至 2020 年 6 月底	5.5	3.0
截至 2021 年 6 月底	5.8	3.7
截至 2022 年 6 月底	6.0	4.1

資料來源：香港房屋委員會資助房屋小組委員會議事備忘錄

為改善有關問題，李家超於《2022 年施政報告》內提出興建簡約公屋供輪候傳統公屋三年或以上人士在保留輪候傳統公屋的位置同時申請入住。政府並提出推出「公屋綜合輪候時間」指數，反映申請者綜合輪候傳統公屋和「簡約公屋」的時間，並期望可於 2026/27 年度前把有關時間由 6 年減至約 4 年半。

唯有關措施引發不少爭議。如造價方面，據《明報》2023 年 1 月 31 日報道，簡約公屋被質疑造價過於昂貴，即便政府經審視後於 2023 年 1 月 30 日公佈可減低相關費用 9.5 億元至總開支 259.9 億元，此價格下平均每個簡約公屋單位造價仍達 88.6 萬元，亦較公屋成本貴 10 萬元。另一方面，前政府中央政策組首席顧問邵善波 2023 年 2 月 6 日亦於《明報》撰文批評簡約公屋在成本較貴下，在只有 5 年使用期限土地建造臨時房屋，屆時更需付出額外的拆除費用，成本效益存在問題。

2020 年落成的駿洋邨曾用作檢疫中心

d.「組裝合成」建築法

特首李家超於《2022 年施政報告》內提出在更多公營房屋項目採用「組裝合成」建築法提速，根據建造業議會網站，「組裝合成」透過「先裝後嵌」的概念，先在較易控制的廠房製造獨立的「組裝合成」組件，工地現場組裝成建築物，從而減省現場施工工序，亦有助減少建築過程受天氣條件、勞動力資源和施工場地限制影響，同時有利管理施工質素、提升建造業的生產力、安全性及可持續性。組裝合成法常見的可預製組件包括：外牆、樓板、板間牆、樓梯、樓板、浴室等。

三、居者有其屋

根據政府統計處，2021 年約 41.2 萬居民居住於居屋單位。居屋是政府提供的主要資助自置居所，自 1978 年 2 月起推行第一期計劃，及後至 2002 年每年均會有 1-3 期計劃推行。

現時政府已復建居屋，為經濟能力較難負擔私營市場的港人提供較易負擔的置業選擇。綠表（見表 6.1.34）及白表人士以網上 / 親身遞

位於何文田俊民苑，建於 1981 年，是最早期的居者有其屋屋苑之一

交 / 郵寄申請形式遞表。所有申請者均會獲發一個號碼，並將按電腦據攪珠結果隨機排列的次序選樓。配額比例方面，以 2022 年居屋計劃為例，綠、白表申請者的配額比率為 40:60，如有一方剩餘配額則將撥給另一方。

表 6.3.2：白表申請人資格

1. 私營房屋住戶
2. 房委會轄下公屋、房協轄下出租屋邨或任何資助房屋計劃單位住戶的家庭成員
3. 房委會轄下「租者置其屋計劃」購得單位（與房委會簽訂該單位轉讓契據日期起計）不足 10 年內的業主及其戶籍內的所有認可家庭成員，可選購房委會的居屋單位，但須符合及遵守條件：

- 業主及其所有認可家庭成員必須一同申請
- 業主須在簽署買賣協議購買房委會的居屋單位當日起計 3 個月內 / 房委會特准一次過延期的三個月期限內出售及完成簽訂現居「租置計劃」單位轉讓契據的手續
- 申請者申請表上的任何家庭成員擁有兩個租置計劃單位，只可購買居屋計劃的一個單位，購得單位後須將兩個租置計劃單位於期限內出售

資料來源：房委會

表 6.3.3：白表居屋第二市場計劃 2022 的入息限額

家庭人數（人）	家庭月入（萬港元）	家庭總資產（萬港元）
1	3.3	92.5
2 或以上	6.6	185

資料來源：房委會

1. 擴展居者有其屋計劃第二市場

自 1997 年起政府已推行「居屋第二市場計劃」，公屋住戶或綠表人士可按計劃購買居屋單位。房屋委員會 2012 年 9 月 12 日通過把「居屋第二市場計劃」擴展至白表人士，容許他們購買未繳付補價居屋單位。立法會房屋事務委員會文件指出，由於新建居屋單位將於 2016/17 年度落成，推行計劃可滿足合資格購買居屋單位的港人於政府復建居屋的過渡期間置業需要。根據文件，白居二計劃將每年提供 5,000 個配額（4,500 個家庭申請人、500 個單身人士申請人）供有需要的合資格者購買。有關計劃原為臨時計劃，房委會 2017 年 11 月通過決定把「白表居屋第二市場計劃」恆常化，並於 2018 年起實施。

2.「白居二」炒賣問題

居屋政策本為增加置業階梯選項，為不符公屋資格、但又未能應付私營市場樓價港人提供可負擔的資助自置房屋單位。然而，居屋或已成為炒賣樓市一部分。據《明報》2020 年 10 月 5 日報道，本土研究社及《明報》整理近年解除銷售限制並在白居二市場成功出售個案，發現每宗平均成交價相較於居屋原價有 80% 增幅，青衣綠悠雅苑有個案更有 1.4 倍增幅。報道訪問相關人士，本土研究社成員姚政希受訪時指出，「白居二計劃淪為炒賣工具，並成為房策漏洞；大部分抽不到居屋的申請者會湧向『白居二』市場，令賣家增加提價本錢，最終令居二市場變成炒家樂園」；時任房委會委員柯創盛接受訪問時指出「情況違背（政策）協助港人置業的原意，房委會要收緊轉售限制」。

3. 部分居屋類型（設計平面圖詳見 p.354-356）

1. **康和一型**

特點：呈十字型，中間位置設升降機、電及水錶房等。康和一型每層有 8 個單位，分別位於十字型四個凸出部分，每部分各 2 個單位。例子：天水圍天富苑。

2. **風車型**

特點：呈風車形狀，中間位置設升降機，每層有 16 個單位，每個風車扇頁凸出部分有 4 個單位。例子：駿昇閣。

3. **舊十字型**

特點：呈十字型，中間位置設升降機，每層有 8 個單位，每邊凸出部分 2 個單位。例子：雅賢閣

4. **鄉郊和諧式**

特點：雖不規則的十字型，各層單位數不一置。例子：晉德閣。

5. **Y3 型**

特點：呈 Y 型，每層共產 24 個單位，三邊平均每邊八個單位。例子：康盈苑。

屬康和一型設計的天水圍天盛苑

四、過渡性房屋

本部分主要涉及過渡性房屋政策措施，包括措施的歷史、實施情況、成效以及面對的問題等。

1. 過渡性房屋措施

過渡性房屋措施由第五屆政府於 2018 年 6 月 29 日發布，是一項增加房屋供應的短期措施。措施建議由運輸及房屋局（現分拆為運輸及物流局和房屋局）轄下成立專責小組負責協助並促成由非政府機構建議和營運的過渡性房屋項目，包括翻新／改裝現有住宅樓宇為過渡性房屋、採用「組裝合成」於空置政府土地和私人土地興建過渡性房屋、改建私人校舍或工業大廈等空置非住宅樓宇為過渡性房屋，以及使用酒店和賓館作過渡性房屋用途（2021 年推行的先導計劃）等。

過渡性房屋目為短期舒緩措施，目的為透過增加短期房屋供應以舒緩輪候公屋者／居於不適切居所人士的生活質素。由於項目房屋以提供有需要人士臨時居所為主要目的、僅屬過渡性質，故項目租住時

荃灣仁濟軒過渡性房屋

間設有限制，有關項目的每次租期不可超過五年。供應量方面，政府 2021 年 10 月公佈的 2021 年《施政報告》中指出，運房局（現房屋局）已覓得足夠土地供應目標 1 萬 5 千個單位，並將額外提供 5,000 個單位至合共逾 2 萬個單位。

表 6.4.1：現有過渡性房屋項目（截止 2022 年 12 月 20 日）

	單位數目
已投入服務	12,163
已撥款	8,937
總數	21,100

表 6.4.2：現有過渡性房屋項目落成時間（截止 2022 年 12 月 20 日）

	單位數目
2021 年及以前落成	1,770
2022 年落成	5,191
2023 年落成	2,395
預計 2024 年落成	10,511
預計 2025 年落成	1,233

資料來源：房屋局

清拆前曾作過渡性房屋用途的香港仔漁光邨

新冠疫情期間過渡性房屋用作社區隔離設施

2019 冠狀病毒病疫情爆發期間每日確診人數一度日均逾萬，單憑醫院難以應付眾多患者，政府設有不同社區隔離設施以供隔離患者以協助切斷社區傳播鏈，當中包括新建過渡性房屋單位。根據政府新聞網，政府 2022 年 2 月 28 日公佈在得到香港聖公會福利協會有限公司和博愛醫院同意後，徵用即將完工的元朗東頭「同心村」及元朗錦田江夏圍第一期兩個新建過渡性房屋項目共 2,500 個單位用作社區隔離設施之用，共可服務逾 5,000 名需隔離人士。

（1）住宅樓宇項目

部分過渡性房屋位於現有住宅樓宇內，包括下列數項計劃：

a. 支援非政府機構推行過渡性房屋項目的資助計劃

- 由特區政府資助非政府機構改建空置住宅樓宇。

b. 社會房屋共享計劃

- 由香港社會服務聯會作為中介平台角色，負責承租、與業主聯絡、翻新私人單位、分租給認可營運機構營運及提供支援服務等工作。

- 房屋裝修及社會服務的開支由香港公益金贊助、房屋中介平台的運作經費則由社會創新及創業發展基金贊助。

c. 香港房屋協會暫租住屋

- 透過預計重建（明華大廈、真善美村、觀塘花園大廈）、已翻新（漁光邨）以及與第三方合作（策誠軒）提供的現有物業單位作為過渡性房屋之用。
- 香港房屋協會及香港房屋委員會轄下資助出售單位業主可參與計劃租出其未補價單位或睡房予正在輪候公屋的合資格人士。

d. 要有光

- 光房：由社企「要有光」向業主承包單位。
- 光屋：由社企「要有光」活化一幢位於深井的閒置工人宿舍。

e. 發展局資助計劃以支援非政府機構善用空置政府用地

- 支援非政府機構善用空置政府用地的資助計劃，其中「喜居」原為政府宿舍。

表 6.4.3：已落成的現有住宅樓宇項目（截止 2022 年 12 月 20 日）

營運機構	涉及項目
聚賢薈有限公司	● 堅尼地城北街及厚和街 * ● 銅鑼灣空置住宅單位 *
香港房屋協會	● 筲箕灣明華大廈（第一批及第二批）* ● 觀塘花園大廈 ^ ● 漁光邨 ^ ● 大埔策誠軒 ^ ● 真善美村 ^
浸信會愛群社會服務處	● 大角咀荔枝角道 &

（續上表）

營運機構	涉及項目
聖雅各福群會	● 旺角豉油街雅閣 & ●「共住共生」旺角豉油街雅軒 &
香港善導會	● 中環士丹頓街 &
仁愛堂有限公司	●「綠苑」屯門塘亨路 &
救世軍	●「住＋」土瓜灣下鄉道 &
香港仔坊會	●「友里同行」華富道華富閣 &
香港聖公會福利協會有限公司	●「好鄰舍」土瓜灣道 &
啟愛共融社區中心	● 深水埗大南街 & ● 深水埗青山道 & ● 油麻地碧街 &
香港社區組織協會有限公司	●「喜家」長沙灣兼善里 & ●「友家」大角咀 & ●「南家」天后電氣道 & ●「友樂居」西環順成大廈 & ●「喜居」— 域多利道宿舍 #
基督教關懷無家者協會	● 深水埗大埔道 &
關注草根生活聯盟	● 油麻地彌敦道 & ● 旺角 &
循道衛理觀塘社會服務處	● 觀塘嘉樂街怡昌大廈 &
九龍樂善堂	●「樂屋」九龍城福佬村道，九龍城南角道，土瓜灣落山道，何文田自由道 & ●「樂屋」港島及九龍區「唐樓住宅單位」項目 * ●「樂屋」- 港島西區項目 *
要有光	● 光房、光屋
合共提供單位	● 1,492 個

* 為「支援非政府機構推行過渡性房屋項目的資助計劃」項目

& 為「社會房屋共享計劃」項目

^ 為「香港房屋協會暫租住屋」項目

% 為「要有光」項目

為「發展局資助計劃以支援非政府機構善用空置政府用地」項目

資料來源：房屋局

觀塘花園大廈

（2）改建空置非住宅樓宇

部分過渡性房屋項目改建自非住宅樓宇，包括私人校舍或工業大廈。

表 6.4.4：已落成的改建空置非住宅樓宇（截止 2022 年 12 月 20 日）

營運機構	涉及項目
九龍樂善堂	●「樂屋」樂善堂小學 ●「樂屋」荃灣象山邨（前荃灣信義學校）
聖雅各福群會	●「雅園」漆咸道北和鶴園街交界
救世軍	● 救世軍「齊＋」@三聖過渡性房屋項目
香港仔街坊福利會有限公司	●「尚晉坊」赤柱過渡性房屋計劃
合共提供單位	390 個

資料來源：房屋局

過渡性房屋——可悅居

（3）新建過渡性房屋

新建過渡性房屋透過組裝合成方式於閒置政府土地或由業主提供的私人土地興建組合屋以提供過渡性房屋單位。

表 6.4.5：已落成的新建過渡性房屋（截止 2022 年 12 月 20 日）

營運機構	涉及項目
香港社會服務聯會	● 南昌 220
九龍樂善堂	●「樂屋」土瓜灣宋皇臺道 ● 大埔「樂善村」
香港社區組織協會有限公司	●「喜信」長沙灣英華街 ●「喜盈」油麻磡路
香港社會服務聯會（由聖雅各福群會營運）	●「雅匯一期」深水埗欽州街 ●「雅匯二期」深水埗欽州街
香港社會服務聯會	●「麥匯 · 業成」葵涌業成街
香港聖公會福利協會有限公司	● 元朗東頭「同心村」
基督教家庭服務中心	●「順庭居」長沙灣長順街 ●「賢庭居」將軍澳唐賢街 ●「寶庭居」將軍澳寶琳北路
齊惜福有限公司	●「荃福居」荃灣聯仁街
仁愛堂有限公司	●「仁愛居」洪水橋

（續上表）

營運機構	涉及項目
仁濟醫院董事局	●「仁濟軒」荃灣海興路
普門基金會有限公司	●「普綠軒」荃灣青山公路 - 青龍頭段
薔色園	●「可悅居」黃大仙道
東華三院	●「啟德 · 東寓」啟德沐安街
新界社團聯會社會服務基金	● 恒莆新苑
博愛醫院	● 博愛江夏圍村（第一及第二期）
合共提供單位	● 9,465 個

資料來源：房屋局

（4）酒店和賓館

政府 2020 年於《2020 年施政報告》中提出，為增加過渡性房屋供應以及為受 2019 冠狀病毒病疫情影響的酒店及賓館業界提供支援，2021 年 4 月 1 日起啟動「使用酒店和賓館作為過渡性房屋用途的先導計劃」，由政府提供資助撥款供非政府機構租用酒店和賓館房間作過渡性房屋用途。房屋局 2022 年 7 月報告指出，將於關愛基金撥款支持的首階段項目完成後，檢討計劃的整體成效。

表 6.4.6：合作的酒店和賓館（截止 2022 年 7 月 31 日）

項目名稱營運機構	涉及項目
九龍樂善堂	B Hotel
香港社區組織協會有限公司	位於油尖旺區的 25 間賓館（包括：如一酒店、如茵酒店、亞洲旅遊賓館等）
嶺南藥業慈善基金會	位於油尖旺區的 35 間賓館（包括：蜂巢旅館、永盛行、福建旅館、浩明威雅舍等）
香港路德會有限公司	愛得甫酒店 王子公館 KK Hotel
聖雅各福群會	位於深水埗、油尖旺、灣仔及北角區的數間酒店和賓館，（包括：漁船紅酒店、維港灣紅酒店等）
合共提供單位	816 個

資料來源：房屋局

深水埗「雅匯」為首批使用政府用地興建過渡性房屋之一

2. 過渡性房屋措施成效

本港首個過渡性房屋項目「南昌 220」由香港社會服務聯會於 2020 年 8 月推出，合共提供 89 個 1-3 人單位供合資格港人申請入住，租期兩年，有關項目已於 2022 年 11 月結束，項目以組裝合成法興建的組合屋使用期可達 30 至 50 年，由於組合屋易於拆卸組件與裝嵌，故將移交九龍樂善堂管理並供其於日後使用，而涉及的土地則歸還土地持有人。根據香港社會服務聯會同月發出的新聞稿。「南昌 220」項目運作期間合共有 94 個住戶共 175 人入住，協助他們改善居住環境。

表 6.4.7：住户入住過渡性房屋後的生活環境變化

	入住前	入住期間
人均居住面積	55 平方呎	97.3 呎
租金	4279 港元	2953 港元

資料來源：香港社會服務聯會

雖然住戶入住過渡性房屋後居住環境及生活素質均有所改善，然而入住期過後並非多數住戶均能銜接非短期性質的居所，僅 24 戶居民成功於期間輪候公屋、有 59 戶需銜接參與其他過渡性房屋項目，反映有關項目或未能達到「過渡性」的政策目標。

表 6.4.8：項目結束後住房去向

	公屋	私人住宅	其他過渡性房屋
住戶數（百分比）	24 戶（25.5%）	11 戶（11.7%）	59 戶（62.8%）

資料來源：香港社會服務聯會

3. 過渡性房屋措施建議

過渡性房屋政策為近年新推行的措施，實際運行上或仍有不足之處，關注基層住屋聯席 2022 年 12 月 20 日於政府舉行的會議上提出數點問題與意見期望改善過渡性房屋政策，包括：

（1）延長過渡性房屋租住期

首先，關注基層住屋聯席指出，現時大多數過渡性房屋租住期僅2-3年，然而公屋一般申請者的平均輪候時間需5.6年，當中不少更可能需要7年以上才能獲配公屋，租用期僅2-3年的過渡性房屋項目或難以達到「過渡」之效，部分住戶可能在租用期結束後仍未獲派公屋，需回去居住不適切居所，故關注基層住屋聯席建議政府延長有關項目的租借期。

（2）為參與項目後未能上樓的前劏房住戶提供安置或支援

據媒體報道，首個過渡性房屋項目「南昌220」結束後，有11戶居民需重回包括劏房在內的私人住屋市場居住。關注基層住屋聯席指出未獲配其他過渡性房屋項目或公屋，需租住私人房屋的住戶需面對搬遷費用、單位按金等經濟開支，帶來沉重的經濟負擔，建議政府按情況及居民實際需要，為計劃結束後未獲任何銜接支援的居民提供搬遷津貼、地區服務等支援。

（3）過渡性房屋配套支援

關注基層住屋聯席指出，過渡性房屋的鄰近配套如：就業機會、學業配套、公共設施、交通配套等均十分重要，期望政府可於發展新的過渡性房屋時，考慮改善過渡性房屋的配套，或透過交通津貼、就業配對等鼓勵居民到位於偏遠地區的過渡性房屋居住。

（4）設立專責部門及加強宣傳

於過渡性房屋項目上，政府主要負責提供資金等工作，營運過渡性房屋包括：訂立入住條件、接受申請、面試與審查等工作均由該過渡性房屋的營運機構負責。關注基層住屋聯席指出，有個案反映因申請程序繁複或欠缺渠道得悉項目相關資訊而未有或錯過申請。關注基層住屋聯席建議政府設立部門協助進行申請工作以及加強項目的宣傳工作。

茎灣「樂屋」，原為學校的籃球場，現成為住戶休憩運動的地方

荃灣「樂屋」設有花圃供住戶使用

總結

樓價高企、輪候公屋時間過長等因素令不少基層市民只能選擇居住於劏房等居住環境惡劣的不適切居所內。為改善輪候公屋期間市民的居住與生活環境，政府推出過渡性房屋政策期望透過短期措施為合資格港人提供輪候公屋期間一個居住環境與租金等均較適宜的過渡性房屋，從而改善港人生活。然而，目前過渡性房屋政策仍存在一系列問題，如部分項目租住期相對較短，對需要長時間輪候公屋的市民而言幫助不大，仍有待政府檢視已完成項目後為有關政策作出改善。不過，居住與生活環境的癥結是樓價高企與公共房屋供應不足，仍需政府透過長遠措施提高房屋供應以舒緩及改善問題，過渡性房屋政策僅為暫時性的治標措施。

第七章

香港獨有公屋文化

公共屋邨的空間設計實而不華，其中包括冗長的走廊、寬闊的大堂等，以及屋邨內享有種滿植物的休憩空間。隨着時代發展，不同形態的公屋陸續誕生，各有特色，從而發展出公屋保育文化。

五十年代初，政府針對市民的住屋需要、改善民生，遂着手興建公共屋邨，以低廉的租金提供租住房屋安置受災災民或內地難民，以及應付低收入市民的住屋需要，最早期的上李屋邨、模範邨、石硤尾邨等屋邨相繼落成。隨着社會變遷，香港公屋也成為了社區生活的重要一部分。許多公共屋邨均配備了休憩設施、遊樂場、地下商舖、商場、社區中心、社區服務設施甚至學校等，以滿足居民的基本需求。公屋也成為社會凝聚力的象徵，居民們在這裏建立了密切的鄰里關係和友好的互動。而香港的公屋文化，也隨之逐漸形成。

一、冗長的走廊

早年，公共屋邨設計主要屬長型大廈，實而不華，不少公屋選址更是在區內狹小的地方甚或要遷就地勢依山而建，務求在地形限制下建設最多幢的樓宇。冗長的走廊是長型大廈的設計特色，單是一條走廊動輒設有十多戶單位，就算是到了九十年代提升了單位設計私隱度的Y型大廈，其大廈也不乏冗長走廊的設計。舊式的長型大廈於走廊末端通風口，再與彼鄰的長型大廈互相相連，部分屋邨更將數座長型大廈相連在一起，營造出一個大型的建築群。走訪其中，像是穿梭於一個立體迷宮之中，實在是小朋友們躲迷藏的好地方。另一邊廂，過往公共屋邨屬開放式設計，這些冗長的走廊不僅是居民的必經之路，

冗長的公屋走廊

有時遇上滂沱大雨的日子，途人也會取道屋邨於大廈內穿梭走廊避雨。

二、各樓層偌大的大堂

無論是五十年代設計的 H 型徙置大廈，抑或到後期七十年代設計的舊長型大廈，在各樓層均有偌大的大堂，設於走廊末端或是與彼鄰大廈相連的位置，又或是在升降機大堂上升降機未有停靠的樓層上。在這個多用途空間，有的嬰孩會騎着圓圓的學行車蹣跚學步，青少年則會踢起足球、毽子等，長者總愛從家中推出搖搖椅面向通風磚牆乘涼；街坊們就會相約一起大打四方城，又或廣邀親朋大排筵席。這裏，也成為了一個充滿生活氣息的地方。

各樓層大堂的多用途空間

樓下公園休憩空間

三、樓下公園大笪地

除了公屋大廈的設計別具特色；另一邊廂，公園大笪地也是香港公共屋邨的一大文化現象。由於公屋的居住空間較為狹窄，設計師在規劃公屋時也考慮到居民的需要，公園大笪地遂成為了居民舒展身心的好去處。在公園裏，居民可以晨運、散步、聊天等，有的老人家會手執葵扇下樓乘涼，有的會棋逢敵手大玩撲克牌和下象棋等，消遣美好時光；而大笪地上的活動更是多采多姿，耍太極、跳舞、踢西瓜波、打羽毛球等，每天都吸引了不少居民前來；遊樂設施上更滿是天真可愛的臉孔，小朋友們你追我逐、打鞦韆、溜滑梯、玩搖搖馬、爬攀登架等。凡此種種，皆令公園大笪地成為了社區生活的重要地方。

四、美食天堂

有云「民以食為天」，要說香港公共屋邨是一個美食天堂實不為過。當年香港社會未有現今的雙職家庭文化，普遍也是男主外女主內的傳統生活模式，故每當傍晚時份，大廈內的走廊均會傳來各家各戶的佳餚香味，芬香撲鼻傳遍四周，有如廚藝比拼一樣。早期公屋不如近年般設有商場，反之地下便是各式各樣的小商舖，食店林立，粥品麵店、精美小炒不在話下；深夜樓下大牌檔的食客更見津津有味。另外，七八十年代的流動熟食小販更是成行成市，邨口往往停泊着木頭車售賣各式各樣地道小食，燒味蠟腸糯米飯、雞蛋仔夾餅、牛什魚蛋、煎釀三寶臭豆腐等。有的更會挑起擔挑走進大廈內叫賣，走廊偶爾會傳來叫賣豆腐花以及白糖糕、西米糕等糕點的聲音。後來，屋邨更設有冬菇亭，供食肆提供美食給居民。美食天堂也可說是香港公共屋邨的一大特色。香港公共屋邨的文化是多元而豐富的，並非由一堆堆冷冰冰的數字堆砌而成。居民之間的鄰里關係密切，當中的人情味，都是這裏獨有的文化現象，反映了香港社區生活的多元化和活力。

五、公屋保育

香港的公屋文化不是獨立無依的，它印證着這個城市的發展。然而往日的片段未可存留，現實的築蹟亦未可帶走。藉着公屋的保育，將令公屋故事得以承傳。

1. 石硤尾邨美荷樓／美荷樓青年旅舍

要訴說香港早期的公屋發展史，總離不開香港首個由政府興建的徙置大廈——石硤尾邨。石硤尾邨早於 1954 年建成入伙，首 8 座屬第一

屋邨樓下食肆

美荷樓青年旅舍

型徙置大廈，位於白田街側以及窩仔街與偉智街之間，採用 H 型設計，樓高 6 層，中座設有公共水龍頭、廁所及淋浴間。8 座徙置大廈最初以 A 至 H 座命名，當中位處巴域街末端的 H 座，於 1981 年獲安排改建單位，加建獨立廚房及廁所，並改編為第 41 座及正式命名為美荷樓。

石硤尾邨於千禧年代獲安排陸續清拆舊型大廈，香港房屋委員會原先建議保留石硤尾邨第 15-18 座 4 幢 7 層大廈，重新規劃、包裝並發展成為集歷史、文化、教育及旅遊一身的主題建築組群，命名為「石硤尾邨生活體驗及旅遊活動中心」。其後於 2005 年於第 17 及 18 座對出空地設立「石硤尾人文館」，作為石硤尾邨 50 周年紀念；同年美荷樓被列為一級歷史建築，而石硤尾邨保育方案亦縮減至僅將美荷樓改建。

2007 年 10 月，政府時任行政長官曾蔭權於在《施政報告》中提出歷史建築物應該予以活化，翌年，政府正式宣布《活化歷史建築夥伴計劃》，並將美荷樓納入首批活化歷史建築的 7 幢建築物之一，並落實由香港青年旅舍協會改裝成青年旅舍。2013 年 12 月，活化後的美荷樓青年旅舍正式開幕，並提供 129 個由原公屋單位改建的房間，設有懷舊主題房、懷舊冰室及士多，讓旅客親身體驗本地文化。旅舍內的特色博物館「美荷樓生活館」，透過模擬單位、3D 攝影區，帶領旅客穿越時光隧道，認識香港社區及公屋歷史及環境，以至五十至七十年代石硤尾區的市民生活習慣的轉變。

美荷樓生活館內貌

石硤尾邨

2. 石硤尾工廠大廈／賽馬會創意藝術中心（JCCAC）

說到深水埗區保育石硤尾區美荷樓，不得不提起早於 2008 年已獲完成活化的賽馬會創意藝術中心。賽馬會創意藝術中心前身是 1977 年落成的石硤尾工廠大廈，位於九龍深水埗石硤尾白田街，彼鄰石硤尾邨。

石硤尾工廠大廈原屬香港房屋委員會轄下工廠大廈，是早期香港公共房屋的其中一個組成部分。五十年代，政府為吸納受寮屋及平房區清拆計劃影響、俗稱「山寨廠」的家庭式工業及小規模工場，香港房屋委員會前身徙置事務處於是開始發展徙置工廠大廈，樓高大約 5-7 層，而且不設升降機及獨立廁所，首座大廈為 1957 年落成的長沙灣工廠大廈。

1973 年 4 月，新成立的香港房屋委員會接管全港徙置工廠大廈，並因應私營小型工廠單位短缺問題，遂於 1977 年建成石硤尾工廠大廈，樓高九層。當時，石硤尾工廠大廈坐擁許多謔稱「山寨廠」的家庭式手工業。可是，由於香港工業在八十年代起因內地改革開放而呈現北移現象，香港輕工業逐漸式微，工廠單位需求開始下降，香港房屋委員會在 1989 年檢討其轄下工廠大廈的情況，決議長遠逐步減持工廠大廈單位，以集中發展公共房屋。2000 年起，香港房屋委員會推出「提早退租計劃」及凍結出租空置單位政策，工廠大廈單位逐漸被丟空。

2005 年 10 月，在民政事務局協助、香港賽馬會慈善信託基金贊助下，石硤尾工廠大廈終獲進行改建，作為發展創意藝術中心的試點，搖身一變成為多元化的創意藝術村及藝術中心。賽馬會創意藝術中心作為一所多元化及對外開放的藝文場地，樓高九層，佔地約 20 萬平方呎，藝術村預留了近四份之一的工作室，培育新晉藝術家，為推動文化創意產業作出貢獻。整個改建項目還榮獲香港建築師學會 2008「全年境內建築大獎」。JCCAC 為港人和遊客提供一個富有特色的文化藝術新天地，體驗藝術文化活動和感受創意氛圍。

3. 柴灣工廠邨大廈 / 華廈邨

柴灣工廠大廈

無獨有偶，座落於香港島東區柴灣吉勝街、於 1959 年 6 月落成的柴灣工廠邨大廈，屬 H 型徙置工廈設計，樓高 5 層，不設升降機設施，但設有斜路供手推車作運輸用途；工廠大廈同樣因「提早退租計劃」而令全座共 378 個工廠單位逐漸被丟空。

2013 年 2 月，古物諮詢委員會將柴灣工廠邨大廈評為二級歷史建築；同年年中展開改建為公共屋邨工程，改建工程保存工廠大廈的文物特色，結構外型基本上維持原本，另外更加裝兩部升降機，方便居民上落。地面則增設入口大閘，由原先工廈的開放式設計改為採用封閉式管理。改建工程還包括增設商舖、歷史展覽區、機電設施、上落貨區、公共廁所、休憩天台、健身設施及綠化苗圃等設施。改建工程耗資高達 3.3 億港元，成本較興建新公屋單位更要昂貴。

柴灣工廠邨大廈改建工程於 2015 年底竣工，改名華廈邨，樓宇定名為華欣樓，為並於 2016 年 8 月重新入伙。華廈邨共提供 187 個出租公屋住宅單位，所有單位均採用開放式佈局、開放式廚房及附設大型露台；因大廈屬二級歷史建築，大廈訂明租戶不得在牆上鑽孔或打釘而令牆身受損，也不能改動單位間隔。華廈邨於 2017 年 7 月榮獲香港建築師學會所頒發的兩岸四地建築設計論壇及大獎的殊榮。隨着柴灣工廠邨大廈在 2016 年改建為公屋，香港房屋委員會轄下舊式工廠大廈清拆或改建工作已告完成。

4. 石硤尾邨、藍田邨、牛頭角下邨、蘇屋邨展覽廊

近年，隨着保育意識提升，講求集體回憶，不少舊式屋邨原址重建時都會搜集邨內一定數量的文物予以保留，並在重建後增設展覽廊重新展示。

昔日藍田邨的 23 幢徙置大廈，在 2009 年終完成歷時近 20 年的重建，分拆為平田邨、啟田邨、安田邨、康逸苑及新的藍田邨等。在新藍田邨內，平台上設有一個名為「金輪酒樓」的休憩空間。模擬場景正模擬昔日酒樓，設有大圓桌及木椅子，營造出舊式酒樓的感覺。藍田邨內多處大廈外牆亦展示舊邨的歷史圖片及文字資料，就連當年藍田邨 15 座外牆上的飛龍彩繪壁畫，也重回邨內展示。另外，藍田邨的題字亦是出於昔日年少時曾居於舊藍田邨的著名演藝名星劉德華所題。

牛頭角上邨及下邨原分別設有 9 幢及 14 幢徙置大廈，終於 2016 年完成重建新廈。房屋署分別於牛頭角上邨及下邨設立懷舊閣及文化廊等展覽廊，將在清拆前從居民收集回來的火水爐、公雞碗等舊式物品放置在邨內，亦有仿製昔日的通花牆作裝飾。增加歷史元素。

牛頭角上邨文物廊

牛頭角下邨文物廊

至於蘇屋邨同樣亦於 2016 年完成原址重建，保留了前身的楓林樓兩層作為博物館，放置了一些蘇屋邨舊物；而邨內的特色建築包括有「蘇屋三寶」之稱的燕子亭、小白屋、寫有「蘇屋邨」三字的金漆大門牌，以及於 1961 年英國皇室雅麗珊郡主到訪蘇屋邨時曾在此栽種了一棵櫻桃樹均獲保留，記載着屋邨的歷史。

長沙灣蘇屋邨

六、特色公屋成為集體回憶

香港公共房屋發展至今 70 年，歷史悠久，不少屋邨的建築別具特色，例如彩虹邨彩虹樓宇外貌與球場、勵德邨的圓型雙子塔、南山邨的飛行棋遊樂場、華富邨圓型天橋、樂華南邨粉藍色圓形洞牆壁、啟晴邨遊樂場融入從前啟德機場的歷史元素等，漸漸成為了香港市民的「打卡」勝地！

華富邨圓型天橋

南山邨飛行棋遊樂場

第八章

其他資助房屋機構

香港市民的居住環境隨着社會發展而獲得逐漸改善，不少資助房屋機構和組織相繼成立，包括香港房屋協會、香港模範屋宇會、香港平民屋宇有限公司和香港經濟屋宇協會，部分非牟利房屋機構仍營運至今。

四十年代的香港，經歷過第二次世界大戰，眾多人無家可歸，同時有大量內地居民移居香港，導致房屋嚴重短缺。很多人只能用木材在山邊或者天台上搭建寮屋，設備簡陋、衛生情況極不理想又潛在發生火災的風險。可是，當年政府認為重建香港經濟是戰後首要的工作，大量內地居民來港只是暫時性，當內地情況穩定下來後，便會陸續離開香港。就房屋問題，政府未有主動擔任「領頭羊」的角色。反之，當年有不少社會賢達看到屋荒情況而主動組織非牟利房屋團體。因此，在政府鼓勵及支持下，陸續有不少的組織相繼成立，包括香港房屋協會、香港模範屋宇會、香港平民屋宇有限公司和香港經濟屋宇協會，部分非牟利房屋機構仍營運至今，本章節將會一一介紹。

一、香港房屋協會

香港房屋協會（簡稱：房協）是香港首間非牟利房屋機構，成立於 1948 年。香港福利議會成員之一的香港聖公會何明華會督看見香港房屋短缺問題嚴重，提出善用由倫敦市長在 1947 年透過「空襲救災基金」向香港福利議會捐出的 1 萬 4 千英磅，成立非牟利房屋機構 —— 香港房屋協會，向政府以低市價的價值購買土地，建造廉租屋。後來，房協在 1951 年根據《香港房屋協會法團條例》1059 章成為法定團體，並由社會賢達組成的委員會管治。隨着社會和時代變遷，房協在 2000 年進行架構重整，設有監事會及執行委員會，採取雙重管治。兩個委員會成員均由社會不同的專業人士組成，任期為 3 年，負責監督房協各方面的工作。監事會負責制訂房協整體宗旨和企業原則、監管提名及審核等工作；執行委員會負責制訂房屋政策及監管管理層工作。

政府在 1953 年石硤尾大火後才成立部門處理房屋問題，而房協在成立後已開始着手興建具備獨立廚廁的出租屋邨給合資格的家庭申請，嘗試舒緩屋荒的情況。可見，它所擔當的角色更為重要。位於深水埗的「上李屋邨」於 1952 年落成，是房協第一個出租屋邨，此邨共設有 5 棟樓宇共 360 個單位給合資格的港人申請。

表 8.1：房協第一個出租屋邨申請條件

1. 申請人在 1952 年前在港連續居住 5 年，在戰前在港居住者及在香港出生者將優先
2. 申請人必須有固定入息，低收入息階層將優先申請
3. 申請人家庭包括本人在內，必須不少於 3 人及不多於 7 人以上的家屬

資料來源：1952 年 5 月 21 日《香港工商日報》

由房協興建，位於沙田的乙明邨

值得注意的是，申請人除了需要符合申請資格、通過嚴格的資產審查外，也需要通過房協的家訪。屋邨經理會進行家訪以檢視申請人的居住面積和實際情況。因此，申請者可說是要「過五關斬六將」，不少最終獲派房屋的人士也被譽為幸運者。「上李屋邨」一推出接受申請後便收到 6,000 份申請，十分踴躍。房協亦陸續在各區建造各出租房屋如：位於牛頭角的花園大廈、香港仔漁光邨、葵涌荔景的祖堯邨等。

1. 郊區公共房屋計劃

房協在 1983 年在新界地區興建出租房屋，名為「郊區公共房屋計劃」。這類型的屋邨共有 3 條，主要用作安置受重建、清拆影響的原居民。這 3 條屋邨分別是：在 1984-86 年落成、合共有 4 座的西貢對面海邨，用以安置受政府清拆計劃影響的西貢原居民；共有 52 座並分別在 1988、1989、1991 及 2017 年建成的沙頭角邨。1985 年政府為了改

西貢對面海邨

善沙頭角的環境，清拆鹽寮下村及菜園角的寮屋。為安置受影響的居民，政府將建屋計劃交給房協負責。沙頭角邨更是香港唯一一個位於邊境禁區的公共屋邨，這條邨的建築採用歐陸式建築風格，外牆色彩繽紛，設計特別。可惜，現在沙頭角屬於禁區，只是局部開放沙頭角碼頭。此外，在郊區公共房屋計劃下最後一條公共房屋便是位於西貢並在 1997 年落成的翠塘花園，翠塘花園共有 11 座，其中一座為出租房屋，另外 10 座列為「住宅發售計劃」項目。

2. 出售房屋計劃及夾心階層住屋計劃

政府在 1973 年正式成立一個專責部門房屋委員會處理房屋事務後，房協由擔任主導轉為輔助的角色。它配合根據政府就香港房屋政策及發展方向而推出各類型的房屋計劃，除了上述興建出租房屋給予合資格的申請人外，其他計劃如住宅發售計劃及夾心階層住屋計劃等，為解決香港房屋問題而作出貢獻。

七十年代末香港經濟起飛，政府鼓勵港人置業的大環境下，房協隨後推出住宅發售計劃。住宅發售計劃與房委會推出的「居者有其屋」計劃的目標相近，均是出售低於市價的房屋給合資格的家庭。根據《香港房屋協會 70 周年》載：「時任房協主席梁紹榮先生在 1984 年公佈動用 17 億港元在未來 5 年興建 9,200 個出租單位及 1,600 個出售單位，單位建成後將以優惠價發售給房協租戶或符合政府『居者有其屋』計劃的申請人。」在 1989 年落成的荃灣祈德尊新邨是房協第一個住宅發售計劃下的項目，第一批推出 350 個單位建築面積由 39 至 60 平方米並在居者有其屋第 10 期乙推出發售，售價由 267,200 元至 525,600 元不等。

配合當時普遍港人也對住屋要求上升，房協在設計和興建樓宇時也花了些心思，邨內除了設有各類的社區設施如銀行、診所及幼稚園外，

祈德新邨的庭院佈置

也着重園景和休憩用地設計，設有噴水池、池塘又設有獨立的園景花園供大廈居民使用。在這個計劃下，房協從 1989 年至 2002 年一共推出 10 個屋苑項目，當中包括家維邨、偉景花園及健康邨，提供超過一萬個出售單位。

踏入九十年代，香港樓價攀升，政府希望讓一些「夾心階層」人士置業而推出自置居所貸款計劃。配合這個發展方向，房協亦在 1993 年和 1994 年分別推出「夾心階層置業貸款計劃」及「夾心階層住屋計劃」。根據《香港 1996 年：1995 年的回顧》載：「政府預留 16 幅可供興建 2 萬單位的用地給房協建屋。」這兩個計劃主要的對象是一些既不合資格申請公屋，又沒有能力購買私人樓宇的中等入息家庭而設（他們的每月入息須介乎 25,001 元至 50,000 元），向他們提供可發售的資助單位。另外亦設有臨時貸款計劃向合資格港人提供低息貸款，幫助他們置業。1995 年落成的宏福花園便是第一個夾心階層住屋計劃屋苑。1995-1999 年間，一共有 10 個項目落成包括：1998 年落成的欣圖軒及 1998 年建成的芊紅居等，提供逾 8,000 個單位。不過，1997 年發生金

青衣宏福花園

葵涌芊紅居

融風暴，香港經濟和樓價均受重創，很多房屋也變成「負資產」。房委會也陸續停止房屋出售計劃，以減少對市場的干預。房協同樣配合政府的發展方向，夾心階層住屋計劃及出售房屋計劃也分別在 1998 年及 2002 年停止發展新的項目。

3.「房屋實驗室」

房協又有「房屋實驗室」之稱，得到這個稱號主要因為其轄下的很多項目不論是房屋設計上、以至其他房屋計劃也是創出先河。在房屋設計上，不得不提在 1952 年落成，採用「獨立廚廁」而設計的「上李屋邨」。促成這個設計的便是在六十年代擔任前工務司的鄔勵德。出生在香港的鄔勵德，曾留學英國並成為測量師和建築師，學有所成後回流香港加入工務司署，後來在 1953-1969 年間任職於房協委員會。他在五十年代提出房屋設有獨立廚廁源自他在第二次世界大戰時的經歷。二戰期間他曾被俘虜至集中營生活，當時他需要與 40 多名俘虜同住在同一房間，並共用廁所。他認為「人必須住得有尊嚴」，因此在香港重光後便提出「獨立廚廁」的設計概念，這個概念又稱為「鄔勵德原則」。房協採用「鄔勵德原則」並運用在「上李屋邨」。「上李屋邨」不單設有獨立的廚廁，亦邨內設有社區中心、康樂休憩設施等。

當時，眾多港人仍住在衛生環境極不理想的寮屋、甚至後來政府在興建徙置區公屋時，住戶仍需要共用廚廁的情況下，鄔勵德的提倡具前瞻性。當時其他非牟利房屋機構也紛紛參考這種建屋設計。政府基本要到七十年代，房委會成立後，才開始興建「獨立廚廁」的房屋。這也理解為何當時有接近 6,000 多人申請入住「上李屋邨」。「上李屋邨」的設計也成為香港公屋日後的重要參考，可說是「香港公屋之最」。為了紀念鄔勵德對香港房屋的貢獻，房協轄下的大坑勵德邨便是以他名字命名。

大坑勵德邨

勵德邨雙子塔設計

荔景祖堯邨

除了「獨立廚廁」的設計概念，房協在轄下的屋邨在設計上作出不少的創新嘗試，例如祖堯邨是香港首個設有游泳池的公共屋邨；在1981年落成、樓高38層的祖堯邨啟敬樓是當年全球最高的公共屋邨；將英國花園城市概念融入興建觀塘花園大廈讓居民在露台種花；大坑勵德邨是少有以圓筒形設計的公共屋邨。由於房協在房屋設計上投放不少心思，一些屋邨也曾獲得建築獎項，如荃灣祈德尊新邨的園林設計在1991年獲得香港建築師學會頒發優異獎；1997年落成的茵怡花園，在設計上加入環保元素如加入低流水量沖廁系統、設有導風天幕、遮陽等設施，在1999年獲香港建築師學會的周年年獎銀獎等。

另一方面，在政府於七十年代仍整合一個具規模及有系統處理香港房屋問題部門之際，房協已預視人老化問題，它在轄下的屋邨計劃興建為長者而設的小型單位，後來又推出各項的長者房屋計劃。1999年推出「長者安居樂」住屋計劃，為60歲以上並有足夠經濟能力的長者提供「終身租住」的單位，他們只需要可以「一筆過」繳交租住權費，只需要每月交管理費及其他服務費便可入住。在這個計劃下的屋苑有將軍澳樂頤居及牛頭角彩頤居。為適合長者屋住，單位內增設扶手及防滑地磚及其他的長者康樂及護理設施如護理安老院、平台花園等。2012 年又推出香港首創的大型出租屋邨的居家安老支援計劃——「樂得耆所」居家安老計劃，計劃聯同不同的政府部門、非牟利團體、醫療組織合作為長者提供一站式服務，服務涉及提供健智訓練及策動復康及保健服務等。後來，又為經濟能力較佳的長者推行優質長者房屋項目——雋悅等。

將軍澳樂頤居

房協成立至今逾 70 多年，由四十年代中末已擔任「領頭羊」的角色，比政府更早提供一些居住環境較佳、周邊設備齊全的房屋給港人。雖然後來政府主導處理香港房屋事宜，房協仍一直配合政府政策而推出不同的房屋計劃，在舒緩香港房屋短缺及發展貢獻不少。

二、香港模範屋宇會

成立於 1950 年的香港模範屋宇會是另一個非牟利的房屋機構。香港模範屋宇會可說是房協的分支，主是要因為當年部分房協的成員不認同房協為低收入家庭提供房屋的理念而另起爐灶。因此，有別香港

從山上遠眺北角模範邨

房屋協會，香港模範屋宇會為入息較佳的白領人士提供出租房屋。

得到政府的撥地及銀行的貸款支持下，香港模範屋宇會在北角興建質素較佳的出租房屋 —— 北角模範邨。模範邨在 1952-1954 年間落成，是當時香港第一條公共屋邨，較房協在 1952 年 9 月建成的「上李屋邨」更早入伙。根據 1961 年《香港年鑑》載：「有意申請者必須在香港居住滿 5 年以上、全家人口不多過 5 人、月薪不超過 900 元（一人計）、全家總收入不得超過 1,000 元。」申請者須要帶同身份證到中環都爹利街甸那行 3 樓的香港模範屋宇會索取表格，而申請者亦須要以英文填寫申表格。若果申請人不按照規定，香港模範屋宇會有權不予

北角模範邨現況

審核。可見，申請模範邨手續有別於申請其他出租房屋。第一批的樓高 5 層的樓宇於 1952 年落成，每單位包括一廳一房，另設有浴室及廚房，只有 100 戶。不過根據 1986 年 8 月 23 日《華僑日報》報道，當時申請者達 1,500 多戶，可見計劃深受歡迎。因此，香港模範屋宇會也在 1953 年展開第 2 期的工程。

房屋計劃反應熱烈，本應宜加推更多的興建房屋計劃，可是香港模範屋宇會轄下只有北角模範邨，原因是香港模範屋宇會在 1979 年無故消失。房委會於同年 11 月接管模範邨，由於模範邨所在土地和大廈業權仍屬香港模範屋宇會，房委會只有管理權。房委會接管後也只可以進行大廈的改善工程，如安裝公共電視天線及在公園種植植物等，大廈至今仍保留當年 1950 年的面貌。至於為何香港模範屋宇會在 1979 年無故消失便無從查證了。

三、香港平民屋宇有限公司

在 1952 年成立的香港平民屋宇有限公司以不牟利為目的推行屋宇計劃。這間平民屋宇有限公司由立法局議員周錫年擔任主席、李耀祥太平紳士擔任副主席、並由其他社會賢達包括立法局議員顏成坤、律敦治太平紳士等發起。根據 1953 年 4 月 3 日的《華僑日報》載：「主席周錫年先生指公司將招募 8,000 股的債券，政府除了撥地給予建屋外，也貸款 50 萬元作為建屋的經費。主席周錫年先生亦指成立平民屋宇有限公司目的建廉價房屋給木屋及未能負擔昂貴租金的居民居住。」九龍仔寮屋區在 1952 年發生火災，政府將土地批給香港平民屋宇有限公司興建大坑西邨並建造 5 座設備完善的平民樓宇，樓宇名稱以「民」字為開首，分別有「民利樓」、「民康樓」、「民強樓」、「民興樓」及「民順樓」。後來再有「民樂樓」及「民安樓」也相繼落成，提供最少 1,600

個單位出租予低收入人士居住。

大坑西邨成立至今已逾 60 多年，不時也傳出重建的消息。屬於香港平民屋宇有限公司董事之一恒基地產主席李兆基表示考慮捐出土地並重建成青年居屋。由於大坑西邨是屬於私人廉租屋邨，因此未能以公屋資源安置居民。加上，大多村民已是長者，不少大坑西居民擔心安置問題。經過多年討論，在政府推動下，香港平民屋宇有限公司在 2021 年與市區重建局簽下合作備忘錄，推行「大坑西新邨重建」項目，計劃擬提供約 1,300 個單位以安置現有住戶，另外再提供 2,000 個「首置」住宅單位，以市場折扣價出售。平民屋宇有限公司亦展開處理收回單位、賠償等安排，並定下 2024 年 3 月 15 日為居民最後的遷出期。

即將清拆重建的大坑西新邨

大坑西邨的拆卸重建也意味香港最後一個私人廉租屋走進歷史。

四、香港經濟屋宇會

與房協及香港模範屋宇會一樣，香港經濟屋宇會在戰後成立。當時一些中西的熱心人士為了幫忙香港解決屋荒而在 1953 年發起組成，他們獲得時任總督葛量洪的夫人提供贊助。最終香港經濟屋宇協會按有限公司的條例獲政府批准於 1954 年 9 月 25 日成立，成為法團，由陳能方擔任主席。根據 1954 年 9 月 28 日《工商晚報》報道：「協會成立的目的是以最低價格給予市民適當又衛生的住所。」

香港經濟屋宇會在政府的協助下以優惠價購買大角咀詩歌舞街地段，興建 7 座樓高 5 層的樓宇，合共 280 個單位。為了紀念屋宇會獲得葛量洪夫人提供贊助，這座大角咀屋村名命為「葛量洪夫人新村」。有別於其他非牟利房屋機構，「葛量洪夫人新村」並不是出租項目，而是出售項目。1954 年 9 月 28 日《工商晚報》報道指：「房屋售價由 7,400 元至 10,027 元不等，計劃的唯一限制是購買者不可將房屋轉售或將房屋改為商業用途。」有意購買者也需要符合每月收入不少於 300 元及不可超過 1,200 元的人士，計劃推出後，申請承購的人數達 2,000 多人，經濟屋宇會以攪珠的形式抽出中籤者。根據 1955 年 2 月 15 日《華僑日報》報道：「中籤者可分 3 期交款，首期在簽約後繳交 30%，第二期的百分之 30 的款項在動工建築時再交，入伙時再繳交最後一期的款項。」「葛量洪夫人新村」更邀請總督葛量洪伉儷主持開幕禮並致詞。根據 1955 年 7 月 19 日《華僑日報》報道：「總督葛量洪發表認為新村的建成對解決屋荒有很大的貢獻，希望日後可循序漸進處理屋荒的問題。」

可惜，後來「葛量洪夫人新村」發生業權訟案。事件源於居民不滿香港經濟屋宇會仍自稱為「業主」同時又向各住戶收取租金，使大部分的住戶對香港經濟屋宇會的行為感到極不滿意。根據 1960 年 5 月 26 日《大公報》報道：「居民指出有關葛量洪夫人新村的合約、說明書皆以英文書寫，他們在購屋前獲口頭通知，房屋的訂價為一萬元，入伙後每月另付 16.5 元雜費。居民以為訂價便是買賣的價錢，又以為其收據便是買賣合約。」後來才了解到，收據是租賃合約，每月的 16.5 元是租金而非雜費。由於居民認為不合理，最終對簿公堂。後來，政府在 1976 年以地契期滿為由，接管葛量洪夫人新村並通知將收回土地配合興建西九龍走廊。當時的居民亦要求續約，最後政府決定清拆第一座的樓宇並用作興建公路，其他 3 座樓宇由房協接管。由於在房協接管葛量洪夫人新村時，香港經濟屋宇會主席陳能方已去世，這個機構亦已成歷史。

總結

這些非牟利的房屋機構主要在戰後及在政府未有專責部門處理房屋問題時成立，它們成立目的均是以非牟利形式向港人提供不同的房屋選擇，嘗試舒緩屋荒危機及改善居住環境。房屋問題存在至今，「公屋輪候長、置業難」亦是市民關注的事項。除上述的非牟利房屋機構外，近年也有另一個由新世界發展有限公司組織的非牟利房社企——「新世界建好生活」成立。這個房屋社企希望為解決香港房屋問題提出新的方向和方案，例如房屋以市價的 5-6 折優先發售給 25-45 歲年輕人或家庭，鼓勵年輕人成功置業；引入私人發展商建造以加快公屋的建屋速度，減輕政府建屋負擔等。私人企業負擔起社會責任，主動為香港房屋問題作出一分力，其理念和價值值得認可，希望在將來有更多私人企業或非牟利組織，讓有意置業的港人多了一些選擇，為香港房屋問題尋找新方向、新出路。

屋邨平面圖

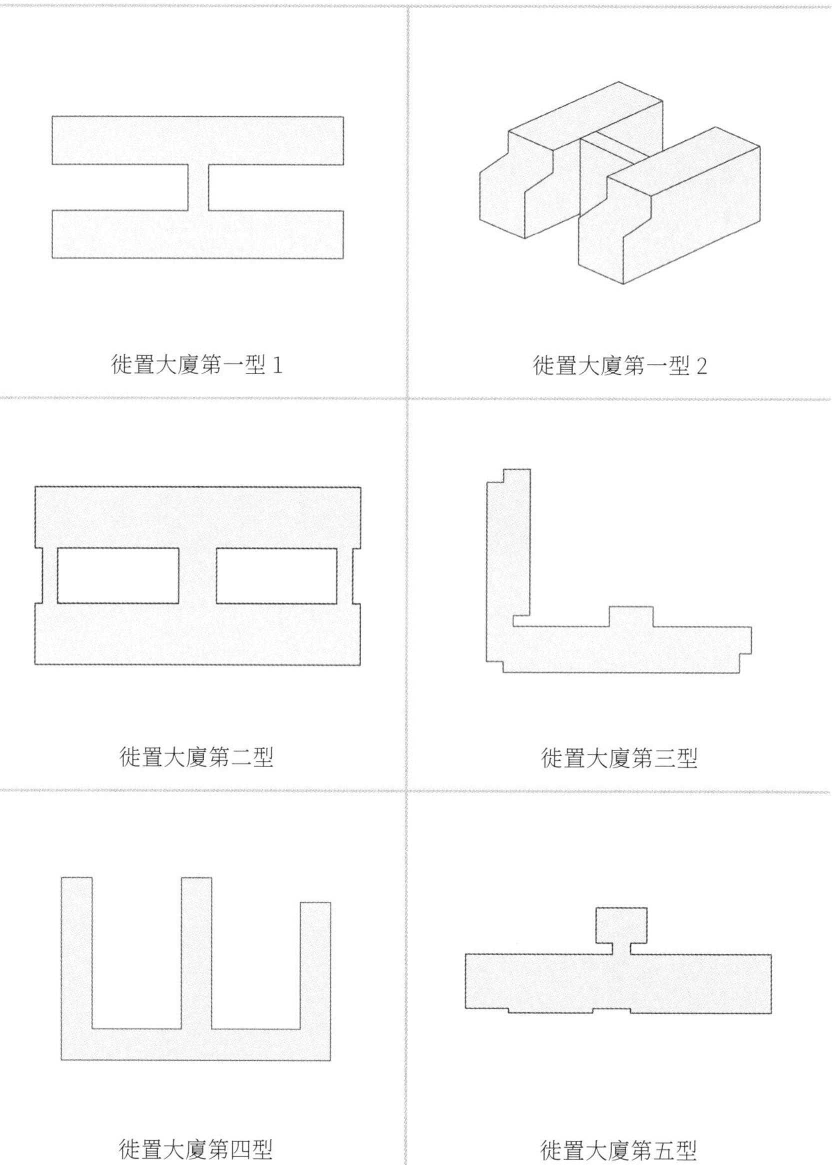
徙置大廈第一型 1

徙置大廈第一型 2

徙置大廈第二型

徙置大廈第三型

徙置大廈第四型

徙置大廈第五型

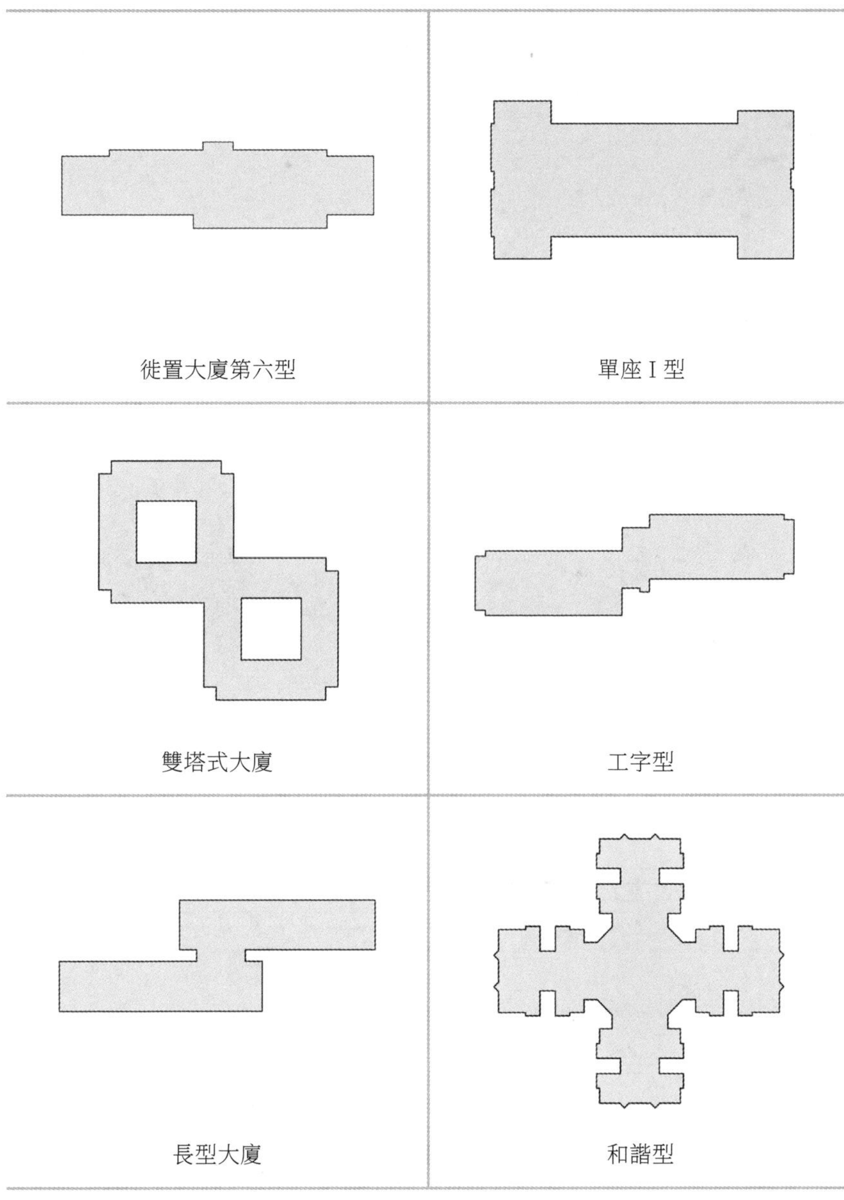
徙置大廈第六型
單座 I 型
雙塔式大廈
工字型
長型大廈
和諧型

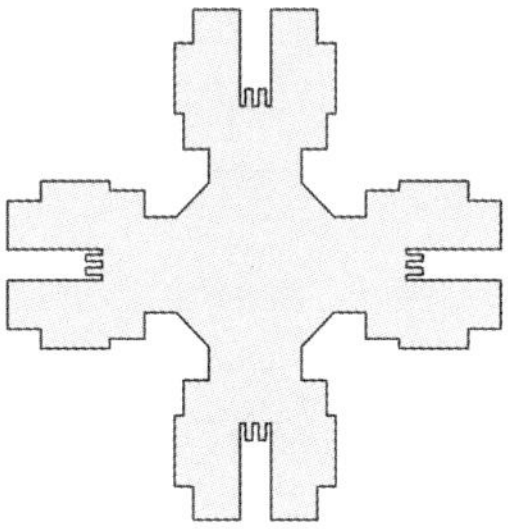

康和型	非標準型
非標準型	新十字型
Y1 型	Y2 型
Y3 型	Y4 型

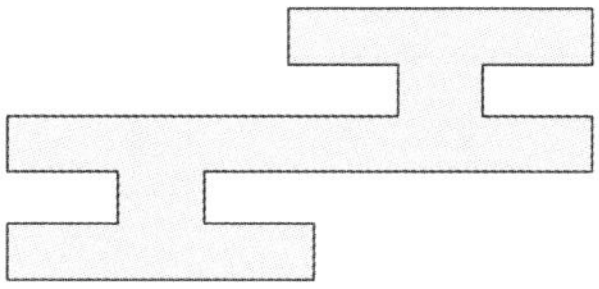

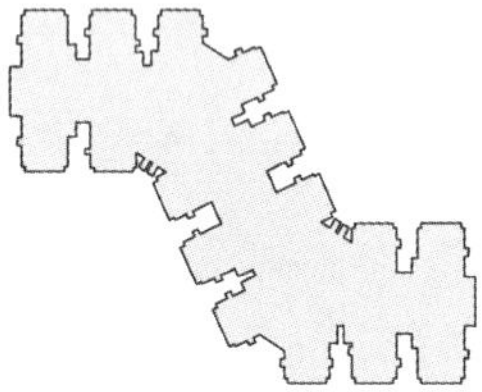

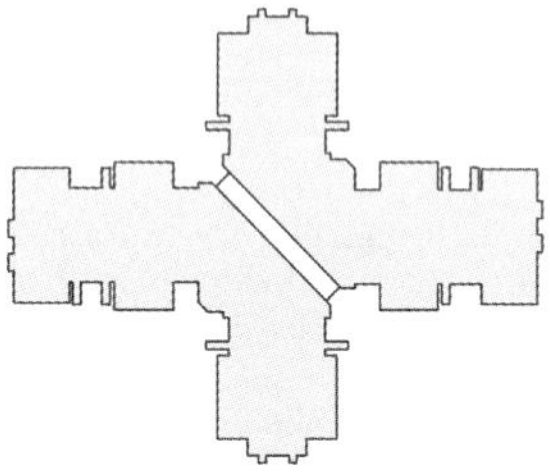

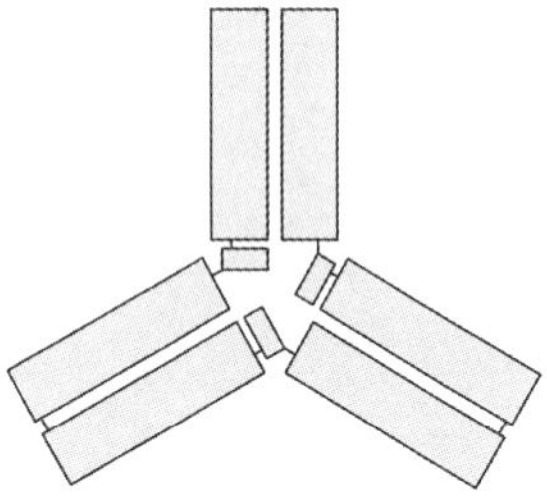

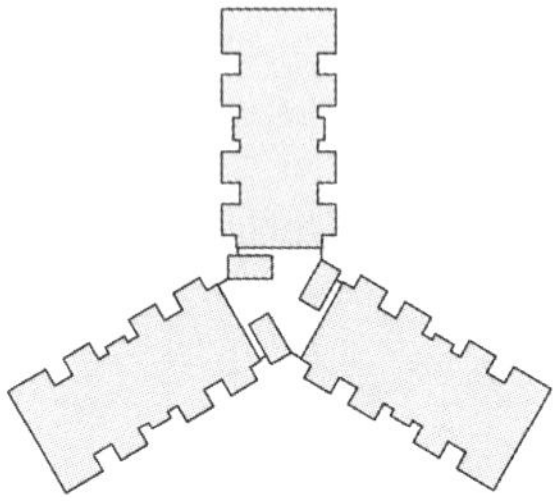

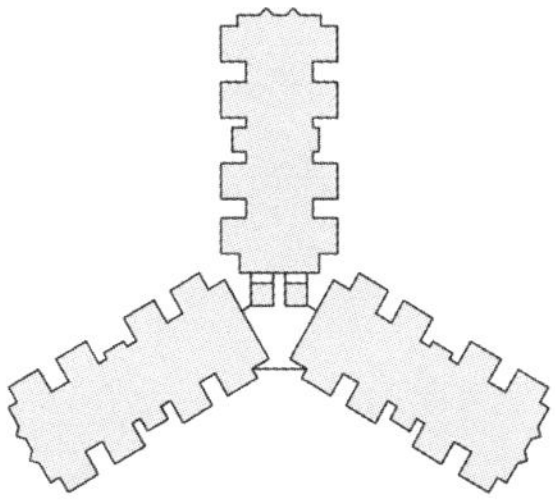

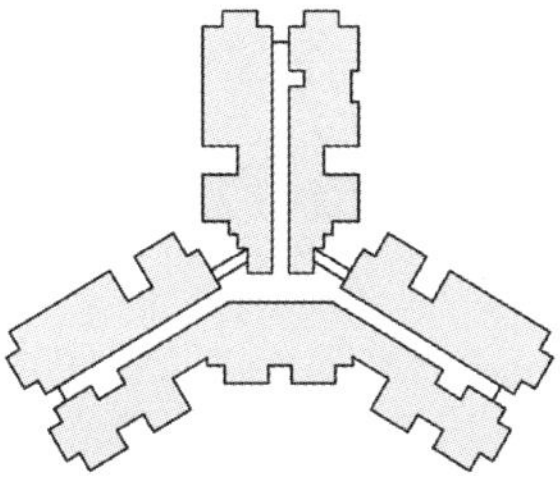

後記

有瓦遮頭

「有瓦遮頭、安居樂業」，是香港人一直以來的期望和寄託。

上世紀二次世界大戰後，香港經歷不同程度的天災，火災、風災，使許多市民大眾痛失家園。同時，香港面對人口逐年倍增，房屋供應不足。市民對住屋需求迫切及房屋居住環境惡劣等問題下，港英政府開始關注香港房屋問題。1953 年 12 月 25 日一場火之風暴石硤尾寮屋大火，揭起公共房屋的序幕。自此之後，政府不斷興建公共房屋如徙置大廈，為港人提供「有瓦遮頭」的居住地方。這是本港公共房屋的起點。及至 1973 年，麥理浩爵士提出「十年建屋計劃」，將原有的房屋部門 —— 徙置事務處和屋宇建設委員會合併，成立「香港房屋委員會」，集中資源管理及興建香港公共房屋，被視為香港公共房屋發展的轉捩點。此後的香港公共房屋不論在房屋設計、設施及環境等不斷改善和革新，如在邨內提供學校、商店、街市等社區設施，滿足市民的日常生活需求，提供不單只是「有瓦遮頭」、更是一個能讓市民「安居樂業」的住所。公共房屋平穩發展有助促進香港社會穩定，成為香港發展的重要一環，亦孕育一代又一代的香港市民。

近數十多年來，舊邨開始老化、許多建於上世紀六七十年代的公共屋邨如華富邨、彩虹邨等也面臨清拆重建。很多舊式屋邨具有歷史價值及建築特色，如七彩繽紛的彩虹邨成為時下的打卡熱點、屋邨內更有許多特色老店如上海理髮店、碩果僅存的租借漫畫店、辦館及舊式的港式茶餐廳⋯⋯很多老店更開業逾半世紀，默默為居民提供服務的同時，也成為一眾老街坊的聚腳點。我們亦是來自不同年代的公屋居民，深深感受到公屋帶來的情懷，如以前會問鄰居借柴米油鹽以解燃眉之急、與其他鄰居小朋友在走廊互相追逐玩耍等。公共房屋漸漸成為一個不單只是居所，而是充滿鄰里情懷和支持的地方。然面，隨着時代及社會發展，舊邨清拆重建、老街坊各散東西，鄰里間聯繫、情誼好像漸漸被削弱。正當不少市民開始熱衷重遊舊式屋邨、老店，希望了解過去香港公共房屋發展、昔日鄰里情懷時，卻陸續傳來舊式屋邨重建清拆的消息，不禁令人感到可惜。

公屋與香港及社區發展息息相關，寄望有關當局除了關注舊邨重建、提升屋邨硬件設備外，也多考慮如何保持具有歷史意義和特色的建築、關注尤受重建影響的居民的意見及公屋情懷的培養，保持公共屋邨不單只為眾多港人提供「有瓦遮頭」的居所，更是一個充滿共融和互助的社區，達到安居樂業。

最後，特別鳴謝徐振邦先生、區志堅副教授、梁延敬先生、梁瑞華先生及羅佩儀女士（排名按姓氏排列）撰寫推薦序及分享其對香港公共屋邨的想法，更感謝中華書局副總編輯黎耀強先生及策劃編輯葉秋弦女士的幫助和編輯校對，使本書得以順利出版。最後，我們曾多方查證後，方付諸筆墨；始終學海無涯，若仍有缺失，尚祈各界賢達不吝賜教指正。

陳志華、何泳儀、寅坷

2024 年春

參考資料

政府報告及年報

The University of Hong Kong Digital Initiatives. *Hong Kong Government Gazette*. Hong Kong Government Reports Online(1842-1941). https://sunzi.lib.hku.hk/hkgro/browse.jsp

The University of Hong Kong Digital Initiatives. *Hong Kong Blue Book*. Hong Kong Government Reports Online(1871-1941). https://sunzi.lib.hku.hk/hkgro/browse.jsp

Sessional Papers Laid Before the Legislative Council of Hong Kong(1923) Hong Kong Government Reports Online (1842-1941).https://www.hkmemory.hk/MHK/collections/prewar_industry/All_Items/prewar_industry_prints/201106/t20110613_47257_cht.html?f=classinfo&cp=%E4%B8%BB%E8%A6%81%E6%94%BF%E5%BA%9C%E5%A0%B1%E5%91%8A&ep=Major%20Government%20Reports&path=/MHK/collections/prewar_industry/All_Items/8670/8672/index_cht.html

Patrick Abercrombie.(1948). Hong Kong preliminary planning report, (Hong Kong: Government Printer,1948)

華僑日報出版部:《香港年鑑》(1954-1989 年)(香港:華僑日報出版部,1954-1989 年)

香港政府新聞處:《香港年報》(1930-2011)(香港:政府印務局,1930-2011 年)

香港徙置事務處:《徙置事務處年報》(1954-1969 年)(香港:香港政府印務局,1954-1969 年)

香港屋宇建設委員會:《屋宇建設委員會年報》(1959-1967 年)(香港:香港政府印務局,1959-1967 年)

香港政府:《管制權宜住所居民、徙置及政府廉租屋宇政策之檢討》白皮書(香港,1964 年)

香港政府：《中等入息階級人士月購置自居樓宇計劃高登委員會工作報告書》（香港，1964 年 6 月 21 日）
香港：《1996 年九龍騷動調查委員會報告書》（香港：香港政府印務局，1967 年）
屋宇政策研討委員會：《1970 年屋宇政策研討委員會報告書》（香港：政府印務局，1970 年）
香港房屋委員會：《香港房屋委員會工作報告》（1973-1990 年）（香港：香港房屋委員會，1973-1990 年）
香港政府：《全港發展策略》（香港：全港發展策略，1984 年）
香港：《「長遠房屋策略」政策說明書》（香港：香港政府，1987 年）
香港特別行政區：《施政報告》（1997-2022）（香港：政府印務局）
香港房屋局：《建屋安民：邁向二十一世紀：香港長遠房屋策略白皮書》（香港：房屋局，1998 年 2 月），載於 https://www.hb.gov.hk/tc/policy/housing/issues/LTHS.pdf
香港房屋委員會編撰：《香港公屋 45 年紀念特刊》（香港：香港房屋委員會，1999 年）
香港特別行政區政府統計處：《香港統計年刊》（2003-2011）（香港：政府統計處）
香港特別行政區差餉物業估價署：《香港物業報告》（2003-2022）（香港：差餉物業估價署），載於 https://www.rvd.gov.hk/tc/publications/hkpr_previous.html
香港特別行政區廉政公署編製：《廉署三十周年特刊》（香港：政府物流服務署，2005 年 2 月）https://www.icac.org.hk/filemanager/tc/content_29/30ann.pdf
香港特別行政區香港發展局及規劃署：《香港 2030：規劃遠景與策略最後報告》（香港：發展局及規劃署，2007 年）
香港特別行政區香港房屋協會：《香港房屋協會 70 周年》（香港：香港房屋協會，2018 年）https://www.hkhs.com/70th-Anniversary-Commemorative-Book/tc/index.html#zoom=z

香港特別行政區發展局：〈土地供應專責小組報告〉，載於香港特別行政區發展局，2018 年 12 月，https://www.devb.gov.hk/filemanager/tc/content_1171/Report%20（Chi）.pdf

香港特別行政區政府發展局：〈土地共享先導計劃及申請指引〉，載於香港特別行政區政府發展局，2022 年 4 月，https://www.devb.gov.hk/filemanager/tc/content_1152/LSPS_GN_TC_SC（MC1）.pdf

香港特別行政區規劃署：《規劃宜居新市鎮元朗》（香港：規劃署，2019 年）https://www.pland.gov.hk/pland_en/outreach/educational/NTpamphlets/2019/pdf/nt_yl_tc.pdf

Demographia International Housing Affordability Report (2011-2022), website : http://www.demographia.com/db-dhi-index.htm

香港特別行政區政府統計處：《按區議會分區劃分的人口特徵統計數字（2020 年版）》（香港：統計處，2021 年）

香港特別行政區政府發展局、土木工程拓展署、規劃署：〈交椅洲中部水域人工島研究〉，https://www.centralwaters.hk/pdf/KYCAI%20-%20PE%20booklet.pdf

香港特別行政區土木工程拓展署、規劃署：〈新界東北新發展區規劃及工程研究 - 勘查研究〉載於 2014 年 7 月，https://www.nentnda.gov.hk/doc/techreport/FR_C.pdf

香港特別行政區發展局：〈調查食水含鉛量超標專責小組報告摘要〉載於香港特別行政區發展局，https://www.devb.gov.hk/filemanager/tc/Content_3/TF_Report_Chi_Summary.pdf

香港房屋委員會：〈置業資助貸款計劃（於 2004 年 7 月 14 日已經終止申請）〉，載於香港房屋委員會，https://www.housingauthority.gov.hk/tc/home-ownership/loan-schemes/index.html

行政長官董建華在中華人民共和國香港特別行政區成立慶典大會上的講話(n.d.).https://www.ceo.gov.hk/archive/97-05/speech/0701cces.htm

香港房屋委員會：〈香港房屋委員會「出售居者有其屋計劃單位 2022」（「居屋 2022」）（包括出售租者置其屋計劃屋邨回收單位）及香

港房屋協會「資助出售房屋項目」(「房協資助出售單位」)〉,載於香港房屋委員會,https://hos.housingauthority.gov.hk/mini-site/hos2022/common/pdf/faqs_c.pdf

香港房屋委員會:〈居者有其屋計劃(居屋)歷次出售單位詳情〉,載於香港房屋委員會,https://www.housingauthority.gov.hk/tc/common/pdf/home-ownership/surplus-hos-flats/list-of-hos-courts/Flats_in_Previous_HOS_Ex_CR.pdf

香港房屋委員會:〈房屋委員會公共租住房屋人口及住戶報告〉,載於香港房屋委員會,2023 年 6 月,https://www.housingauthority.gov.hk/tc/common/pdf/about-us/publications-and-statistics/PopulationReport.pdf

香港房屋委員會:〈暫用公共租住屋邨作為政府檢疫設施〉載於香港房屋委員會議事備忘錄,2020 年,https://www.housingauthority.gov.hk/tc/common/pdf/about-us/housing-authority/ha-paper-library/HA4-20-TC.pdf

香港房屋委員會:〈截至 2022 年 6 月底一般公屋申請者安置情況的特別分析〉載於香港房屋委員會資助房屋小組委員會議事備忘錄,2022 年,https://www.housingauthority.gov.hk/tc/common/pdf/about-us/housing-authority/ha-paper-library/SHC32-22TC.pdf

香港房屋委員會:〈香港房屋委員會資助房屋小組委員會議事備忘錄〉載於房委會文件庫,2010 年 6-2022 年 06,https://www.housingauthority.gov.hk/tc/about-us/housing-authority/ha-paper-library/index.html

報章新聞

《AM730》

《NOW 新聞》

《大公報》

《工商日報》

《明周文化》
《東方日報》
《星島教育》
《香港 01》
《晴報》
《有線新聞》
《明報》
《香港工商晚報》
《華僑日報》
《香港電台》

網頁

「組裝合成」建築法資源中心：https://mic.cic.hk/tc/AboutMiC
市局重建局：https://www.ura.org.hk/tc
東涌新市鎮擴展：https://www.tung-chung.hk/about.php
建造業議會：https://mic.cic.hk/tc/AboutMiC
香港房屋委員會（香港公共房屋發展）：https://www.housingauthority.gov.hk/tc/about-us/photos-and-videos/videos/public-housing-development-in-hong-kong/index.html
香港社會服務聯會：https://www.hkcss.org.hk/
香港特別行政區一手住宅物業銷售監管局網頁：https://www.srpa.gov.hk/tc/ordinance.html。
香港特別行政區立法會：https://www.legco.gov.hk/tc/index.html
香港特別行政區政府立法會（香港特別行政區政府立法會房屋事務委員會）：https://www.legco.gov.hk/tc/legco-business/committees/panel.html?housing&2024#meetings
香港特別行政區政府立法會（香港特別行政區政府立法會財經事務委員會）：https://www.legco.gov.hk/tc/legco-business/committees/panel.html?financial-affairs&2024#meetings

香港特別行政區香港房屋委員會及房屋署網頁：https://www.housingauthority.gov.hk/tc/index.html
香港特別行政區統計處網頁：https://www.censtatd.gov.hk/tc/
香港特別行政區新聞公報：https://www.info.gov.hk/gia/general/ctoday.htm
香港特別行政區運輸及房屋局網頁：https://www.info.gov.hk/gia/general/201203/13/P201203130361.htm
香港特別行政區環境保護署網頁：https://www.epd.gov.hk/epd/tc_chi/environmentinhk/eia_planning/sea/territorial_dept.html
高健章：《混凝土簡介》，載於正誠工業有限公司，https://hocom.tw/h/DataDetail?key=40q8k&cont=378193
領展房地產信託基金：https://www.linkhk.com/tc/aboutLink/

書本及文章

湯建勛（編著）:《香港指南》（1950）（香港：心一堂有限公司，2018）
周永新：《香港人的身份認同和價值觀》（香港：中華書局，2015 年）
張家偉：《六七暴動香港戰後歷史的分水嶺》（香港：香港大學出版社，2012 年）
呂大樂：《那似曾相識的七十年代（增訂版）》（香港：中華書局，2020 年）
衛翠芷：《一型徙置的設計基因 —— 香港公屋的類型》（香港：MCCM Creations，2019 年 9 月）
黃華輝：《公屋醜聞：一名記者的追查實錄》（香港：進一步多媒體，1999 年）
馮邦彥：《香港地產史 1841-2020》（香港：三聯書店，2021 年）
葵青區議會編製：《葵青：舊貌新顏．傳承與突破》（增訂版）（香港：葵青區議會，2005 年 2 月）
梁炳華博士編著：《觀塘風物志》（香港：觀塘區議會，2008 年）

許舒編著：《滄海桑田話荃灣》（香港：滄海桑田話荃灣出版委員會，1999 年）

沙田節委員會歷史文物小組編審：《沙田平行時空半世紀》（香港：星島雜誌集團有限公司，2019 年）

編輯委員會：《鞍山歲月：小城今昔》（香港：馬鞍山民康促進會，2012 年）

蕭國健主編：《大埔風物志》（香港：大埔區議會，2007 年）

江玉翠：〈香港客家村落的轉變與延續：以荃灣老圍為例〉（《全球客家研究》，第 10 期，2018 年，頁 209-234）

樂業安居

香港公屋發展歷程

陳志華　何泳儀　寅坷　著

李健信　攝影

責任編輯　葉秋弦　　排版　楊舜君

裝幀設計　簡雋盈　　印務　劉漢舉

出版
中華書局（香港）有限公司
香港北角英皇道 499 號北角工業大廈 1 樓 B
電話：（852）2137 2338
傳真：（852）2713 8202
電子郵件：info@chunghwabook.com.hk
網址：http://www.chunghwabook.com.hk

發行
香港聯合書刊物流有限公司
香港新界荃灣德士古道 200 - 248 號
荃灣工業中心 16 樓
電話：（852）2150 2100
傳真：（852）2407 3062
電子郵件：info@suplogistics.com.hk

印刷
深圳市雅德印刷有限公司
深圳市龍崗區平湖街道輔城坳工業大道 83 號 A14 棟

版次
2024 年 6 月初版

規格
16 開（240mm x 170mm）

ISBN
978-988-8862-23-8